Über dieses Buch

In den Volksmärchen der Serben und Kroaten, die vielleicht ein wenig im Schatten des serbokroatischen Volksliedes stehen, kreuzen sich westliche und östliche Welt, katholisches und islamisches Erbe. Sie spiegeln auch jeweils eine auffällige landschaftliche Verbundenheit, die über das Mundartliche bis in den Inhalt reicht. So verschieden aber die Konfessionen und die ethnischen Bedingungen, etwa im Donaubecken oder an der kroatischen Küste und in der Herzegowina, sind, die Gläubigkeit bleibt die gleiche, und die Erzähler fabulieren von dem Zauber und den Wundern dieses Lebens, bestehen tapfer seine Nöte und fordern gerechte Strafe und gerechten Lohn.

In der Reihe der Märchen aus aller Welt liegen vor: ›Afrikanische Märchen‹ (969), ›Deutsche Volksmärchen seit Grimm‹ (1175), ›Französische Märchen‹ (1153), ›Indianermärchen aus Nordamerika‹ (1110), ›Indische Märchen‹ (1137), ›Vietnamesische Märchen‹ (925), ›Spanische Märchen‹ (1203), ›Irische Märchen‹ (1225).

Jugoslawische Märchen

Herausgegeben und übertragen
von Joseph Schütz

Fischer
Taschenbuch
Verlag

Fischer Taschenbuch Verlag
August 1972
Umschlagentwurf: Jan Buchholz / Reni Hinsch
Fischer Taschenbuch Verlag GmbH, Frankfurt am Main

Gesamtherstellung: Hanseatische Druckanstalt GmbH, Hamburg
Printed in Germany
ISBN 3 436 01571 7

Inhalt

Vorwort

Durch das Gedankengut der Romantik angeregt und später durch die persönliche Bekanntschaft mit Jacob Grimm und Goethe im Glauben an die Sinnhaftigkeit seines Tuns bestärkt, wurde der unermüdliche und geniale herzegowinische Serbe Vuk Stefanović Karadžić zu einem der fruchtbarsten und größten europäischen Sammler überhaupt. Er sammelte Volkslieder sowie Heldenlieder und »Volkserzählungen« (narodna pripovijetka), worunter er alle Prosa zusammenfaßte. Seine »Volksmärchen der Serben« sind schon bald (1854) dem deutschen Leser in der Übersetzung seiner Tochter zugänglich geworden; sie vermitteln diesem bis zu August Leskiens »Balkanmärchen« (1915) einen guten Einblick in die serbokroatische Welt des Märchens.

Doch mehr als in den Sammlungen seiner Volkslieder empfindet der Eingeweihte die Enge des Rahmens Vukscher Auslese. Dies trifft sowohl in räumlich-territorialer und stofflich-motivischer als auch in sprachlich-mundartlicher Hinsicht zu. Die an Zahl nicht geringen Ausgaben anderer Sammler bieten eine beachtenswerte und bisher zu wenig gewürdigte Ergänzung Vuks. Sie tragen nicht nur zur Abrundung und Bereicherung des Gesamtbildes bei, sondern widerspiegeln auch viel stärker eine auffällige landschaftliche Gebundenheit, die über das Mundartliche hinaus bis tief in den Inhalt reicht. So tragen sie zu einem räumlich-kulturgeschichtlichen Mosaik von einander ausschließenden Verschiedenheiten bei, die dann ins serbokroatische Märchen Eingang fanden. Von der Verwurzelung eines Märchens mit einem bestimmten Landstrich künden sowohl Details im Motiv als auch eine besondere Thematik. In der Schilderung gewisser Lebensbereiche, z. B. einer kulturgeschichtlich so bedeutungsvollen Sphäre wie dem Konfessionell-Zeremoniellen, dem auch im Märchen eine beachtliche Rolle zukommt, ist die Andersartigkeit besonders gut und anschaulich zu erfassen. Die Dreigeteiltheit dieser sprachlich-ethnischen Einheit in Anhänger der westlichen sowie der östlichen christlichen Kirche und in die des Islams widerspiegelt sich nicht selten auch im Volksmärchen.

Rühren dergleichen Besonderheiten bis tief in die Thematik des prosaischen Gebildes und beschränken sie sich nicht allein auf austauschbare Motive, so ist dadurch die starre Gebundenheit des Märchens an eine bestimmte Gemeinschaft von vornherein gegeben. Gewisse Märchen werden derart in feste räumliche Grenzen verwiesen, über die es kein Hinüber gibt, da die konfessionell andersgeartete Nachbarschaft seinen wesensbestimmenden Motiven kein Verständnis entgegenbringt. Hier tritt die gemeinsame Sprache gegenüber dem thematischen Anliegen an Bedeutung zurück. Es ist ein besonderes Bemühen dieser Ausgabe, diese Art von thematischer Buntheit vor Augen zu führen. Gewiß spricht eine solche Erwägung zugunsten einer Anordnung nach dem landschaftlichen Gesichtspunkt. Indes setzt eine derartige Verteilung die eingehende Kenntnis der geographischen und historisch-ethnischen Struktur des Landes beim Leser voraus. Darüber hinaus sind die einzelnen Landstriche ungleichmäßig an den gedruckten Sammlungen beteiligt. Schlußfolgerungen daraus sind nur bedingt möglich, denn der Bestand an aufgezeichneten serbokroatischen Märchen ist reich genug an wanderfähigen Stoffen, so daß der Fixierungsraum oft als zufällig gelten darf; das belegen zahlreiche Varianten. Dennoch besteht der Eindruck zu Recht, daß es serbokroatische Gebiete mit einem besonders reichen und üppigen Märchenschatz gibt. Der bis späthin stark feudale bosnisch-herzegowinische Raum, dessen Feudalismus durch die Festigung der osmanischen Herrschaft und durch die Verankerung des Islams eine neue Blüte erlebte, steht vornan (vgl. die Nummern 1, 2, 7, 8, 11, 15, 19, 22, 23 und 24 dieser Auswahl). Die Mekka-Pilger, die Hadschis, dürften demnach nicht als die einzigen Überbringer und Vermittler neuer Stoffe anzusehen sein, obwohl ihnen als Förderer und Anreger erzählfreudiger Schöpfer in der Runde wißbegieriger und müßig-unterhaltungsbedürftiger Zuhörer einiges Verdienst zukommt, zumal sie auf ihrer Wanderung mit der sprießenden Märchenwelt des Orients in Berührung gekommen waren. Die Vorrangstellung dieses Mittelstückes des serbokroatischen Siedlungsraumes gründet sich aber ebenso auf die landläufigsten Wanderstoffe. Ob die Tolerierung oder Annahme des Islams gleichsam auch als ein äußerer Schirm zum Schutze und der Erhaltung von Althergebrachtem genutzt wurde, mag in diesem Bezug dahingestellt bleiben. Es ist besonders hervorzuheben, daß wertende Schlußfolgerungen nie Endzweck einer solchen, leider fehlenden landschaftsgebundenen Betrachtung serbokroatischer Märchen sein könnten.

Der früh neukolonisierte flache Donauraum hat uns die besondere Begabung eines Märchenerzählers, des Grujo Mehandžić, geschenkt; ihm und seinem Landstrich verdankt der Sammler Vuk seine besten Stücke (vgl. die Nummern 4, 6, 14, 17 und 20). Unverkennbar von Dalmatien geschieden (vgl. die vorliegenden Nummern 5, 16, 18 und 21), vor allem auf Grund seines archaischen Dialekts, ist das kroatische Küstenland. Ihm verdanken wir die Nummer 21 unserer Auswahl. Jede Wanderung der Märchen dieses Raumes würde eine vorausgegangene regelrechte Übersetzung bedingen. Sie sind vielfach alter Besitz. Eine Pflege fanden diese čakavisch-küstenländischen Märchen zweifellos auch durch die dem Volk eng verbundene niedere katholische Geistlichkeit. Das Bändchen von Fr. Mikuličić als Ganzes läßt dies klar erkennen. Abgeschirmt, und zwar wiederum aus mundartlichen Gründen, waren die Märchen des kroatischen Küstenlandes auch gegenüber den kroatischen Märchen des nördlich von Zagreb heimischen kaj-Dialekts (vgl. die Nummern 10 und 12); sie stehen meist für sich.

Die knappen Darlegungen dieses Vorwortes sollen nur die vielfältigen Verbundenheiten der serbokroatischen Märchen mit dem Wesen und der Geschichte ihrer Heimat andeuten, von denen sie ein besonderes, unvergleichliches Leben empfangen. Nicht nur daß die westliche und östliche Welt und Überwelt sich in diesem Gebilde merkwürdig kreuzen, die Märchen selber zeigen sich in neuen, überraschenden Zusammenstellungen. So verschieden die Konfessionen, die Gläubigkeit bleibt dieselbe, und die Erzähler sonnen sich im Glanz und in den Wundern dieses Lebens, bestehen tapfer seine Nöte und wollen und erreichen gerechte Strafe und gerechten Lohn.

1. *Woher die englische Königin so viel Geld hat*

Es war einmal ein Sultan, der mit seinem Großwesir auf einem Diwan saß und zu ihm sprach: »Gibt es jemanden, der mächtiger und reicher ist als ich, wenn ich jedem, der vor meinen Fenstern vorbeigeht und ›Von Gottes Gnaden‹ sagt, einen Dukaten schenke?«

»Doch, das gibt es«, antwortete der Großwesir, »die englische Königin; denn diese gibt jedem, der vor ihren Fenstern ›Von Gottes Gnaden‹ ausruft, hundert Dukaten auf einmal.«

Der Sultan wunderte sich und fragte: »Woher hat die englische Königin so viel Geld?« Der Großwesir antwortete ihm, er wisse es nicht.

»Du mußt es wissen, und du mußt es mir sagen«, rief der Sultan aus, »oder dein Kopf wird nicht mehr lange auf den Schultern sein.«

Der Großwesir brach sogleich auf des Sultans Geheiß hin auf und zog in die Welt, um dies zu erfahren. Zuerst gelangte er unter die Fenster der englischen Königin und rief, so laut er konnte: »Von Gottes Gnaden«, worauf ihm die Königin hundert Dukaten vom Fenster herabwarf. So zog der Großwesir neunundneunzigmal an einem Tage vor den Fenstern der Königin vorbei und rief immerzu: »Von Gottes Gnaden« und erhielt auf diese Weise von der Königin neuntausendneunhundert Dukaten. Schließlich rief ihn die Königin zu sich und fragte ihn, weshalb er so viele Dukaten von ihr begehrt. Er antwortete ihr: »Gott zu Gefallen.«

»Du bist doch kein armer Mann, daß du es nötig hättest, zu betteln«, entgegnete ihm die Königin.

»Das stimmt, Königin«, antwortete der Großwesir, »aber ich muß es aus folgendem Grunde: Eines Tages saß ich mit meinem Sultan auf einem Diwan, und er fragte mich: ›Gibt es jemanden, der reicher ist als ich, wenn ich jedem, der ‚Von Gottes Gnaden' unter meinem Fenster ausruft, einen Dukaten gebe?‹ Ich habe ihm geantwortet: ›Jawohl, die englische Königin; denn sie wirft jedem, der ‚Von Gottes Gnaden' ausruft, hundert Dukaten vom Fenster herab.‹ Darüber wunderte sich der Sultan und fragte mich: ›Woher hat die englische

Königin so viel Geld?‹, worauf ich ihm antwortete: ›Ich weiß es nicht.‹ — ›Du mußt es wissen und mußt es mir sagen‹, sprach der Sultan, ›oder dein Kopf wird nicht mehr lange auf den Schultern sein.‹«

»Vierzig Nachtquartiere von hier weg«, sprach die Königin, »gibt es einen Burschen. Er sitzt in einem leeren Kaufmannsladen, und neben ihm steht ein Mörser aus Messing, in dem er Diamanten zerstampft. Den Staub schüttet er sich in die hohle Hand, sodann bläst er hinein, und das Pulver zerstiebt. Geh zu ihm hin, er möge dir sagen, weshalb er das macht; dann will auch ich dir sagen, woher ich das Geld habe.«

Der Großwesir rüstete sich sogleich und begab sich auf den Weg. Nachdem er vierzig Nachtquartiere hinter sich gelassen hatte, fand er in einem leeren Kaufmannsladen einen Burschen und neben ihm einen Mörser. Gerade in diesem Augenblick war der Ausrufer dabei, dem Burschen einen Diamanten zu verkaufen, der tausend Dukaten dafür bezahlte. Nachdem er ihn gekauft hatte, legte er ihn in den Mörser, zerstampfte ihn, schüttete das Pulver in die hohle Hand, blies hinein, und das Pulver zerstob.

Der Großwesir trat an den Burschen heran und fragte: »Woher hast du so viel Geld, daß du es auf diese Weise vergeuden kannst?« »Vierzig Nachtquartiere von hier entfernt gibt es einen alten blinden Mann«, sprach der Jüngling, »der an einer Kreuzung sitzt und immerzu weint. Jeder, der an ihm vorbeigeht, gibt ihm zwei Ohrfeigen, und der Alte gibt ihm dafür zwei Groschen. Geh hin und frag den Alten, weshalb er das macht, sodann will auch ich dir antworten, wonach du mich fragst.«

Der Großwesir legte die vierzig Nachtquartiere zurück und fand einen blinden Alten an einer Wegkreuzung. Der Alte sagte zu ihm: »Gib mir zwei Ohrfeigen.«

»Ich bin nicht gekommen, um dich zu schlagen«, antwortete der Großwesir, »sondern um dich zu fragen, weshalb du hier sitzt, weshalb die Menschen dich ohrfeigen und du ihnen dafür Geld gibst.« »Gib auch du mir zwei Ohrfeigen«, sprach der Alte, »sodann will ich dir darauf antworten.« Der Großwesir gab ihm zwei Backpfeifen, und der Alte gab ihm zwei Groschen und sagte:

»Vierzig Nachtquartiere von hier entfernt gibt es einen Muezzin, der seine Unterwäsche wäscht und an einem Tage hundertmal auf das Minarett hinauf- und wieder hinunterläuft. Geh hin und frage ihn, weshalb er das macht; sodann will ich dir auf deine Frage antworten.«

So ging der Großwesir und gelangte nach vierzig Nachtquartieren zu jenem Muezzin. Er fragte jenen, weshalb er so viele Male täglich auf das Minarett hinauf- und hinunterläuft, und jener antwortete ihm:

»Vierzig Nachtquartiere von hier entfernt sitzt ein alter Mann und flickt Schuhe. Ihn überkommt es, daß er jeden Tag zwei Stunden lang weint und vier Stunden lang lacht. Geh hin und frage ihn, weshalb er das macht, sodann will auch ich dir deine Frage beantworten.«

Der Großwesir brachte vierzig Nachtquartiere hinter sich und stieß auf den Alten. Den Alten überkam das Weinen zur gleichen Stunde, da jener eintraf, und er weinte zwei volle Stunden ohne Unterlaß. Sodann verfiel er in ein Lachen und hörte vier Stunden lang nicht auf. Schließlich fragte ihn der Großwesir, weshalb er zwei Stunden lang weine und vier Stunden lang lache. Darauf antwortete ihm der Alte:

»Vierzig Nachtquartiere von hier entfernt lebt ein Mann in einer Einöde. Auf seinen Schultern stehen zwei Löwen. Der Mann steht still da, weder rückt er sich noch bückt er sich. Geh hin und frage ihn, was er macht; sodann will auch ich dir eine Antwort geben.«

Der Großwesir ging hin, gelangte in die Einöde und traf einen Mann an genau so, wie es ihm der Alte gesagt hatte. Der Großwesir fragte ihn, was er da macht. Jener antwortete ihm:

»Frag nicht. Ich stand bei einem Hodscha im Dienst. Er ging zur Kaaba. Mich ließ er in seinem Haus zurück mit den Worten: ›Mein Sohn, alles ist im Hause vorhanden. Du wirst an nichts Not leiden. Du kannst jedes Zimmer öffnen, jedoch das eine nicht.‹ Nachdem der Hodscha nach Mekka gepilgert war, ließ mich der Teufel nicht in Frieden, sondern führte mich auch in jenes Gemach, von dem der Hodscha gesagt hatte, ich soll es nicht öffnen. Ich schloß es auf. Inmitten des Zimmers lauter Wasser. Ich zog meine Kleider aus und stieg in das Wasser, um mich zu baden. Und siehe da, mein guter Bruder, auf einmal befand ich mich hier in dieser Einöde. Es sind genau vierzig Jahre her, seitdem ich keinen Menschen gesehen habe, außer dir jetzt. Dem, der dich hierhergeschickt hat, auf daß du mich fragst, sollst du dies alles berichten. Und nun leb wohl.« Der Großwesir verabschiedete sich von

ihm und kehrte um. Er gelangte zu jenem Alten, der Schuhe flickte und an jedem Tage zwei Stunden weinte und vier Stunden lachte. Er erzählte ihm alles, was der Einsiedler ihm aufgetragen hatte. Sodann hob der Flickschuster an:
»Wenn er dir es gesagt hat, so will auch ich dir es sagen. Ich war jung und kam einst nach Stambul. Die Sultanstochter gewann mich lieb, und der Sultan verheiratete mich mit ihr. Sie schätzte mich sehr und war mir sehr untertan. Wenn ich mich an der Tafel niederließ, um zu essen, wollte sie es nicht. Wenn ich sie rief, sie möge sich zu mir setzen, antwortete sie mir: ›Ich bin nicht würdig, mit dir zu essen.‹ Sie gebar ein Kind und im nächsten Jahr noch eins. Eines Tages kam ich in ein Kaffeehaus und fand dort einen Greis, dessen weißer Bart bis auf den Gürtel herabfiel. Ich erzählte ihm alles von meinem Weib, und jener ermahnte mich: ›Gib gut acht, daß sie nachts nicht irgendwohin geht, und erzähle es mir morgen.‹ Ich ging weg. Als es Abend war, ließ ich mich an der Tafel nieder und aß Abendbrot. Danach legte ich mich schlafen. Um eine bestimmte Stunde in der Nacht erhob sie sich, stieß mir mit der Ahle in die Seite, um zu sehen, ob ich schlafe. Den Stich mit der Ahle nahm ich lautlos hin. Ich tat so, als würde ich fest schlafen. Danach erhob sie sich, öffnete leise die Zimmertür und verschwand. Auch ich raffte mich leise auf und folgte ihr auf den Fersen, so daß sie mich nicht bemerkte. So gelangten wir an ein Grab. Darin ruhte ein Jüngling. Sie schaufelte das Grab auf, ließ sich darin nieder, nahm die Leber des toten Jünglings heraus, aß sie und bedeckte den Jüngling wieder mit Erde. Ich wandte mich sofort um, lief nach Hause, legte mich nieder und schlief. Auch sie kam wieder und legte sich neben mich. Am nächsten Tag ging ich hin, um den Alten im Kaffeehaus zu suchen; doch ich sah ihn nicht und konnte ihn auch nirgends ausfindig machen. Mittag brach herein, und ich ging nach Hause zum Essen. Ich forderte meine Frau auf, sich neben mich an den Tisch zu setzen; doch sie wollte nicht, sondern antwortete mir, sie sei nicht würdig, mit mir zu essen. Darauf erwiderte ich ihr: ›Du bist noch satt, da du heute nacht die Leber jenes Jünglings verspeist hast, der vor einigen Tagen ums Leben kam.‹ Aber da solltest du sehen, Bruder, wie sie aufsprang und sich auf mich stürzte. Ihre Nägel schienen Haken einer Schalenwaage gleich, so daß ich floh und sie mich verfolgte. Vierzig Nachtquartiere legte ich zurück, und nunmehr flicke ich hier Schuhe. Wenn mir meine

beiden Kinder in den Sinn kommen, weine ich zwei Stunden lang; und so ich mich der Freude mit ihr erinnere, lache ich vier Stunden lang. Nunmehr auf Wiedersehn und erzähle dem, der dich hierhergeschickt hat, alles.«

Nach vierzig Nachtquartieren gelangte der Großwesir zu jenem Muezzin. Er erzählte ihm alles, was der Flickschuster ihm mitgeteilt hatte.

»Wenn er es dir gesagt hat, dann will auch ich dir es sagen«, sprach der Muezzin und fuhr fort:

»Eines Tages, um die Mittagsstunde, stieg ich auf diese gleiche Moschee hinauf, um das Gebet zu verkünden. Auf einmal kam ein Riesenvogel herbeigeflogen, packte mich und brachte mich auf eine Flußinsel, wo er mich absetzte. Ich überlegte, wohin soll ich mich wenden und was soll ich anfangen? Auf einmal erblickte ich ein Haus. Ich begab mich hinein und fand darin zwei Mädchen. Eine sprang auf, faßte mich an der Hand und sagte: ›Wohl mir, ich habe einen Mann!‹ Sodann wandte sie sich mir zu und sprach: ›Hör zu, sprich niemals über deinen Wohlstand und dein Befinden. Hier sollst du es schön haben.‹ Mit diesem Mädchen verlebte ich, auf jener Insel, ein volles Jahr in großer Wonne. Jedoch, eines Tages, als ich mit ihr am Fenster saß, sagte ich: ›Ach, könnte ich jetzt in mein Vilajet zurückkehren und vom Minarett herab zum Gebet aufrufen.‹ Kaum hatte ich das gesagt, da erschien wieder jener Riesenvogel, packte mich und setzte mich hier neben der Moschee ab. Nunmehr eile ich täglich hundertmal das Minarett hoch, auf das möglicherweise jener Riesenvogel wieder erscheint, um mich auf die Insel zu jenem Mädchen zu bringen, um erneut mit ihr das Leben zu genießen. Wohlan, das ist es. Dem, der dich geschickt hat, kannst du es so erzählen.«

Von hier weg nahm der Großwesir den Weg unter die Beine und gelangte zu dem blinden Greis an der Wegkreuzung. Er erzählte ihm alles, was er vom Muezzin erfahren hatte.

»Nun gut«, sprach der Blinde. »Wenn er es dir gesagt hat, so will auch ich dir es sagen. Ich war ein Händler und hatte vierundzwanzig Pferde. Als ich einst unterwegs war, traf ich einen Derwisch, der mich fragte: ›Händler, würdest du mir etwas mit aufladen?‹ Ich erklärte mich einverstanden und folgte ihm hinterher. Schließlich gelangten wir vor eine Höhle, an der eine Tür war. Er zog das Kitab aus der Tasche, begann zu lesen, und die Tür zu dieser Höhle öffnete sich.

Da rief der Derwisch aus: ›Gib feste Säcke her!‹ Ich nahm doppelt gewebte Zwirnsäcke, und wir füllten achtundvierzig mit Geld an. Dann nahm der Derwisch noch einen kleinen Spiegel aus der Höhle mit. Wir luden alle Säcke auf die Pferde und zogen weiter. Als wir unterwegs waren, begehrte ich vom Derwisch eine Ladung von zwei Säcken Geld, die er mir auch frohen Mutes schenkte. Dann schien mir dies zu wenig, und ich verlangte noch eine Ladung. Er gab mir auch die zweite. Ein Stück des Weges war es mir erneut zu wenig, und ich begehrte das ganze Geld vom Derwisch, das er mir auch gab, so daß ich vierundzwanzig Ladungen hatte: lauter Geld, das mir der Derwisch überließ. Doch ich überlegte mir, daß womöglich jenes Spieglein, das dieser noch besaß, mehr wert ist als die vierundzwanzig Ladungen Geld. Daher sagte ich zu dem Derwisch, er möge mir auch noch jenen Spiegel schenken. Er antwortete, er wolle ihn mir gern geben, doch werde ich, so ich ihn nehme, es zutiefst bereuen. Ich entgegnete ihm darauf: ›Einerlei, auch wenn ich es sofort bereuen würde; gib mir ihn, Derwisch.‹ Er reichte mir ihn, und ich nahm ihn. Ich schaute mit einem Auge hinein – da ward ich blind. Ich schaute mit dem anderen Auge hinein – da ward ich auf dem anderen Auge ebenfalls blind. Auf einmal packte mich etwas und setzte mich mit dem ganzen Gelde hierher an die Wegkreuzung. So ist es nun, und jeder, der hier vorbeigeht, gibt mir zwei Ohrfeigen, auf daß ich ihm zwei Groschen gebe. Und so werde ich nun alles Geld für Ohrfeigen hingeben, solange es reicht, weil ich damit nicht zufrieden war, sondern vom Derwisch auch noch den Spiegel begehrte. Geh hin und erzähle es dem, der dich geschickt hat. Und nun, leb wohl!«

Der Großwesir ging weiter und kam zu dem Jüngling, der Diamanten in einem Mörser zerstampfte. Er erzählte ihm alles von dem blinden Greis, worauf der Jüngling sagte:

»Wenn er es dir gesagt hat, so will auch ich es dir sagen.« Sodann fuhr er fort: »Mein Vater war ein Derwisch. Er wurde todkrank, rief mich zu sich und sprach: ›Mein Sohn, siehe, ich hinterlasse dir von allem genug. Hüte es wohl. Wenn du alles vergeudet hast, so habe ich dir in jenem alten Hause in einem alten Gemach einen Galgen angebracht. Hänge dich auf, denn du bist dann nicht mehr wert, am Leben zu bleiben.‹ Danach segnete mich der Vater und gab seinen Geist auf. Wir brachten ihn auf den Friedhof und beerdigten ihn. Es tat mir leid um ihn, und ich weinte. Da ich einhersah, erblickte ich meine zwölf Freunde; auch sie weinten. Ich sprach zu mir: ›Bei Gott, lassen sich diese Tränen nicht durch irgend etwas stillen?‹ Einer dieser Freunde erwiderte: ›Es gibt eine Flasche, die man Wohlbehagen nennt, die einundfünfzig Dukaten wert ist. Durch sie lassen sich die Tränen stillen.‹ Sogleich zog ich meinen Beutel mit dem Gelde heraus, zählte einundfünfzig Dukaten hin, und im Nu war die Flasche Wohlbehagen gebracht. Ich trank sie in einem Zuge aus. Auf der Stelle wurde ich vergnügt und vergaß alles. Am Grabe meines Vaters fing ich an zu singen: von den Tränen keine Spur mehr. Da befahl ich, man möge jedem meiner Freunde eine Flasche Wohlbehagen bringen. Jeder trank seine Flasche aus, und wir wurden vergnügt wie nie zuvor. Da ließ ich die Musikanten mit ihren Geigen, den Flöten und der Baßgeige kommen. Wir tanzten und sangen am Grabe meines Vaters, bis die Nacht hereinbrach und uns verscheuchte. Am anderen Tag traf ich mich wieder mit meinen Freunden, und wir tranken Wohlbehagen. Und so immerzu, tagaus, tagein. Wir tranken und waren vergnügt. Ich arbeitete nichts, und schließlich hatte ich alles vergeudet. Zu meinem großen Erstaunen hatte jeder meiner Freunde einen Laden eröffnet; ihr Handel blühte, und schließlich wandten sie ihre Blicke von mir. Dies tat mir leid, und ich habe oft zu mir gesagt: ›Verschwunden das Vermögen, verschwunden die Freunde.‹ Und weißt du, wie meine Freunde reich wurden? Sie kauften flaschenweise Wohlbehagen, jede Flasche kostete nur dreißig Dukaten, und zu mir sagten sie, sie koste einundfünfzig Dukaten. Auf diese Weise haben sie an jeder Flasche Wohlbehagen einundzwanzig Dukaten für sich auf die Seite gebracht. Ich hatte das Leben satt und ging in das alte Haus, um mich zu erhängen, so wie es mir mein verstorbener Vater geraten hatte. Ich betrat das Haus, öffnete ein Zimmer und sah darin einen Haken, der im Gebälk stak. Ich stieg auf einen Stuhl, band mir die Schlinge um den Hals und baumelte. Auf einmal krachte das Gebälk, ich fiel mit dem Haken auf den Boden, und aus dem Gebälk fielen lauter Diamanten herab. Ich nahm einen Diamanten und ging auf den Basar, um ihn zu verkaufen. Ich kaufte mir Kleider und war wieder reich. Meine Freunde sahen, daß ich Geld hatte, und fingen wieder an, mich zu sich einzuladen; doch ich sah nicht nach ihnen hin. Nunmehr rufe ich jeden Tag den Ausrufer zu mir und gebe ihm einen Diamanten, auf daß er ihn auf dem Basar verkaufe. Wenn der Diamant einen Preis von tausend Dukaten erlangt hat, kaufe ich ihn wieder zurück und zerstampfe ihn im Mörser. Den Staub schütte ich aus dem Mörser in die hohle Hand und blase da hinein, auf daß dieser verschwindet. So werde ich immerzu handeln, so lange, bis die beiden letzten meiner Freunde krepieren, genau wie auch die anderen: vor Qual und Neid. Und nunmehr leb wohl! Berichte es dem, der dich geschickt hat.«

Der Großwesir ging und gelangte in das Schloß der englischen Königin. Er erzählte ihr alles, was er von dem Burschen gehört hatte. Sodann sprach die englische Königin zu dem Großwesir:

»Geh hin zu deinem Sultan und sage ihm, ich habe den Schatz des weisen Salomon.«

Der Großwesir ging hin zum Sultan und überbrachte diesem nach so langer Zeit die Antwort, die ihm seinen Kopf rettete.

2. *Der Zauberring*

Es war einmal eine Witwe, die hatte ein einziges Söhnchen. Außer einem Häuschen und einem Garten nannte sie nichts ihr eigen. Die arme Witwe konnte nicht arbeiten, denn sie war ein Krüppel; so lebte sie von Almosen und ernährte auf diese Weise auch ihr Kind. Als der Kleine herangewachsen war, sprach er eines Tages zu seiner Mutter:

»Fürwahr, Mutter, es ist eine Schande, daß wir betteln, wo doch ich, Gott sei Dank, herangewachsen bin; laß uns jenes Gärtchen verkaufen und uns für den Erlös ein Pferd einhandeln. Ich könnte schon Holz fahren und uns beide ernähren, auf daß wir niemand anderem zur Last fallen.«

»Mein Sohn«, sprach die Mutter zu ihm, »nun soll ich das Gärtchen verkaufen und für das Geld ein Pferd kaufen, wo ich befürchte, du würdest nicht genügend auf das Pferd achten, und der Wolf könnte es auffressen, so daß wir am Ende weder ein Gärtchen noch ein Pferd hätten.«

Aber bei Gott, der Kleine wollte nicht ablassen, sondern versuchte es bald so, bald anders, bis die Mutter schließlich einverstanden war und den Garten verkaufte, um ein Pferd zu kaufen.

Kaum hatte der Kleine das Pferd, da begann er auch schon Holz zu fahren und damit zu handeln. So lebte er, so gut es ging, mit seiner Mutter dahin. Obgleich sie nicht im Überfluß lebten, waren sie doch nicht hungrig, und auch das Herdfeuer ging nicht aus. Eines Morgens befahl die Mutter dem Sohn, Reisig nach Hause zu bringen, da sie ein Dampfbad bereiten und Wäsche waschen wolle. »Gut«, sagte der Kleine, küßte ihr, wie üblich, die Hand und ging nach Holz. Als er in den Wald kam, pflockte er das Pferd auf einem Feld zum Weiden an und ging weg, um Reisig zu sammeln. Es dauerte nicht lange, da hörte er ein lautes Wimmern und Röcheln. Er lief hin, um zu sehen, was los ist. Als er über einem Abgrund stand, da konnte er was sehen: eine riesige Schlange, fast so groß wie ein Drache, hatte einen Hirsch verschlungen, und dabei blieb ihr das Geweih zwischen den Zähnen stecken. Nun ging es weder vor- noch rückwärts, und sie quälte sich und stöhnte. Da sie den Kleinen erblickte, sprach sie zu ihm:

»Hörst du, Bursche! Als Schwester flehe ich dich in Gottes Namen an, auf daß du zu mir wie ein Bruder seiest, wo dich doch Gott mit dieser Axt hierhergeschickt hat: Hau diesem Hirsch das Geweih ab und erlöse mich, mein Lieber!«

Der Hirsch indes sprach zu ihm:

»Nicht doch, so du einen Herrgott kennst! Töte lieber die Schlange, auf daß ich am Leben bleibe!«

Der Bursche überlegte hin und her: Beginne ich nunmehr auf die Schlange einzuschlagen, so könnte es sein, daß diese den Hirsch ausspeit und mich verschlingt. Schließlich hat sie ihn doch zuerst beschworen und ihm die Wahlbruderschaft angeboten. Und so entschloß er sich, ihr zu helfen. Er sprang hinzu, schlug den Hirsch mit der Axt aufs Geweih, krach, krach, bis es abfiel, und danach verschlang ihn die Schlange mühelos.

Nachdem die Schlange den Hirsch verschlungen hatte, sprach sie zu ihm:

»Fürwahr, Wahlbruder, du hast mich vom Tode errettet; nunmehr ist die Reihe an mir, dir dies zu vergelten. Mein Vater ist der Schlangenzar; laß uns zu ihm aufbrechen, er wird dich reichlich beschenken. Aber lasse dich nicht übervorteilen. Was immer er dir zu geben beabsichtigt, nimm es nicht, sondern begehre den Ring.«

Und so kamen sie vor ihn. Der Bursche folgte der Schlange

hinterdrein, und jene führte ihn in eine Höhle. Als sie die Höhle hinter sich gelassen hatten, gelangten sie auf ein weites Feld, in dessen Mitte ein großer Tisch stand; daran saß der Schlangenzar und labte sich. Auf dem weiten Feld krochen allerlei Schlangen umher. Als die Schlangen ihre Zarentochter erblickte, traten sie zur Seite und gaben den Weg frei. Da faßte der Bursche mehr Mut, nachdem er sich zuvor beim Anblick eines solchen Gewimmels sehr geängstigt hatte. Nun trat die Schlange vor ihren Vater hin und erzählte ihm alles, wie und was geschehen: wie dieser Bursche sie gerettet habe; daß sie ihn zum Wahlbruder erkoren und daß sie ihn gebracht habe, auf daß er, der Schlangenzar, ihn dafür beschenke. Als der Zar dies hörte, befahl er seinen Dienern, dem Burschen zwanzig Ladungen von Schätzen und Geschenken bereitzustellen. Aber welch ein Wunder! Der Bursche wollte all dies gar nicht sehen, sondern sprach zu dem Zaren:

»Ich danke dir, Schlangenzar, für diese Schätze; jedoch, so du mir etwas schenken willst, gib mir diesen Ring von deiner Hand. Willst du mir ihn nicht geben, etwas anderes mag ich nicht.« Der Zar hätte ihm alles andere gern gegeben, allein diesen Ring nicht. Der Bursche aber begehrte nur das eine: den Ring und nur diesen Ring. Schließlich entgegnete ihm der Zar, er könne ihm den Ring nicht geben. Daraufhin wandte sich jener von ihm ab, sagte »Lebt wohl« und ging weg. Als der Bursche aufbrach, ging auch die Zarentochter, die Schlange, hinter ihm drein.

»Wohin willst du?« fragte der Vater.

»Was fragst du wohin? Ich gehe mit meinem Wahlbruder in die Welt, wenn du ihn nicht so behandelst, wie er es verdient hat.«

Dem Zaren tat seine Tochter leid – weshalb denn auch nicht, war sie doch die einzige –, und so hieß er den Burschen umkehren und überreichte ihm den gewünschten Ring. Daraufhin begleitete ihn seine Wahlschwester bis zu jener Stelle, an der sie sich zum ersten Mal begegneten, und sprach zu ihm:

»Sooft du etwas benötigst, nähere den Ring dem Feuer, und du wirst alles haben, was du dir wünschst.«

Der Bursche war mit den Gedanken bei seinem Pferd und dachte nicht an den Ring. Als er an jene Stelle gelangte, wo er das Pferd angepflockt hatte, war dort kein Pferd mehr zu sehen; nur das Zaumzeug und die vier Hufeisen lagen da. Die Wölfe hatten das Pferd restlos aufgefressen. Wie elend, wie traurig war er nun! Da er weder ein noch aus wußte, nahm er das Zaumzeug auf den Rücken, steckte die vier Hufeisen hinter den Gürtel und gelangte so mit viel Mühe, weder tot noch lebendig, an einem stillen Abend nach Hause. Fürwahr, bislang ging es noch gut; aber nunmehr sollte das Leid über ihn herfallen. Als die Mutter ihn ohne Pferd sah, und als sie zudem erfuhr, daß die Wölfe es aufgefressen haben, begann sie ihn zu schelten und zu verfluchen, sosehr sie konnte. Aber nicht genug; sie ergriff einen Stock und schlug auf ihn ein, bald von hier, bald von dort, gerade so wie auf einen Ochsen, der ins Krautfeld geraten ist. Fürwahr, sie gab ihm weder zu essen, noch ließ sie ihn im Zimmer schlafen. Er, der Arme, war traurig und so verprügelt. Hungrig und nochmals hungrig kauerte er sich zusammen, und weil er so müde war, schlief er ein. Doch da seine Därme zu knurren und zu rumoren begannen, wachte er auf. Jetzt erst erinnerte er sich des Ringes, näherte ihn dem Feuer, und schon erschienen zwei Mohren vor ihm.

»Was befiehlt der Herr?«

»Ich befehle, mir auf der Stelle von allerlei Speisen reichlich zu bringen und den Hof voll Holz, lauter richtig trockenes, damit meine Mutter Feuer machen kann zum Wäsche waschen.«

»Es soll sofort geschehen, Herr!« Sie verbeugten sich und gingen weg. Es verging nicht einmal so viel Zeit, wie man braucht, um in die Hände zu klatschen, und schon war alles erfüllt, was er geboten hatte. Und so hungrig wie er war, machte er sich an jene verschiedenen Leckerbissen heran und aß sich satt. Das dürre Holz indes schichtete er auf das Feuer, legte sich sodann daneben hin und schlief wie erstorben ein.

Am nächsten Morgen erhob sich seine Mutter beizeiten, denn auch sie konnte nicht schlafen. Es war nicht zum Spaßen: weg war das Pferd, fort die Daseinsmöglichkeit! Aber nun konnte sie was sehen: der Hof war voll mit trockenem Holz. Sie kehrte um, um den Sohn zu wecken. Da sah sie um ihn herum, welch ein Wunder, so viele Speisen! Rasch weckte sie ihn auf und sprach zu ihm:

»Was ist denn das, lieber Sohn?«

»Siehst du, Mutter, das habe ich für das Pferd erhalten.«

»Warum hast du das deiner Mutter nicht gestern abend gesagt, als ich dich so durchgeprügelt habe?«
»Nun sag ich es dir doch; laß mich wissen, ob wir jetzt versöhnt sind.«
»Wir sind es, wir sind es, mein Sohn!« Und sie fiel ihm um den Hals und küßte ihn. Und so lebte er eine Zeitlang mit seiner Mutter im Überfluß, bis er sich auf einmal besann und zu sich sprach:
»Weshalb sollte ich denn in einem so engen Häuschen wohnen?«
Schon näherte er den Ring dem Feuer, und da standen auch bereits die beiden Mohren vor ihm. »Gebiete, Herr!«
»Ich befehle, mir auf jener und jener Au ein Schloß zu bauen, so wie es der Zar besitzt. In dem Schloß soll alles so sein, wie es der Zar hat. Sobald es fertig ist, bringt mich und meine Mutter dorthin.« Sodann verbeugten sie sich und verschwanden. Er aber legte sich mit seiner Mutter in jener Nacht noch in jenem kleinen Hause nieder. Als er erwachte, konnte er was sehen: ganz wie er es befohlen hatte; alles war vollbracht. Selbst ihn und seine Mutter hatte man schon dorthin gebracht. Er indes hatte weder etwas gehört noch bemerkt. Nunmehr ließ er sich im Schloß häuslich nieder, und er befahl seiner Mutter, niemand am Schloß vorbeiziehen zu lassen, sondern jeden Hungrigen zu sättigen und jeden Durstigen zu tränken; wer barfuß ist, ist mit Schuhen zu versehen, und wer nackt ist, ist zu bekleiden. »Wenn es uns so gut ergeht«, sagte er, »so mögen auch die Armen etwas davon haben.«
Eines Abends saß er so da und sprach zu sich selbst: »Wenn mir Gott von allem so reichlich gegeben hat, warum sollte ich da nicht heiraten, auf daß ich nicht allein bin.« Und er überlegte und überlegte, bis ihm eine Braut einfiel. Sogleich näherte er den Ring einer brennenden Kerze. Die Mohren erschienen wie immer. »Gebiete, Herr!«
»Ich befehle, mir eine Sultanin, die schönste Tochter des Sultans, zu bringen.« Die Mohren verbeugten sich und waren verschwunden. Binnen einer geschlagenen Stunde führten sie eine Sultanin herbei. Er empfing sie hübsch, liebkoste sie, und da sie sah, daß er ebenso reich war wie ihr Vater, dachte sie, er sei Zar oder doch wohl ein Zarensohn. So liebkoste auch sie ihn. Sie heirateten, ganz wie es das Gesetz gebietet, und lebten glücklich. Als der Sultan gewahrte, daß seine Tochter

verschwunden war, ließ er sie suchen. Aber sie war nirgends aufzufinden. Es war so, als wäre sie im Wasser ertrunken oder in die Erde versunken.
Daraufhin versprach der Sultan demjenigen einen großen Schatz, der seine Tochter ausfindig macht. Dies gelangte auch einem alten Weib, einer Hexe, zu Ohren. Sie begab sich auf den Weg, zog von Stadt zu Stadt und von Tür zu Tür, bis sie sie schließlich fand. Danach ging die Hexe zum Sultan, kam mit ihm wegen des großen Schatzes überein und versprach, ihm die Tochter lebend wiederzubringen. Nachdem das alles schön vereinbart war, nahm die Alte ein Fell und einen Stock und ging tripp-trapp, tripp-trapp wieder von Tür zu Tür und gelangte schließlich vor jenes Schloß. Als sie nahe am Schloß war, bemerkte jener arme Bursche von ehedem die Alte und sprach zu seiner Frau: »Dort, sieh hin, ein armes Weib, nackt und barfuß! Sag zur Mutter, sie soll sie mit Kleidung und Schuhwerk versehen und sie sättigen.«
»Laß, um Gottes willen, die alten Weiber«, schalt ihn seine Frau. Er aber entgegnete ihr:
»Ich will nicht, daß jemand an meinem Haus hungrig und nackt vorbeizieht. Wenn Gott mich beschenkt hat, warum sollte ich nicht die Armen beschenken!«
Seine Frau aber, wie alle Weiber — und auch das gibt es, daß die Frau dem Mann gehorcht, und so soll es auch sein —, verließ das Schloß und sagte zu ihrer Schwiegermutter, sie möge Speisen und Kleider bringen. Als die Schwiegermutter wegging, um Kleidung zu holen, sprach die Hexe:
»Fürwahr, Sultanin, liebt dich dein Mann?« Die Sultanin war erstaunt und entgegnete:
»Bei Gott, er liebt mich. Doch woher weißt du denn, zum Teufel, daß ich die Sultanin bin?«
»Wie sollte ich es denn nicht wissen, wo ich doch allerlei weiß? Ich habe doch auch das Meinige dazu getan, daß du ihn zum Mann bekamst. Doch los, hör mich an, bring mir jenen Ring, damit ich dir aus ihm etwas herauslese, und er wird dich zehnmal mehr lieben als bisher.«
Schon längst weiß man es: die Weiber haben langes Haar, aber kurzen Verstand. Und so glaubte auch sie der Alten und eilte, so schnell sie konnte, in sein Zimmer. Zu seinem Unglück schlief er gerade, so daß sie ihm ganz sacht den Ring vom Finger nehmen konnte und ihm den ihrigen dafür auf

den Finger steckte. Dann rannte sie flugs zu der Alten. Als die Hexe den Ring erhaschte, sprach sie:
»Komm, setz dich, mein Kind, hinter mich auf dieses Fell!« Sie ließ sich nieder, die Alte schlug mit dem Stock auf das Fell, und beide flogen davon. Fürwahr, es ist kein Spaß, Bruder! Die Hexe und ihre Kraft möge von unseren Häusern fernbleiben! So flogen sie dahin und gelangten vor den Sultan. Sie übergab ihm seine Tochter und nahm dafür ihren Lohn.
Als der arme Kerl aufwachte, rief er seine Frau. Jawohl, sie war nicht da. Da rief er seine Mutter und erkundigte sich nach seiner Frau. Sie aber sprach zu ihm:
»Fürwahr, ich weiß von nichts. Ich ging weg, um jenem alten Weib Kleider zu suchen, und als ich zurückkehrte, fand ich keine von beiden mehr vor. Ich dachte, sie sei bei dir im Gemach.«
»Nun denn, sie mag sein, wo sie will; ich werde sie herbeischaffen.« Eilig griff er nach dem Ring. Doch da sah er, daß sein Ring verschwunden war und er denjenigen seiner Frau am Finger hatte. Auf einmal war es in ihm so, als wäre ein Blitz aus heiterem Himmel herniedergefahren: wer könnte da noch trauriger sein als er? Er sah, daß er betrogen war. Und dennoch hielt er fest daran, daß nicht seine Frau ihn betrogen hat. Rasch zog er sich wie ein armer Mann an und brach auf in die Welt. Er ging und ging und gelangte schließlich nach Stambul. Doch wie konnte er mit der Sultanin zusammenkommen? Er überlegte und überlegte und beschloß, schnurstracks vor das Schloß des Sultans zu gehen. Dort lehnte er sich an eine Tür. Der Oberkoch des Sultans bemerkte ihn, dachte, er sei hungrig, und fragte ihn:
»Worauf wartest du hier?«
»Ich habe keine Arbeit und wäre froh, wenn ihr mich in den Küchendienst aufnehmen würdet. Ich würde für das Essen arbeiten und könnte, wenn nichts anderes, so doch das Geschirr spülen.«
»Gut, gut«, sprach der Oberkoch, »tritt ein; es wird sich Arbeit finden.«
Hier ließ er sich nun häuslich nieder und lernte in wenigen Monaten das Kochen. Er wurde schließlich Erster Koch nach dem Oberkoch. Da er ein Fremder war, während die übrigen Köche alle aus Stambul waren und nachts nach Hause gingen, so blieb nur er allein in der Küche. Damit es ihm nachts nicht unheimlich und ungemütlich wurde, besorgte er sich

eine Katze und einen Hund, die er gut pflegte und liebgewann. Am Hof des Sultans aber war eine Sklavin, die die Speisen aus der Küche in das Frauengemach trug. Diese lernte er gut kennen und freundete sich mit ihr an. Eines Tages sprach er zu ihr:
»Wohlan, Wahlschwester, ich möchte dich um etwas bitten, so du mir versprichst, niemandem etwas davon zu erzählen.«
»Meine Treue ist fester als der Stein, Wahlbruder. Sag es frei heraus!«
Worauf er zu ihr sprach:
»Siehst du diesen Ring? Ich werde ihn hier an den Rand der Reisspeise in die Kupferschüssel legen, auf daß er der Sultanstochter zu Gesicht kommt.«
»Einverstanden, Wahlbruder, selbst wenn es noch mehr wäre.«
Daraufhin legte er jenen Ring, den einst die Sultanin trug, an den Rand der Reisspeise, und die Wahlschwester achtete sehr darauf, wohin er ihn legte, und stellte jene Seite gerade vor die Sultanin hin. Als die Sultanin sich das zweite Mal von der Reisspeise nahm, bemerkte sie den Ring im Löffel. Sobald sie ihn erblickte, erkannte sie ihn sogleich – wie sollte sie nicht ihren liebsten Schmuck erkennen? Sie versteckte ihn, so rasch sie konnte, auf daß ihn nicht noch jemand erblicke, in der Tasche. Am Abend, als sie schlafen ging, rief sie jene Sklavin, die Zutritt zur Küche hatte, und sprach zu ihr:
»Du hast doch Zutritt zur Küche. Weißt du, ob dort ein Fremder tätig ist?«
»Jawohl«, erwiderte diese. »Dort ist einer. Es ist drei oder vier Monate her, daß er hierherkam, und der Koch beschäftigt ihn bei der Zubereitung guter Speisen. Nun hat er das Kochen gelernt und ist gleich der Erste nach dem Oberkoch.«
»Weißt du denn, wo er schläft?«
»Ich weiß es. Er übernachtet in der Küche.«
»Schläft er dort mit noch jemand zusammen?«
»Nein, er hat niemand bei sich außer seinem kleinen Hund und einer Katze.«
»Aber weißt du denn etwas von diesem Ring?« Und sie zog den Ring heraus und zeigte ihr ihn. Die Sklavin lächelte ein wenig und entgegnete sodann:
»Ich weiß es, fürwahr. Er ist ein guter und ehrlicher Mensch. Ich habe mich mit ihm angefreundet, und er bat mich, nachdem ich ihm das Ehrenwort gegeben habe, niemand etwas zu

sagen und die Reisspeise so vor Euch hinzusetzen, daß Ihr den Ring finden müßt.«

»Gut. Nun gib mir dein Wort, daß du schweigen wirst. Dann werde ich dir etwas sagen, und du wirst fürwahr auch mit mir glücklich werden.«

»Meine Treue ist fester als der Stein, sprecht frei!«

»Nun, wenn dem so ist, wisse, daß er mein früherer Mann ist. Nimm diese Frauenkleider und bring sie ihm in die Küche, auf daß er sich verkleide und mit dir zu mir kommt.«

Die kleine Sklavin kannte keine Widerrede, sondern nahm das Bündel unter die Schürze und ging zu ihrem Wahlbruder in die Küche. Nachdem sie ihm alles erzählt hatte, da gab es wohl keinen Glücklicheren als ihn. Er zog die Frauenkleider an und ging leise hinter der Dienerin einher zu seiner Frau ins Gemach. Gibt es jemand, der glücklicher war als die beiden, da sie sich trafen? Nachdem die erste Freude und Zärtelei vorüber war, fragte er seine Frau, wo sein Ring ist.

»Bei Gott, ihn hat jenes alte Weib davongetragen.« Sodann erzählte sie ihm alles der Reihe nach, was und wie es sich zugetragen hatte.

»Verfluchtes Unglück«, sprach er. »Nie wieder werden wir in unser Haus zurückkehren können!«

»Aber wir können uns doch auch hier so ganz heimlich treffen und hübsch zusammenleben!«

Und so war es auch. Tagsüber war er in der Küche und nachts bei der Sultanin.

Eines Tages rief der Sultan jene Hexe zu sich und fragte sie nach allem. Da sprach die Alte:

»Du hast in deiner Küche einen Fremden. Es ist der gleiche, der dir die Tochter entführt hatte. Ich habe ihn schon lange wiedererkannt.«

Der Sultan ließ den Oberkoch rufen und befahl ihm, den Fremden, der in der Küche ist, vorzuführen. Als man jenen Fremden vor den Sultan brachte, verurteilte der Sultan ihn, ohne ihn etwas zu fragen und ohne ihn zu hören, zum Tode. Darauf sprach die Hexe zum Sultan:

»Gib mir, Sultan, zwei Henker, so will ich ihn richten.«

Er erfüllte ihren Wunsch, und die Henker und die Hexe brachten unseren armen Fremden in einen großen Wald und führten ihn oberhalb eines tiefen Loches. Hier befahl die Hexe, ihn in das Loch zu werfen und auf ihn einen großen Felsen. Ihm waren seine Katze und der kleine Hund gefolgt, die auf

das Geheiß der Alten ebenfalls in die Grube gestürzt wurden. Jedoch wem Gott hilft, dem kann niemand schaden. So war es auch mit ihm. Als man ihn in die Grube stürzte, fiel er nicht auf den Grund, sondern blieb auf einem Vorsprung liegen und brachte sich dort in Sicherheit, während der herabstürzende Fels auf den Grund aufschlug. Auch der kleine Hund und die Katze waren neben ihn hingefallen.
So war es. Aber was waren das für Qualen, da es nichts zu essen gab, und auch retten konnte er sich nicht. So begann er den kleinen Hund und die Katze zu liebkosen und unterhielt sich mit ihnen wie ein Hungriger mit anderen Hungrigen. Es vergingen zwei Tage, da tastete er auf einmal in der Finsternis um sich; doch da war weder die Katze noch der junge Hund zugegen. Nun wurde es ihm noch schwerer, dieses Los zu ertragen. Aber es dauerte nicht lange, da fanden sich diese wieder ein und schmiegten sich an ihn. Als er sie liebkoste, bemerkte er an deren Bäuchen, daß sie gesättigt waren. So sprach er zu sich selbst: »Fürwahr, sie haben irgendwo etwas gefunden und sich satt gefressen; ich will nun abwarten, bis sie wieder hungrig sind und dann hinter ihnen herkriechen. Vielleicht finde auch ich eine Rettung.« Kurz bevor der kleine Hund und die Katze wieder aufbrachen, ergriff er das Hündchen beim Schwanz und kroch ganz sachte hinterher. Es dauerte nicht lange, da fanden sie sich auf einer Rodung ein. Es war für ihn eine unbekannte Gegend. Hier gab es auch rein gar nichts außer Mäusen. Die Katze und das Hündchen, so hungrig sie waren, sprangen zu und begannen die Mäuse zu würgen. Diese flohen alle zu ihrem König. Als der Mäusekönig ihn bemerkte, rief er aus:
»Fürwahr, Herr, gebiete deinem Heer Einhalt! Begehre, was du willst.«
Sogleich rief er die Katze und das Hündchen zu sich und sprach zu dem König:
»Ich will nichts anderes als von jener Alten den Ring.«
Der Mäusekönig rief sogleich zwei alte Mäuse herbei und sandte sie aus. Es dauerte nicht lange, da brachten sie mehr als fünfzig Ringe verschiedenster Größen. Sie alle hatten die beiden Mäuse bei ein und derselben Hexe aufgespürt. Er musterte alle Ringe, aber seinen fand er nicht.
»Mein Ring ist hier nicht dabei. Sieh zu und schaffe mir ihn sogleich herbei, sonst werde ich einen meiner Diener nach einem großen Heer aussenden.«

»Die Alte hat keinen Ring mehr außer einem, den sie ständig unter der Zunge trägt, so daß wir ihn nicht stehlen konnten.«
»Schafft schnell den Ring herbei, so gut ihr es könnt, oder ich lasse mein Heer kommen!«
Daraufhin sprach eine kleine lahme Maus, die befürchtete, sie könnte das erste Opfer werden, so das Heer anrückt:
»Sende, so du einen Herrgott hast, nicht nach deinem Heer aus; ich will hingehen, und was Gott befiehlt! Doch, mein König, gib mir zwei zuverlässige und starke Genossen mit, die mich hintragen; denn ich bin ein Krüppel und kann selbst nicht so weit laufen.«
Der Mäusekönig gab ihr, was sie begehrte, und so zog man mit ihr los, schnurstracks zur Hexe ins Zimmer. Hier machte die kleine Maus in den Mehltrog hinter der Tür eine Pfütze, tauchte ihren Schwanz hinein und sprach zu ihren Genossen:
»Sobald ich den Ring erhascht habe, packt mich und flieht.«
Sodann schlich sie ganz leise zu der Alten, die schlief, kroch ihr auf den Busen und dann aufs Kinn und fuhr ihr mit dem nassen, mehligen Schwanz unter die Nase. Die Hexe nieste und der Ring flog ihr aus dem Mund. Die Lahme schnappte sich den Ring, und die beiden Genossen ergriffen rasch das Mäuschen und verschwanden, noch ehe die Alte vollends zu sich kam. Sie entkamen glücklich und froh; sie brachten den Ring nach Hause, wo sich auch die anderen darüber freuten. Als der Arme den Ring bemerkte, freute er sich sehr. Jawohl! Aber nun ist kein Feuer da, und ohne Feuer geht der Zauber nicht. Er überlegte, was anzufangen sei, bis ihm etwas einfiel. Er suchte in den Taschen umher und fand zu seinem Glück zwei Feuersteine, schlug damit Feuer, näherte diesem den Ring, und die Mohren waren sogleich zur Stelle. »Gebiete, Herr!« »Ich befehle, mich, die Katze und das Hündchen auf die andere Welt zu bringen.«
Und ehe man in die Hände klatschen konnte, fanden sich alle am Oberrand der Grube ein. Nun schlug er wiederum Feuer und befahl den Mohren, die Alte und jenen großen Stein sofort herbeizuschaffen, den diese hinter ihm her in die Grube geworfen hatte. Zuerst warf man die Hexe in die Grube. — O Gott! O Seele! Beiß dich mit den Zähnen im Wind fest! — Hinterher plumpste der Fels hinab. Aus war's für immer.
Nun war er sorgenlos. Er nahm den Ring und gelangte in die Nähe von Stambul, wo er in einer Schenke übernachtete. Am

Abend, nachdem alle schliefen, näherte er den Ring einer Flamme, und da sprangen die Mohren herbei, und er befahl ihnen, ihn auf der Stelle zur Sultanin ins Gemach zu bringen. Als sie ihn wiedersah, war sie erfreut und traurig zugleich. Sie freute sich, ihn erneut lebend zu sehen, und sie war traurig, da sie fürchtete, der Sultan könnte es erfahren und würde sie dann beide töten lassen. »Fürchte dich nun nicht mehr«, sprach er zu ihr. »Ich habe den Ring wiedergewonnen.«

Und dann erzählte er ihr, was er alles durchgemacht, wie er die Hexe beseitigt und den Ring wiedererlangte. Daraufhin waren sie ohne Sorgen. Am nächsten Morgen dachte er nicht daran, selbst zum Sultan hinzugehen; doch da erkannten ihn die Diener und meldeten es ihrem Herrn. Der Sultan ließ sogleich zwei Henker kommen und brach selbst auf, um beide zu töten. Da er den Sultan und die Henker bemerkte, schlug er ein Feuer und brachte den Ring an die Flamme; die Mohren sprangen herbei, und nun standen sich vier Henker, seine beiden und diejenigen des Sultans, gegenüber. Als der Sultan dieses Wunder sah, rief er ihm zu:

»Gebiete deinen Henkern Einhalt. Ich will die meinigen abhalten, auf daß wir miteinander sprechen.« Das hatte er kaum erwartet. Er zog seine Henker zurück, und der Sultan fragte ihn, wer er ist und woher er kommt. Er erzählte dem Sultan alles der Reihe nach und auch, was er erlebt hatte — so wie ich es euch erzählt habe — und fügte schließlich hinzu:

»Ehrwürdiger Herr! Mich hat Gott bislang behütet, und so lieb mir deine Tochter ist, so lieb bin ich auch ihr. So gib uns denn deinen Segen, auf daß wir glücklich werden.«

Der Sultan überlegte ein wenig und sprach sodann:

»So ist es bestimmt. Ich gebe sie dir, doch nur unter der Bedingung, daß du bei mir bleibst.«

»Gut, ehrwürdiger Herr, doch bitte ich dich um Erlaubnis, meine Mutter hierherholen zu dürfen, damit ich auch ihr eine Freude bereite.«

Der Sultan gewährte es ihm, und er brachte seine Mutter aufs Schloß. Dann bereitete der Sultan ein großes Gelage und vermählte sie. Wenn sie noch am Leben sind, so geht es ihnen bestimmt auch heute noch gut.

3. Der betrogene Wolf

Ein Wolf verspürte einmal Hunger und machte sich auf, um etwas zum Fressen zu suchen. Er durchstreifte Berge und Täler und gelangte schließlich auf einen Acker. Dort erblickte er einen weißhaarigen Hund, der mager und ausgedorrt war wie ein Stockfisch. Schon von weitem rief der Wolf:
»Hörst du, Weißer, nun werde ich dich verspeisen.« Der Hund sah sich in einer kümmerlichen Lage und antwortete:
»Das kannst du, teurer Gevatter; aber nicht sogleich. Laß mich erst noch nach Hause gehen, damit ich mich von meinen Kleinen, den sechs Jungen, verabschiede. Sobald die Morgenröte aufsteigt, will ich wieder erscheinen. Dann kannst du mich verspeisen und dir hundert angenehme Stunden bereiten.«
Der Wolf war gnädigen Herzens und ließ den Weißen erst nach Hause laufen, auf daß er sich von seinen Jungen verabschiedet. Als der nächste Tag anbrach, leckte sich der Wolf die Schnauze und stierte fortgesetzt nach der Richtung, wohin der Weiße gelaufen war. Aber vergeblich! Selbst Mittag verging, und der Weiße kam nicht. Als es ihm schon überdrüssig wurde, herumzusitzen und auf den Weißen zu warten, kam ihm in den Sinn, jener könnte es vergessen haben. Daher brach er auf, um ihn an ihre Abmachung zu erinnern. Da er am Ende des Feldes angelangt war, rief er über den Bach hinweg den Weißen, und jener entgegnete ihm:
»Aber, Gevatter, gestern hättest du mich erhaschen können. Du solltest nicht verhandeln, dann brauchtest du heute nicht die Zähne nach mir auszustrecken und nicht jenseits des Baches auf mich zu warten. Ich, der Weiße, werde nicht eher zu dir kommen, bis sich Wasser und Feuer vereinen und du dich mit einem Schaf verheiratest.«
Da der Wolf sah, daß er betrogen war, sagte er zu sich: »Da soll einer einem Hund glauben«, und so ging er weiter.
Er gelangte schließlich auf ein anderes Feld und traf dort einen Esel auf der Weide. Er lief ihm entgegen und brummte durch seinen Schnurrbart:
»Eselchen, der Hund hat mich betrogen. Aber du, wahrhaftig, sollst es nicht! Nunmehr will ich Vereinbarungen und Ehre nicht mehr schätzen.«
Da der Esel sah, daß es für ihn keinen Ausweg mehr gibt, wurde er ängstlich und sprach in seiner Angst:

»Hast du, Gevatter, vor, mich zu fressen?« Der Wolf entgegnete ihm: »Nun ja! Ich bin doch nicht zu dir zu einem Festessen geladen, sondern nur gekommen, um mich ein bißchen zu stärken.«
Darauf erwiderte der Esel:
»Mir scheint es, ich bin doch ein bißchen zu alt, und es könnte sein, du findest keinen richtigen Braten an mir. Besieh mich vorerst von hinten, und so ich dir gefalle, stehe ich dir gern zur Verfügung.«
Der Wolf willigte ein und guckte dem Esel unter den Schwanz. Doch der Esel schlug mit beiden Beinen aus, und unser armes Wölfchen wankte und fiel halbtot um. Der Esel indes nahm den Weg unter die Beine und verschwand.
Als der Wolf zu sich kam, bemerkte er, daß ihm der Esel zwei Zähne ausgeschlagen hatte. Wiederum zog Gevatter Wolf in die weite Welt, um etwas für seinen hungrigen Magen zu suchen. Er gelobte sich heimlich, das erste beste ohne irgendwelche Einräumung zu verzehren. Auch diesmal ging er nicht sehr weit und fand schon in der nächsten Au zwei Widder, die sich unbarmherzig in den Hörnern lagen. Von weit her rief er ihnen zu:
»He, Halunken! Gerade euch habe ich gesucht! Nunmehr sollt ihr erfahren, was des Igels Qual ist.« Sie antworteten ihm:
»Uns wäre es sehr recht, da wir nämlich zu zweit sind, können wir nicht in Eintracht leben. Hörst du, Gevatter, wir wollen also, ganz gleich wer von uns, umkommen. Wir gehören ganz und gar dir, denn fliehen können wir nicht mehr. Auch wissen wir, daß du sehr hungrig bist, und so scheint uns das beste zu sein, wir geraten beide zu gleicher Zeit in dich hinein, auf daß du ein fettes Abendbrot hast.« Der Wolf fragte sie verwundert:
»Wie, alle beide zugleich?« und sie entgegneten ihm:
»Sperre die Schnauze auf und hebe den Schwanz hoch. So wollen wir, der eine von hinten und der andere von vorn, in dich hineinkriechen.« Der Wolf hatte lüsterne Augen angesichts dieses Bratens, sperrte den Rachen spannenweit auf und legte den Schwanz auf den Rücken. Die beiden Widder aber nahmen von weither Anlauf und stürzten sich so mächtig mit ihren Hörnern von vorn und von hinten auf den armen Wolf, daß dieser mannshoch in die Luft flog. Die Widder beklagten ihren Gevatter, da er auf eine so dumme Art seine Zähne verlor und ihm nunmehr auch noch das Rückgrat ge-

brochen wurde. Ehe der Wolf zu sich kam, waren die Widder verschwunden.
Nun erhob sich der Wolf, verfluchte sich und seinen törichten Verstand, zumal er schon des öfteren so arg angeführt wurde. Abermals begab sich der Arme auf den Weg, um noch einmal das Glück zu versuchen. Er wanderte nicht weit, da begegnete er einem Grauschimmel, dem der Sattel eine große Schwiele verursacht hatte. Deswegen hatte ihn sein Herr aufgegeben. Er wollte allein noch so lange leben, wie ihm beschieden ist. Als der Wolf den Grauschimmel von weitem erblickte, rief er:
»Nunmehr, Wahlbruder, habe ich dich! Du sollst mir ein schmackhaftes Abendessen sein. Du wirst mir nicht entrinnen wie die anderen Räuber, denen ich aufs Wort vertraute. Sie haben mich betrogen und mir außerdem noch übel zugesetzt. Du gehörst mir ohne eine Übereinkunft.« Der Grauschimmel entgegnete ihm:
»Teurer Gevatter! So dich jemand betrogen hat, ich will es nicht! Denn, lieber Gevatter, wenn ich dir die Wahrheit sage, ich habe dieses Leben schon reichlich satt. Ich bin, wie du siehst, krank, hungrig und durstig. Selbst mein Herr hat die Hand von mir genommen. Ich gehöre auf jeden Fall dir. Doch wisse, du kannst mich nicht mit einem Male verzehren. Besteige mich daher und beginne mich von oben her, mit dem Satteldruck anfangend, aufzufressen. Es sei dir gestattet, und ich werde auf diese Weise noch eine Weile leben. Sooft du Hunger verspürst, kannst du dort weiterfressen.«
Abermals ging der Wolf auf die Vereinbarung ein und sprang dem Pferd auf den Rücken. Dies aber begann wie wild zu rennen und war ein wenig später schon in der Stadt. Der Wolf wollte herabspringen, aber dazu blieb ihm gar keine Zeit. Da bemerkten ihn die Leute und riefen: »Seht, dort auf dem Grauschimmel sitzt ein Wolf!« Und was ein jeder gerade in den Händen hatte, nahm er und schlug damit auf den Wolf ein, so daß er dem Sterben schon ganz nahe war. Er kam kaum mit dem Leben davon. Die Lust, eine Beute zu suchen, war ihm vergangen. Er kehrte durchprügelt in den Wald zurück und sprach zu sich: »Törichter Kopf, für dich ist kein Fleisch, sondern faules Buchenholz. Wenn dich so viele schon betrogen haben, so konntest du wenigstens das letzte Mal ein bißchen mehr Verstand haben; dich kam die Gevatterschaft stets teuer zu stehen.«

Als er sich so dahinschleppte, brach ein furchtbarer Sturm mit Regen und Hagel herein, gerade als er an einer Wegegabelung war, an der eine große ausgehöhlte Linde stand. Wo sollte unser Gevatter hin, als schnurstracks in die hohle Linde. Er schlüpfte hinein, ließ den Schwanz drinnen und steckte den Kopf heraus. Nun gedachte er all dessen, was er gelitten hatte, und sprach wiederum ganz laut vor sich hin: »Lieber Gott, was habe ich für Qualen durchstanden! Es fehlt nur noch, daß jetzt jemand hier in der Nähe ist, mich beim Schwanz packt und mir mit der Axt den Kopf abhackt. So würde mir doch wohl recht geschehen.«

Dies hörte ein Hirt, der in einer Linde hinter ihm Obdach gefunden hatte und sich, genau wie er, vor dem Regen schützte. Dieser faßte ihn beim Schwanz, schlug ihn mit der Axt auf den Kopf, und unser Wolf fiel tot um.

4. Die zwei Groschen

Es war einmal ein armer Mann, der allerhand versuchte, um reich zu werden. Schließlich sammelte er einen Sack Moos, legte obenauf ein wenig Wolle und ging damit auf den Markt, um den ganzen Inhalt samt dem Sack als Wolle zu verkaufen. Unterwegs traf er einen anderen Händler. Dieser trug einen Sack Galläpfel auf den Markt, um sie als Nüsse zu verkaufen. Er hatte die Galläpfel obenauf mit Nüssen bedeckt. Nachdem sie ein Stück Wegs gemeinsam zurückgelegt hatten, fragten sie einander, was der eine und was der andere in seinem Sack habe.

»Ich trage Nüsse auf den Markt.«

»Ich habe Wolle in meinem Sack.«

Es dauerte nicht lange, da waren sich beide einig, ihre Ware an Ort und Stelle, also auf dem Weg zum Markt, auszutauschen. Jener, der in seinem Sack Moos hatte, verlangte noch eine kleine Zugabe, da – wie er sagte – Wolle wertvoller sei als Nüsse. Als er jedoch sah, daß jener, der Galläpfel hatte, sich hartnäckig weigerte und das eine gegen das andere gleichwertig eintauschen wollte, wurde er nachdenklich: schließlich sind doch Nüsse viel wertvoller als Moos. Doch er gab nicht nach, und nach langem Feilschen kamen sie überein, daß jener, der die Galläpfel hatte, dem anderen noch zwei Groschen bezahlen müßte. Da dieser aber kein Geld bei

sich hatte, blieb er sie ihm schuldig. Als ein besonderer Ausdruck dafür, daß er sie wahrhaftig geben wolle, verbrüderte er sich mit seinem Freund, und so wurden sie Wahlbrüder. Nachdem sie ihre Säcke ausgetauscht hatten, eilte der eine in der einen, der andere in der anderen Richtung davon, wobei jeder dachte, den anderen betrogen zu haben. Als sie jedoch nach Hause gelangten, schütteten sie ihre Ware aus dem Sack und sahen, daß eigentlich keiner von beiden betrogen war.
Nach einer gewissen Zeit machte sich jener, der das Moos hatte, auf den Weg, um seinen Wahlbruder zu suchen und von diesem die beiden Groschen zu verlangen. Schließlich fand er ihn in einem Dorf, wo er bei einem Popen im Dienst stand. Er sprach zu ihm: »Du, Wahlbruder, du hast mich ganz hübsch betrogen!« Und jener antwortete ihm:
»Genauso wie du mich!«
Sodann forderte jener seine beiden Groschen und meinte, es gezieme sich, das zu halten, was man versprochen und durch Wahlbruderschaft bekräftigt habe. Jener stimmte dem zu, doch er entschuldigte sich, er habe keine zwei Groschen.
»Aber«, so sagte er, »hinter dem Hause meines Herrn, des Popen, ist eine große Grube, in die jener des öfteren hinabsteigt. Aller Wahrscheinlichkeit nach befindet sich in ihr Geld oder dergleichen wertvolle Dinge. Los, laß mich heute abend in diese Grube hinab, und so wir etwas finden, wollen wir es brüderlich teilen. Außerdem werde ich dir dann auch die beiden Groschen zahlen.« Derjenige, der einst das Moos auf den Markt trug, willigte sogleich ein.
Als es Abend wurde, legte sich der Diener des Popen einen Sack und ein Seil zurecht. Sodann begab er sich mit seinem Wahlbruder zu der Grube, kroch in den Sack, und der Wahlbruder band ihm das Seil um den Bauch und ließ ihn in die Grube hinab. Unten angekommen, entstieg er dem Sack und tastete in der Grube umher, fand aber nichts außer Getreide. Daraufhin dachte er bei sich: ›Wenn ich meinem Wahlbruder nunmehr sage, daß hier für uns nichts zu holen ist, so könnte er davonlaufen und mich in der Grube zurücklassen. Was sollte ich dann morgen zum Popen sagen, wenn dieser mich in der Grube entdeckt?‹ Deshalb kroch er wiederum in den Sack, schlang sich das Seil um den Bauch und rief seinem Wahlbruder zu:
»Wahlbruder! Zieh den Sack hoch! Er ist voll von allerlei Dingen!«

Als der Wahlbruder den Sack hochzog, überlegte er so für sich: ›Warum soll ich mit jenem teilen? Es ist doch viel besser für mich, ich trage den Sack davon; mag er zusehen, wie er aus der Grube herauskommt.‹
So war es auch. Er nahm den Sack, in dem der Wahlbruder war, auf den Rücken und floh durch das Dorf. Hinter ihm rannten viele bellende Hunde her und hetzten ihn. Als er ein wenig innehielt und ihm der Sack allmählich den Rücken hinabrutschte, da rief jener aus dem Sack:
»Zieh hoch, Wahlbruder, mich beißen schon die Hunde!« Als er das vernahm, warf er den Sack zu Boden. Jener, der sich darin befand, sagte:
»Also so, Wahlbruder! Du wolltest mich demnach betrügen!«
Doch jener antwortete ihm:
»Hast du mich etwa nicht betrogen?«
Und nach langem Hin und Her versprach jener, der die beiden Groschen schuldig war, er wolle sie ganz gewiß zahlen, wenn ihn sein Wahlbruder das nächste Mal besuchen kommt.
Nach langer Zeit erwarb jener, der beim Popen im Dienst stand, ein Häuschen und verheiratete sich. Als er eines Tages mit seiner Frau vor dem Häuschen saß, erkannte er in der Ferne seinen Wahlbruder, der seine Schritte geradeaus auf ihn gelenkt hatte. Da sprach er zu seiner Frau:
»Weib! Hier kommt mein Wahlbruder! Dem schulde ich zwei Groschen. Nunmehr kann ich mich nicht mehr verkriechen; denn ich habe versprochen, sie ihm zu geben, sobald wir uns wiedersehen. So will ich schnell ins Haus gehen und mich niederlegen. Deck ein Linnen über mich und wehklage und jammere und sag, ich sei gestorben. Dann wird er wohl umkehren und davonziehen.«
Danach eilte er ins Haus, legte sich auf den Rücken und faltete die Hände. Seine Frau deckte ein Linnen über ihn und fing an zu wehklagen. Im gleichen Augenblick fand sich der Wahlbruder vor dem Hause ein und rief ihr zu:
»Grüß Gott!« Und er fragte sie: »Ist das das Haus jenes und jenes Mannes?« Das Weib antwortete ihm jammernd:
»Jawohl! O weh, mir Unglücklichen! Sieh hin, er liegt im Hause und ist tot!« Sodann sprach der Wahlbruder:
»Gott sei seiner Seele gnädig! Er war mein Wahlbruder. Wir haben zusammen gearbeitet und Handel getrieben. Wenn ich ihn schon so vorgefunden habe, so will ich wenigstens

bei ihm wachen, ihn bis ans Grab geleiten und eine Handvoll Erde auf ihn werfen.«

Das Weib versuchte ihn davon abzubringen; denn es würde doch sehr lange dauern, ehe man ihn beerdigt; er jedoch könne nicht so lange hierbleiben. Doch jener antwortete:

»Gott behüte! Wie sollte ich meinen Wahlbruder im Stich lassen! Ich werde warten, selbst wenn es drei Tage dauern sollte, bis man ihn beerdigt.«

Nachdem das Weib dies dem Mann im Haus heimlich mitgeteilt hatte, entgegnete ihr der Mann, sie möge zum Popen gehen und sagen, er sei gestorben. Man möge ihn in die Kirche tragen und dort aufbahren; vielleicht ginge der Wahlbruder dann fort. Das Weib ging weg und bestellte dies dem Popen. Dieser erschien mit einigen Männern. Sie legten den Scheintoten auf die Bahre, trugen ihn in die Kirche und stellten ihn dort auf. Hier sollte er, ganz wie es Sitte war, übernachten, um am nächsten Tage besungen und beerdigt zu werden. Als der Pope mit den übrigen Männern die Kirche verließ, sagte der Wahlbruder, er könne seinen toten Freund, mit dem er viel gemeinsamen Handel getrieben und mit dem er Salz und Brot geteilt habe, keineswegs allein lassen, sondern er werde ihn die ganze Nacht bewachen. Und so blieb er in der Kirche.

In jener Nacht fielen von irgendwoher Räuber in das Dorf ein, die andrerorts Schlösser geplündert und viele Kleider, Schätze und Waffen erbeutet hatten. Als sie an der Kirche vorbeikamen, guckten sie hinein, sahen eine Kerze brennen und sprachen zueinander: »Gehen wir in die Kirche und laßt uns dort unsere Beute teilen!«

Dem Wahlbruder wurde bange, als Leute mit Waffen die Kirche betraten, und er versteckte sich in einem Winkel. Die Räuber traten ein, ließen sich nieder, teilten alle Schätze und maßen sie mit einem Helm; über die Kleider und Waffen einigten sie sich, so gut es ging. Schließlich war alles aufgeteilt, und sie waren auch soweit zufrieden, nur ein Säbel blieb übrig, von dem einige unter ihnen glaubten, er wäre eine Menge Geld wert. Daher nahm einer den Säbel, sprang auf und sagte: »Halt, ich will ihn an diesem Bengel ausprobieren, ob das stimmt, was ihr da von ihm sagt; wenn es mir gelingt, ihm mit einem Hieb den Kopf abzuschlagen, so ist er zweifellos sehr wertvoll.« Danach näherte er sich der

Bahre. Doch da richtete sich der Scheintote auf einmal auf und schrie:

»Verstorbene, wo seid ihr!« Und sein Wahlbruder antwortete aus dem Versteck:

»Hier sind wir! Wir sind alle bereit!«

Als die Räuber dies hörten, warf jener den Säbel von sich, andere wieder ließen ihr Teil zu Haufen liegen, sprangen auf und flohen, ohne sich umzusehen.

Nachdem sie sich weit entfernt hatten, wandte sich der Räuberhauptmann an seinen Trupp:

»Brüder, bei Gott, wir sind durch wilde Wälder gezogen, überallhin, bei Tag und bei Nacht; wir kämpften mit Menschen, wir stürmten Festungen und Schlösser und hatten niemals Angst bis auf heute nacht, da wir uns vor Toten fürchteten. Sollte es denn unter uns keinen Helden mehr geben, der umkehrt und nachsieht, was nun in jener Kirche los ist?« Ein Eifriger sprach:

»Ich gehe nicht.« Ein anderer:

»Ich getraue mich nicht.« Und noch ein dritter fand sich:

»Ich würde lieber fünfzig Lebende überfallen als einen einzigen Toten.« Schließlich fand sich doch ein Kühner, der sagte, er wolle dorthin gehen.

Und so kam er zurück, schlich sich heimlich unter das Kirchenfenster, um zu hören, was los ist. In der Kirche teilten sich die Wahlbrüder indes den ganzen zurückgelassenen Schatz der Räuber und ebenso auch die Kleider und Waffen. Doch zu guter Letzt zankten sie sich wegen der beiden Groschen und gerieten sich fast in die Haare. Der Räuber, der unter dem Fenster stand und sie belauschte, konnte nichts anderes hören außer dem Schreien:

»Wo sind meine zwei Groschen? Gib mir endlich die beiden Groschen!«

In diesem Augenblick bemerkte aber der Schuldner den Räuber unter dem Fenster, langte kurzentschlossen durch das Fenster, entwand jenem die Mütze vom Kopf und hielt sie seinem Wahlbruder hin:

»Hier hast du deine zwei Groschen!«

Als der Räuber sah, was ihm geschah, floh er, ohne sich umzusehen, und erreichte halbtot seine Genossen und rief ihnen zu: »Brüder, Gott sei Dank, daß wir geflohen sind! Wir haben den Schatz helmweise unter uns geteilt; nun aber sind alle Toten auferstanden, und jeder hat nur mit Mühe und

Not zwei Groschen bekommen. Für einen Toten blieben nicht einmal zwei übrig, sondern man nahm mir noch die Mütze ab und gab sie jenem anstatt der zwei Groschen.«

5. Die dreizehn Brüder

Es war einmal eine arme Frau, die hatte dreizehn Söhne, und den dreizehnten nannten sie einfach Dreizehn. Ihr Mann war schon lange tot. Er starb gerade, als sie den dreizehnten und jüngsten Sohn unter dem Herzen trug. So blieb die arme Frau mit den kleinen Kindern allein. Sie ernährte alle dreizehn mit Mühe und Qual, denn sie verdiente das Brot mit einem fremden Spinnrocken. Als schon alle herangewachsen waren und der Jüngste neun Jahre alt war, sprachen eines Tages alle zugleich zu ihrer Mutter:
»Wir ziehen alle in die Welt, um unser Glück und Nahrung für uns zu suchen. Wir sehen, daß wir hier nicht müßig dahinleben können.«
Und nachdem sie sich gerüstet hatten, sagten sie zu ihrer Mutter »Auf Wiedersehn!« und zogen aus. Die arme Mutter blieb allein zu Haus und trauerte den Söhnen nach, und da sie von niemand eine Hilfe hatte, starb sie nach kurzer Zeit vor Kummer und Trauer.
Die Söhne indes wanderten lange Zeit so durch die Welt und blieben eines Abends lange unterwegs. Da brach ein Regen hernieder, so als ob der Himmel ein Loch hätte. Sie gingen und gingen bei jenem Wetter, bis sie in der Ferne ein Licht erblickten. Da sprachen sie zueinander:
»Wollen wir zu jenem Licht gehen oder hier übernachten?«
Und sie entschieden sich, dem Licht entgegenzugehen. Sie gingen weiter und sahen auf einmal, daß das Licht in einem Hause, das im Walde stand, brannte. Da sie dachten, das Haus gehöre einem Förster, klopften sie an die Tür, und diese öffnete sich. Sie traten ein und erblickten eine Riesenfrau, die einen Schürhaken in der Hand hielt und Brot buk. Sie fragten sie, ob sie bei ihr übernachten können. Die Riesenfrau antwortete, das geht nicht, denn sie hat einen Mann, der Menschen frißt. So er nach Hause kehrt, würde er sie alle auffressen.
»Laß uns doch hierbleiben, und möge er uns auf der Stelle auffressen«, baten die Brüder. Da sie sah, daß es keinen Aus-

weg für sie gab, gewährte sie ihnen in ihrem Hause ein Nachtquartier. Sie gab ihnen ein Abendessen, und jene legten sich gleich danach schlafen.

Alle schliefen ein, nur Dreizehn nicht; er war immerzu in Gedanken und überlegte, wie er seine Brüder retten könnte, auf daß jener Menschenfresser sie nicht verspeist.

Nach einiger Zeit kam der Riese. Sobald er die Stube betreten hatte, fragte er seine Frau:

»Wen haben wir hier im Nachtquartier?« Sie antwortete ihm:

»Hier ist niemand.« Er sagte abermals:

»Ich rieche eine Christenseele.« Und nun gestand sie und sagte:

»Wir haben dreizehn Brüder zum Übernachten hier; aber ich bitte dich, tu ihnen nichts.« Und er versicherte ihr, er würde ihnen nicht sogleich etwas antun, aber um Mitternacht, wenn er noch mehr Hunger verspürt, will er sie verspeisen. Und dann fuhr er fort:

»Sag mir, woran werde ich sie erkennen?« Sie entgegnete ihm:

»Sie haben rote Käppchen auf.«

»Und wodurch unterscheiden sich meine Töchter von ihnen, auf daß ich nicht sie erwische; denn du weißt doch, daß wir dreizehn Töchter haben.« Sie antwortete ihm:

»Du erkennst sie an den goldenen Halsketten.«

Während sie sich so unterhielten, wurden sie von Dreizehn belauscht. Als es Mitternacht war, erhob sich Dreizehn, nahm den Töchtern des Riesen die goldenen Halsketten ab und legte sie seinen Brüdern an. Dann nahm er die roten Käppchen seinen Brüdern ab und setzte sie den Töchtern des Menschenfressers auf. Danach legte er sich wieder auf seinen Platz. Kurz nach Mitternacht erhob sich der Menschenfresser und ging im Dunklen, um die dreizehn Brüder zu verspeisen. Als er zu ihnen kam, betastete er sie an den Hälsen und sprach: »Dies sind meine Töchter.« Sodann ging er ein wenig weiter und fand seine dreizehn Töchter, die rote Käppchen aufhatten. »Das sind sie«, sprach er. Da fing er auch schon an, sie zu verspeisen, und fraß alle bis auf eine auf. Hernach begab er sich ins Gebirge.

Nachdem die Brüder ausgeschlafen hatten, machten sie sich auf den Weg, um irgendwo etwas zu verdienen. Nur Dreizehn ging ganz allein nach der anderen Richtung. Da er so ging, gelangte er an ein Zarenschloß und wurde dort als des Zaren Kaffeekoch in den Dienst aufgenommen. Als die anderen Brüder davon erfuhren, was für einen Dienst Dreizehn gefunden hatte, stieg in ihnen der Neid hoch, und sie begannen zu überlegen, wie sie ihm schaden könnten. Schließlich waren sie sich einig. Sie wollten zum Zaren hingehen und ihn verleumden: dieser sein Kaffeekoch sei ein Held, der selbst dem Menschenfresser den goldenen Teppich, mit dem sich jener zudeckt, entwenden könne. Sie taten es auch. Einer von ihnen ging zum Zaren und sprach:

»Damit du es weißt, Zar, was für ein Held dein Kaffeekoch ist. Er kann zum Menschenfresser hingehen und diesem den goldenen Teppich stehlen, wie du seinesgleichen nicht besitzest und es ihn auch in deinem ganzen Reich nicht gibt.«

Nachdem der Bruder des Dreizehn den Zaren verlassen hatte, rief jener seinen Kaffeekoch zu sich und sprach:

»Ich habe gehört, du wärest ein solcher Held, daß du den goldenen Teppich des Menschenfressers herbeischaffen kannst, mit dem sich jener zudeckt. Solch einen Teppich gibt es in meinem ganzen Reich nicht wieder. Besorgst du ihn mir nicht, wisse, daß ich dich werde hängen lassen. Bringst du ihn mir aber, so will ich dich reichlich belohnen. Nun weißt du, wie du es zu halten hast. Sieh zu, so dir dein Kopf lieb ist.«

Nach kurzer Überlegung brach Dreizehn auf und begab sich zur Hütte des Menschenfressers. Er schlich sich heimlich hinein und kroch ungesehen in den Stiefel des Riesen. Als jener am Abend nach Hause kam, roch er sogleich den Fremden in seinem Hause. Er suchte in der Hütte umher, denn — so dachte er — es könnte doch sein, Dreizehn sei wiedergekommen. Und da er so suchte, entdeckte er diesen im Stiefel. Rasch zog er ihn heraus, um ihn zu verspeisen. Aber Dreizehn sprach zu ihm:

»Was könntest du an mir schon für einen Gefallen finden, da du siehst, daß ich aus lauter Knochen bestehe. Kein bißchen Fleisch ist an mir. Ich würde dir raten, füttere mich erst einen Monat lang, auf daß ich ein bißchen dicker werde. Sodann laß mich dir schmecken.«

Als der Menschenfresser dies vernommen hatte, rief er seine Frau und hieß sie, ihm Essen vorzusetzen und ihn einen Monat lang zu füttern, auf daß er dicker werde. Dann erst wolle er ihn verspeisen. Nach dem Essen legten sie sich schla-

fen. Der Menschenfresser und seine Frau legten sich ins Bett, und Dreizehn streckte sich auf der Diele, gleich neben dem Bett aus. Um Mitternacht zog Dreizehn am Teppich, der ihnen als Schlafdecke diente. Jedoch der Menschenfresser bemerkte es und sagte zu seiner Frau:
»Zieh nicht so, Weib!«
Ein wenig später zog Dreizehn abermals am Teppich. Wiederum sprach der Menschenfresser:
»Zieh nicht so, Weib! Wenn du noch einmal mir die Decke wegziehst, werfe ich sie zum Teufel. Dann wird sich niemand mehr von uns beiden damit zudecken können.«
Als Dreizehn dies hörte, zog er ein drittes Mal am Teppich, und der Menschenfresser wurde wütend und warf ihn hinunter auf die Diele. Nachdem der Riese eingeschlafen war, nahm Dreizehn den Teppich und lief zum Zaren. Da der Zar ihn kommen sah, freute er sich und beschenkte ihn reichlich. Den Brüdern tat es wahrlich sehr leid, als sie hörten, daß Dreizehn den Teppich entwendet hatte und mit dem Leben davongekommen war. So gingen sie abermals zum Zaren und sprachen:
»Du hast nun selbst gesehen, was für ein Held er ist. Wir brauchen es dir also nicht mehr zu berichten. Aber der Menschenfresser hat einen Papagei, der wie ein richtiger Mensch spricht und ganz aus Gold ist. Den würde dir dein Kaffeekoch wahrhaftig besorgen, so du ihm nur mit dem Galgen drohst.«
Die Brüder gingen von dannen, und der Zar ließ seinen Kaffeekoch zu sich rufen und befahl ihm:
»Ich habe gehört, der Menschenfresser habe einen Papagei, der sprechen kann und aus Gold ist. Ich will ihn haben. Schaffe ihn herbei! Gelingt es dir nicht, so brauchst du gar nicht wieder hierherzukommen, sondern kannst dich sogleich zum Galgen begeben, wo man dich hängen wird.«
Daraufhin entgegnete er dem Zaren:
»Gib mir Geld, soviel ich benötige, um in seine Nähe zu gelangen.« Da gab ihm der Zar Geld, und jener brach auf zur Hütte des Menschenfressers.
Er traf zu seinem Glück den Menschenfresser nicht an und konnte so ungesehen in das Zimmer gelangen, in dem sich der Papagei befand. Er trat zu ihm hin und gab ihm ein Stück Zucker. Das schmeckte dem Papagei, und so fing er gleich an zu sprechen: »Das schmeckt aber gut! Wüßte ich, daß du mich

immer mit solchen Süßigkeiten füttern würdest, so würde ich gern mit dir gehen.« Dreizehn hatte eben darauf gewartet und sagte:
»Komm mit! Ich werde dich immer damit füttern.«
Und so überlistete er den Papagei und verließ mit ihm die Hütte. Sie waren kaum hinausgetreten, da erhob sich der Papagei in die Lüfte, und er ging zu Fuß drauflos. Am dritten Tag gelangten sie in das Schloß des Zaren. Als dieser sie bemerkte, wunderte er sich darüber, daß er mit heiler Haut davongekommen war, lobte und beschenkte ihn reichlich. All dies kam auch seinen Brüdern zu Ohren. Sie beneideten ihn um seinen Ruf und um das Lob, das jenem zuteil wurde. Sie wollten ihn gar nicht mehr ansehen, geschweige denn etwas von ihm hören. Daher brachen sie eines Tages auf und gingen zum Zaren hin, um ihn ins Unglück zu stürzen. Sie betraten das Schloß, und einer von ihnen sprach folgendermaßen zum Zaren:
»Wir brauchen dir nicht mehr zu erzählen, was für ein Held dein Kaffeekoch ist, ehrwürdiger Zar. Du hast es selbst schon erfahren, daß er tapfer ist. Sende ihn aus, auf daß er dir den Menschenfresser hierherbringt.«
Als der Zar dies hörte, sprach er zu ihm:
»So du mir den Menschenfresser nicht hierherbringst, sollst du deinen Kopf nicht mehr dein eigen nennen.«
Dreizehn hörte dies und war sehr betrübt. Er dachte: ›Leicht war es, den Teppich und den Papagei herbeizuschaffen; aber wer könnte den Menschenfresser lebendig fangen und dem Zaren bringen?‹ Nach kurzer Zeit kam ihm ein Gedanke in den Sinn. Er sagte:
»Gib mir Geld, auf daß ich eine günstige Gelegenheit heraufbeschwöre, bei der ich ihn einfangen kann.«
Daraufhin sprach der Zar:
»Geh hin zu meinem Schatzmeister, er möge dir so viel geben, wie du brauchst.«
So ging Dreizehn zum Schatzmeister und nahm so viel Geld, wie er brauchte, kaufte einen großen Wagen und zwölf Pferde. Sodann suchte er einen Schmied auf und ließ sich eine Truhe schmieden, deren Wände zwei Fuß stark waren. An der Truhe waren dreizehn Schlösser und dreizehn Reifen, damit der Menschenfresser, so er ihn eingefangen hat, nicht mehr entweichen kann. Nachdem dies alles fertig war, lud er die Truhe auf den Wagen, spannte die zwölf Pferde vor

und fuhr vor die Hütte des Menschenfressers. Der Riese erblickte ihn und sagte:
»Bist du es, Dreizehn? Nunmehr wirst du mir nicht mehr entrinnen. Jetzt werde ich dich verspeisen.«
Dreizehn guckte sich verlegen um, so, als ob er es nicht wäre, und fragte verwundert:
»Wo ist Dreizehn, auf daß ich ihn fange. Siehst du denn nicht, was für eine Truhe ich für ihn schmieden ließ. Mein Vater will ihn einschließen und dann lebendig braten.«
Darauf entgegnete ihm der Menschenfresser:
»Du bist es doch, Tor!«
Jener sagte:
»Wie sollte ich es denn sein, wo ich doch jenen suche? Er hat meinem Vater dreizehn Pferde gestohlen.«
»Auch mir hat er meinen Teppich und meinen Papagei gestohlen. Er allein war schuld, daß ich meine dreizehn Töchter verzehrt habe«, fügte der Menschenfresser hinzu. »Laß mich mal versuchen, ob diese Truhe fest genug ist; denn so sie nicht standhält, wird er dir entrinnen. Ich will mich vorerst hineinlegen und schließe sie dann zu, damit ich sehe, ob ich sie zersprengen kann. Gelingt es mir nicht, so wird auch er sie nicht zersprengen können.«
Dreizehn konnte diesen Augenblick kaum erwarten, und da der Menschenfresser in die Truhe gekrochen war, zog er die dreizehn Reifen auf, brachte die Schlösser an und sagte:
»Ich bin Dreizehn, versuche nun, mich zu verspeisen.«
Da der Menschenfresser dies hörte, brüllte er auf:
»Laß mich heraus! Laß mich heraus!« Dreizehn aber sagte:
»Es nützt dir nunmehr gar nichts, daß du schreist.« Danach trieb er die Pferde an und gelangte am nächsten Tag in das Schloß des Zaren.
Nun erst erkannte der Zar das Heldentum des wackeren Mannes vollauf. Er gab ihm seine Tochter zur Frau und die Helden des Reiches als Gefolge. Den Menschenfresser aber ließ er verbrennen. Nach dem Tode des Zaren wählten sie Dreizehn zu dessen Nachfolger. So er noch am Leben ist, regiert er auch noch heute.

6. Der Widder mit dem goldenen Vlies

Es war einmal ein Jäger. Als dieser einmal ins Gebirge auf die Jagd ging, erschien ein Widder mit goldenem Vlies vor ihm. Als der Jäger ihn bemerkte, legte er seine Flinte an: aber der Widder kam ihm zuvor, sprang dicht vor ihn hin und setzte ihm mit seinen Hörnern zu. Der Jäger war auf der Stelle tot. Als seine Freunde ihn später fanden, wußte niemand, wer ihn getötet hatte, und so brachten sie ihn nach Hause und bestatteten ihn. Danach hängte die Frau des Jägers vor Schmerz dessen Flinte an den Nagel.

Als ihr Sohn herangewachsen und schon kräftig war, begehrte er jene Flinte, um mit ihr auf die Jagd zu gehen. Seine Mutter aber wollte sie ihm nicht geben, sondern sprach:

»Auf keinen Fall, mein Sohn! Dein Vater ist mit dieser Flinte ums Leben gekommen. Willst du, daß sie auch dich den Kopf kostet?«

Eines Tages nahm er heimlich die Flinte und ging auf die Jagd. Im Wald trat jener Widder mit dem goldenen Vlies vor ihn hin und sprach:

»Deinen Vater habe ich getötet, und auch dich werde ich töten.«

Da erschrak der Bursche und sagte:

»Hilfe! O Gott!« Und er legte an und tötete den Widder. Nun freute er sich, den Widder mit dem goldenen Vlies getötet zu haben. Dergleichen gab es im ganzen Zarenreich nicht wieder. Er zog ihm das Vlies ab und trug es nach Hause. Es dauerte nicht lange, da wurde dies auch dem Zaren bekannt, und der Zar befahl, man möge das Vlies zu ihm bringen, auf daß er sehe, was für Tiere in seinem Reich leben. Als jener Bursche das Vlies zum Zaren brachte und es diesem zeigte, sprach der Zar zu ihm:

»Verlange, was du willst für dieses Fell, ich will es dir geben.«

Und er antwortete ihm:

»Ich werde es um keinen Preis verkaufen.«

Der Oheim dieses Burschen war einer der Ratgeber des Zaren, und dieser war seinem Neffen nicht freund, sondern wollte ihm nur Böses. Daher sprach er zum Zaren:

»Wenn er dir dieses Vlies nicht geben will, so trachte danach, ihm das Genick zu brechen. Heiße ihn tun, was unmöglich ist.« Und so belehrte er den Zaren. Schließlich rief dieser den Burschen zu sich und sagte zu ihm, er möge einen

Weingarten pflanzen und ihm in sieben Tagen neuen Wein daraus bringen. Als der Bursche dies hörte, fing er an zu weinen und zu bitten, denn er könne das nicht tun, und so etwas gibt es überhaupt nicht. Doch der Zar blieb dabei und wiederholte:
»Wenn du innerhalb von sieben Tagen das nicht fertigbringst, so wirst du deinen Kopf einbüßen.«
Danach ging der Bursche weinend nach Hause und erzählte seiner Mutter, wie und was war. Aber die Mutter sagte zu ihm, nachdem sie ihn angehört hatte:
»Habe ich dir nicht gesagt, daß jene Flinte dich, genau wie auch deinen Vater, den Kopf kosten wird.«
Weinend überlegte er, was er tun und wohin er gehen soll, damit er von dieser Welt verschwinde. So verließ er das Dorf und entfernte sich ziemlich weit. Auf einmal trat ein Mädchen vor ihn hin und fragte ihn:
»Warum weinst du, Bruder?«
Er aber entgegnete erzürnt:
»Geh zum Teufel, wenn du mir nicht helfen kannst«, und ging weiter. Aber das Mädchen folgte ihm und bat ihn, ihr doch zu sagen, worum es gehe. »Es könnte sein«, sagte sie, »daß ich dir helfen kann.« Da blieb er stehen und sprach zu ihr:
»Ich werde es dir sagen, obgleich mir nur Gott helfen kann und sonst niemand.« Und er erzählte ihr alles, was ihm widerfahren und was ihn der Zar geheißen. Als sie dies hörte, sprach sie zu ihm:
»Fürchte dich nicht, Bruder! Geh hin zum Zaren und erkundige dich, an welcher Stelle der Weingarten stehen soll. Er möge dir das Feld abstecken. Nimm einen Strauch Basilienkraut in deinen Ranzen und gehe an jenen Ort und lege dich nieder und schlafe. In sieben Tagen wirst du reife Weintrauben haben.« Daraufhin kehrte er nach Hause und erzählte seiner Mutter, daß er ein Mädchen getroffen habe und was sie ihm gesagt hatte. Als die Mutter dies hörte, sprach sie zu ihm:
»Los, geh hin und sieh zu; denn um dich ist es sowieso geschehen.« Dann ging er zum Zaren und erkundigte sich, wo er den Weingarten anlegen soll, und man möge ihm das Feld abstecken und die einzelnen Reihen. Der Zar ließ alles ausführen, wie er es forderte. Der Bursche aber nahm den Ranzen, legte einen Strauch Basilienkraut hinein und ließ sich

vergnügt nieder und schlief. Als er sich am nächsten Morgen erhob, war der Weingarten gepflanzt. Am anderen Morgen war er belaubt, und am siebenten Tage waren die Weintrauben reif, und das zu einer Zeit, da es nirgends Weintrauben gab. Er pflückte Trauben, quetschte sie aus und brachte dem Zaren den Most und in einem Tuch Weintrauben. Als der Zar dies sah, war er sehr erstaunt und mit ihm alle im Schloß. Dann sprach der Oheim jenes Burschen zum Zaren:
»Nunmehr wollen wir ihn etwas anderes heißen, was er wahrhaftig nicht vollbringen wird.«
Und er belehrte den Zaren. Dieser ließ den Burschen rufen und sprach zu ihm:
»Aus Elfenbein sollst du mir ein Schloß erbauen.«
Als er das hörte, ging er weinend nach Hause und erzählte es seiner Mutter. Er sprach zu ihr:
»Dergleichen kann es weder geben noch kann ich es ausführen.« Die Mutter indes entgegnete ihm:
»Geh, mein Sohn, wiederum außerhalb des Dorfes. Vielleicht führt dich Gott wieder zu jenem Mädchen.«
Er verließ das Dorf, und als er wieder an jene Stelle kam, wo er dem Mädchen begegnet war, trat es erneut vor ihn hin und sprach:
»Wieder bist du so traurig und verweint, Bruder.«
Und er klagte ihr sein Leid und was ihm nunmehr befohlen wurde. Als sie ihn gehört hatte, sagte sie:
»Auch das wird leicht sein. Geh hin zum Zaren und verlange ein Schiff, das mit dreihundert Scheffel Wein und dreihundert Scheffel Schnaps beladen ist; dazu noch zwanzig Zimmerleute. So du mit dem Schiff an jene und jene Stelle gelangt bist, dort zwischen den zwei Felsblöcken, dämme das Wasser ein, das dort ist, und schütte allen Wein und Schnaps hinein. Die Elefanten werden dorthin zur Tränke kommen, und sie werden betrunken umfallen. Die Zimmerleute mögen ihnen alle Zähne absägen und an jenen Ort tragen, wo der Zar das Schloß errichtet haben will. Lege dich inzwischen hin und schlafe, und in sieben Tagen wird das Schloß fertig sein.«
Danach kehrte er nach Hause und erzählte seiner Mutter, daß er wieder das Mädchen getroffen und was sie ihm gesagt hatte. Hernach begab er sich zum Zaren, verlangte alles, was er brauchte, und tat, wie ihm das Mädchen geraten. Die Elefanten kamen, betranken sich und fielen um. Die Zimmer-

leute sägten ihnen die Zähne ab und brachten sie an jene Stelle, wo das Schloß zu errichten war. Am Abend gab er einen Strauch Basilienkraut in seinen Ranzen und legte sich schlafen. Nach sieben Tagen war das Schloß fertig. Als der Zar das fertige Schloß erblickte, geriet er in Staunen und sprach zum Oheim jenes Burschen, seinem Ratgeber: »Was sollen wir ihm antun? Das ist kein Mensch! Gott weiß, was er ist.« Und dieser antwortete ihm:

»Noch eins sollst du ihm befehlen, und wenn er auch das vollführt, dann ist er wahrhaftig etwas Höheres als ein Mensch.« Auf diese Weise überredete er abermals den Zaren. Dieser ließ den Burschen rufen und sagte zu ihm:

»Nunmehr sollst du mir noch die Zarentochter aus jenem und jenem Reich und aus jener und jener Stadt bringen. Gelingt es dir nicht, so wirst du deinen Kopf einbüßen.«

Als der Bursche dies hörte, ging er zu seiner Mutter und erzählte ihr, was ihm der Zar befohlen hat. Sie aber sprach zu ihm: »Gehe und suche abermals jenes Mädchen; vielleicht fügt es Gott, und sie rettet dich erneut.«

Er verließ das Dorf und begegnete jenem Mädchen. Er erzählte ihr, was ihm diesmal befohlen wurde. Als das Mädchen dies gehört hatte, sprach sie zu ihm:

»Verlange eine Galeere vom Zaren. Darin mögen zwanzig Geschäfte sein und in jedem Laden Waren besonderer Art: in einem bessere als im anderen. Verlange von ihm, man möge die schönsten Burschen auswählen, diese recht nett kleiden und als Verkäufer einstellen, in jeden Laden einen. Sodann wirst du mit dieser Galeere losziehen und zuerst einem Menschen begegnen, der einen lebenden Adler trägt. Frag ihn, ob er ihn verkauft, und er wird dir sagen: ›Ja.‹ Gib ihm, was immer er auch verlangt. Sodann wirst du einem anderen begegnen, der einen Hecht im Kahn mitführt, mit lauter goldenen Schuppen. Kaufe auch ihn, einerlei, was er kostet. Und einem dritten wirst du begegnen. Dieser trägt eine lebende Taube. Bezahle auch für diese Taube, was man verlangt. Dem Adler wirst du eine Feder aus dem Schwanz herausreißen, vom Hecht eine Schuppe nehmen und der Taube vom linken Flügel eine Feder. Danach sollst du sie alle drei wieder freilassen.

So du in das andere Zarenreich und vor die Tore jener Stadt gelangst, öffne alle Läden und befehle, jeder Bursche möge sich vor seinen Laden hinstellen. Alle Bürger werden kommen und deine Ware betrachten. Sie werden sich wundern und werden staunen. Die Mädchen, die nach Wasser kommen, werden in der Stadt erzählen: ›Seit die Stadt besteht, war noch nie eine solche Galeere hier, und niemals noch gab es dergleichen Ware.‹ Das wird auch der Zarentochter zu Ohren kommen. Sie wird ihren Vater bitten, er möge ihr gewähren, all dies zu sehen. So sie mit ihren Freundinnen die Galeere betritt, führe sie von einem Laden in den anderen, bringe allerlei Ware vor sie hin, eine schöner als die andere, und vergnüge sie so lange, bis es anfängt dunkel zu werden. Sobald die Dämmerung hereingebrochen ist, setze die Galeere in Bewegung. In diesem Augenblick wird sich eine Finsternis herablassen, und man wird nichts mehr sehen. Die Zarentochter wird einen Vogel auf der Schulter tragen, der sie immer begleitet. Sobald sie sieht, daß sich das Schiff in Bewegung gesetzt hat, wird sie jenen Vogel von ihrer Schulter freigeben, auf daß dieser im Schloß berichte, wie und was geschehen ist. Stecke sodann die Adlerfeder in Brand, und der Adler wird sogleich erscheinen. Sage ihm, er soll jenen Vogel einfangen, und der Adler wird dies tun. Danach wird die Zarentochter einen kleinen Stein ins Wasser werfen, und die Galeere wird sogleich stehenbleiben. Nimm die Schuppe vom Hecht und zünde sie an. Der Hecht wird auf der Stelle erscheinen. Sage ihm, er soll das Steinchen suchen und verschlucken. Der Hecht wird es finden und verschlucken. Danach kann die Galeere weiterziehen. Sodann werdet ihr lange Zeit ungestört reisen und schließlich zwischen zwei Felsen gelangen. Dort wird die Galeere versteinern, und ihr werdet eine große Angst durchstehen. Die Zarentochter wird Quellwasser von dir verlangen. Brenne sodann die Taubenfeder an, und die Taube wird sogleich erscheinen. Gib ihr ein Gläschen, und sie wird Quellwasser bringen. Danach wird sich die Galeere gleich wieder in Bewegung setzen, und du wirst mit der Zarentochter glücklich nach Hause kommen.«

Nachdem der Bursche das Mädchen gehört hatte, ging er nach Hause und erzählte alles seiner Mutter. Sodann trat er vor den Zaren hin und begehrte alles, was er brauchte. Der Zar konnte es ihm nicht abschlagen, sondern gab es ihm. So setzte er sich mit der Galeere in Bewegung. Indem er so fuhr, verlief unterwegs alles ganz genau so, wie er es von dem Mädchen erfahren hatte. Schließlich gelangte er in den Hafen jener Stadt im anderen Zarenreich. Auch hier kam alles so, wie es kom-

men mußte. So erwarb er die Zarentochter und kehrte glücklich mit ihr nach Hause. Der Zar und seine Ratgeber erblickten vom Fenster des Zarenschlosses aus in der Ferne die Galeere, die sich immer mehr und mehr näherte. Da sprach jener Ratgeber zu dem Zaren:
»Laß ihn töten, sobald er die Galeere verläßt. Auf andere Art kannst du dich seiner nicht entledigen.«
Als die Galeere am Ufer angelegt hatte, verließen alle der Reihe nach das Schiff: zuerst die Zarentochter mit ihren Freundinnen, dann die Burschen und schließlich er. Der Zar aber hatte einen Henker aufgestellt, der, sobald jener aus der Galeere kroch, ihm den Kopf abschlagen sollte. Der Zar gedachte nämlich, sich selbst die Zarentochter zur Frau zu nehmen. Daher sprang er hinzu, als diese aus der Galeere heraustrat, und begann sie zu liebkosen. Sie aber wandte sich von ihm ab und sprach:
»Wo ist jener, der sich um mich bemüht hat?«
Und da sie sah, daß ihm der Kopf abgeschlagen war, nahm sie das Gläschen mit Lebenswasser, übergoß den Rumpf und drückte ihm den Kopf auf. So begann er zu leben wie ehedem. Als der Zar und dessen Ratgeber dies sahen, sprach der Ratgeber zum Zaren:
»Nunmehr wird er noch mehr vermögen als ehedem, denn er war tot und ist nun wieder lebendig.«
Der Zar wollte nun wissen, ob man wahrhaftig mehr weiß und kann, so man von neuem zu leben beginnt. Daher befahl er, man möge ihm den Kopf abschneiden, auf daß ihn die Zarentochter hernach mit Lebenswasser wieder erwecke. Nachdem man dem Zaren den Kopf abgeschlagen hatte, wollte aber die Zarentochter von ihm nichts mehr wissen. Sie schrieb ihrem Vater einen Brief und teilte ihm alles mit, wie es war. Auch bat sie ihn um seine Einwilligung, auf daß sie die Frau jenes Burschen werde. Der Vater antwortete ihr, das Volk möge jenen Helden zuerst als seinen Zaren anerkennen. Will es das nicht, so werde er mit seinem Heere gegen die Rebellen zu Felde ziehen. Das Volk sah ein, daß es so recht war, und bot ihm an, die Zarentochter zur Frau zu nehmen und zu herrschen. Da heiratete jener Bursche die Zarentochter und wurde Zar. Die übrigen Burschen aber, die mit ihm ausgezogen waren, heirateten jene Mädchen, die Gefährtinnen der Zarentochter, und gehörten zum Gefolge des Zaren.

7. Das väterliche Erbe

Es war einmal ein reicher Mann, der hatte drei Söhne. Eines Tages erkrankte der Vater, und da er wußte, er würde sterben, rief er seine Söhne zu sich und befahl, ein jeder von ihnen solle eine gewisse Zeit lang das gemeinsame Erbe verwalten. Außerdem legte er ihnen nahe, sich nicht zu verheiraten, ehe nicht jeder von ihnen drei Wunder auf dieser Welt erlebt hat. Dann erst könne jeder tun und lassen, was er wolle. Kurze Zeit später starb der Vater. Als erster wurde der älteste Sohn Hausvorstand. Aber siehe da, mit jedem Tag fiel alles mehr und mehr auseinander und wurde zusehends weniger. Das Vieh starb dahin, der Laden ging ein, und allem drohte der Ruin.

Da kamen die drei überein, den zweiten Bruder als Hausvorstand einzusetzen. Jedoch unter seiner Allgewalt ging es noch übler zu. Alles, was sie noch hatten, verkauften sie und wurden schließlich arm wie eine Kirchenmaus. Nur noch ein paar Heuschober im Gebirge waren ihnen geblieben. Aber darüber machte sich während des Winters ein Tier her und fraß das Heu auf, so daß schließlich nur noch ein einziger Haufen übrigblieb. Da weinten die verarmten Brüder und bereuten es, das Heu nicht verkauft und sich, so gut es gegangen wäre, geholfen zu haben; nunmehr ist ihnen auch noch die letzte Habseligkeit entschwunden.

Doch der Älteste faßte wieder Mut und sprach:

»Ich gehe hin und werde das bißchen Heu bewachen, auf daß es uns nicht auch noch aufgefressen wird.«

Die Brüder waren einverstanden, und so ging er ins Gebirge auf Wache. An Ort und Stelle angelangt, zündete er ein Feuer an und ließ sich neben dem Heu nieder. Als die Nacht hereinbrach, wurde er schläfrig und schlief ein. Jedoch am Morgen konnte er etwas sehen: die Hälfte des Heuhaufens fehlte. Betrübt kehrte er nach Hause und erzählte seinen Brüdern, was geschehen war. Am anderen Abend sprach der zweite Bruder, er werde das Heu bewachen. Die beiden anderen waren einverstanden, und so rüstete er sich und ging ins Gebirge. Hier schürte er ein Feuer an, wärmte sich und schlief ein, und als er im tiefen Schlaf war, fraß etwas vom Heu, so daß nur noch ein Drittel übrigblieb. Am Morgen wunderte er sich sehr darüber, auf welche Weise das Heu verschwunden sein könnte, und ging hängenden Kopfes nach Hause.

Der jüngste Bruder war ein Trottel, und daher nahmen ihn die Brüder auch gar nicht ernst, als er am dritten Abend sprach: »Nunmehr will ich hinausgehen und das bißchen Heu bewachen, damit wir so wenigstens fünf Groschen retten, um ein Maß Körner kaufen zu können.«
Die Brüder fielen mit Worten über ihn her und wollten ihn davon abhalten. Sie sagten:
»Wie könntest du schon das Heu bewachen, wo wir das nicht konnten? Du wirst nicht einmal wissen, wo du dich hinlegen sollst, geschweige denn in Erfahrung bringen, wer das Heu frißt.«
Aber der jüngste Bruder gehorchte den älteren nicht, sondern machte sich fertig und ging ins Gebirge. Beim Heu angekommen, schürte er ein kleines Feuer an, legte sich nieder und stützte den Kopf ein wenig auf den Arm. Auf einmal erdröhnte etwas, dann raschelte es und wieherte. Danach hörte er das Klirren und den Aufschlag von Hufeisen sowie das Rascheln der Geschirrbeschläge und der Zügel. Er lauschte gespannt und vernahm, wie etwas an dem Heu knabberte. Da erhob er sich ein wenig und sah nach dem Heu. Er erblickte einen Rappen, der wie ein Stern leuchtete und am Heu fraß. Nun schlich er sich näher heran, faßte das Pferd beim Zügel und rief:
»Nunmehr sollst du mir das Heu bezahlen! Jetzt habe ich dich gefangen! Morgen werde ich dich auf dem Markt verkaufen. Ich werde mehr für dich verlangen, als unser ganzes Heu wert war.« Es war dies ein wildes Vilenpferd, und es sprach zu ihm:
»Führe mich nicht auf den Markt und verkauf mich nicht, denn ich werde dir einst von großem Nutzen sein. Auf meinem Kopf ist ein goldenes Haar. Reiß es heraus und verwahre es gut, aber sprich mit niemandem darüber. Wenn es dir im Leben am angemessensten erscheint, zünde das Goldhaar an, und während es glimmt, werde ich vor dir erscheinen. Auch will ich dir kein Heu mehr wegfressen. Ich habe es aber auch bisher nicht allein aufgefressen.«
Der Bursche wurde nachdenklich, doch er gehorchte dem Vilenpferd. Er riß das Goldhaar heraus und ließ das Pferd laufen, das wie ein Blitz davonstürmte und verschwand. Am nächsten Morgen kehrte er nach Hause. Er schwieg und erzählte den Brüdern nichts von all dem. Jene lachten ihn aus und neckten ihn:

»Nun, was hast du gesehen? Hast du das Heu bewacht? Du weißt nicht einmal zu sagen, wie du geschlafen hast, geschweige denn, wie du das Heu bewacht hast.«
Der arme Kerl schwieg und antwortete nichts darauf.
Am darauf folgenden Abend rüstete er sich wieder und ging ins Gebirge, um das Heu zu bewachen, und dachte bei sich: ›Es wird schon noch etwas geschehen, denn der Rappe hat es nicht allein aufgefressen.‹ Kaum hatte er ein Feuer entfacht und sich niedergesetzt, um sich auszuruhen, da hörte er wieder ein Stampfen. Da fing etwas an zu knabbern und zu rascheln. Man hörte den Aufschlag von Hufeisen sowie das Rascheln der Zügel und des Sattelgurts. Am Heu schnob es. Er kroch in der Dunkelheit ganz sachte heran. Doch da konnte er was sehen: ein Grauschimmel, noch schöner als der Rappe, mit silbernem Geschirr, fiel über das Heu her und fraß, was er konnte. Der Bursche schlich sich heran, faßte den Grauschimmel beim Zügel und an der Mähne und sprach zu ihm: »Nunmehr sollst du mir all das Heu bezahlen, das du gefressen hast. Morgen werde ich dich auf dem Markt verkaufen. Man wird mir mehr für dich geben, als das ganze Heu wert war.«
Der Grauschimmel antwortete ihm darauf:
»Verkauf mich nicht, ich werde dir von großem Nutzen sein. Reiß mir ein Goldhaar aus der Mähne heraus, und wenn du meiner im Leben bedarfst, verbrenne das Haar. Während es glimmt, werde ich vor dir erscheinen.«
Der Bursche tat, wie es ihn der Grauschimmel hieß, riß das Haar aus und ließ ihn los. In diesem Augenblick begann auch der Morgen zu grauen, und er kehrte nach Hause. Die Brüder schalten ihn, weil er draußen umherstrolche, wo es doch besser für ihn wäre, das Haus zu hüten oder in den Wald nach Holz zu gehen. Der jüngste Bruder erwiderte darauf:
»Als unser Vater auf dem Sterbebett lag, befahl er, ein jeder von uns möge der Reihe nach Hausvorstand sein, auf daß wir sähen, wer es besser versteht. Bisher wart ihr es, und all unser väterliches Erbe ist dahin. Nunmehr will ich ein wenig befehlen; laßt uns sehen, wie es dann um das väterliche Erbe steht. Obwohl wir nichts mehr außer dem bißchen Heu im Gebirge besitzen, so will ich es dennoch bewachen.«
Die Brüder ließen ihn gewähren und dachten: ›Zu spät ist es dir eingefallen, das väterliche Erbe zu retten.‹
So ging denn der jüngste Bruder erneut ins Gebirge, fachte

neben dem bißchen Heu ein Feuer an und legte sich schlafen. Kaum hatte er sich hingelegt, da stampfte etwas, und das Heu fing an zu rascheln. Er erhob sich ein wenig und blickte in jene Richtung. Da stand ein Schimmel, weiß wie ein Schwan, mit goldenem Geschirr, und machte sich über das Heu her und fraß, was er konnte. Der Bursche kroch leise hinzu und dachte: ›Es täte mir fürwahr sehr leid, fräße er alles auf. Er sollte doch wenigstens so viel übriglassen, daß ich sagen könnte, das ist mein väterliches Erbe. Von all dem Besitz an Feldern, Bergauen, Leibeigenen und dem Laden verblieb uns nur noch dies bißchen Heu; alles andere haben meine Brüder verwirtschaftet. Mein Lieber, dieses Heu gebe ich niemandem. Ich möchte wenigstens einen Groschen dafür haben und zusehen, ob ich damit durchkomme. Vielleicht ist mir das Glück hold und verfährt mit mir anders als mit meinen Brüdern.‹

Als er sich dies alles so überlegte, schlich er sich heran und ergriff den Schimmel. Das Pferd erschrak und sprach zu ihm genau wie jene beiden anderen:

»Verkauf mich nicht! Reiß mir lieber ein Goldhaar aus meiner Mähne, und wenn du meiner im Leben bedarfst, will ich dir zu Hilfe eilen.«

Er tat alles, wie es ihm der Schimmel sagte. In diesem Augenblick fing es an zu tagen, und er begab sich nach Hause.

Den Brüdern erzählte er zu Hause nichts davon. Doch sie ließen ihn nicht in Frieden, sondern fingen an, untereinander zu sprechen:

»Da haben wir das Unglück; bloß weil uns der Vater auferlegt hat, nicht zu heiraten, ehe wir nicht drei Wunder gesehen haben. Wären wir nicht so gebunden, hätten wir schon längst geheiratet, solange wir noch etwas hatten. Wollten wir es nunmehr, so können wir es nicht einmal.« Während sie gerade so sprachen, hörte man plötzlich die Stimme des Ausrufers:

»Der Zar wünscht, daß die goldgelockte Vila eingefangen wird. Er möchte sehen, wie sie aussieht. Wer dies tun könnte, dem will der Zar seine Tochter und einen Teil seines Reiches geben.«

Die Menschen gerieten in Aufregung, da sie dies hörten, und unterhielten sich viel darüber. Da erinnerte sich der jüngste Bruder seines Rappen und des goldenen Haares und dachte bei sich: ›Vielleicht sollte ich es jetzt anbrennen, um zu sehen, was wird.‹ So geschah es auch. Es verging keine Viertelstunde,

da stürmte der Rappe herbei, mit goldenem Geschirr, und fragte:
»Warum hast du mich gerufen?«
Der Bursche erzählte ihm, was der Zar fordere. Der Rappe antwortete ihm darauf:
»Wer hat dich darauf gebracht? Das ist sehr schwer. Man muß sich sehr, sehr anstrengen, ehe man die goldgelockte Vila einfangen kann. Doch da du es nun vorhast, so möge es seinen Lauf nehmen. Geh ins Gebirge, dorthin, wo das bißchen Heu übrigblieb. Nimm ein Bündel und komme wieder hierher. Sodann wollen wir uns auf den Weg begeben. Wir werden in ein großes Waldgebirge ziehen. In jenem Gebirge gibt es eine hungrige Hirschkuh und deren zwei Jungen. Wenn die Hirschkuh in den Wald gegangen ist, lege das Heu vor die Jungen hin, daß sie es fressen. Du aber sollst dich verstecken. Wenn die Hirschkuh wiederkommt, so wird sie fragen, wer die Jungen gefüttert hat. Sie wird sodann sagen, sie wolle ihm geben, was er verlangt. Und jetzt, da du nach dem Heu gehst, kehre zu Hause ein und bring eine kleine Säge mit. Wenn du dann vor die Hirschkuh hintrittst, sollst du zu ihr sagen: ›Ich habe deine Jungen gefüttert, und ich will nichts anderes von dir, als daß ich mir eins von deinen Hörnern abschneiden darf, um damit den Vilensee umzurühren.‹ Sie wird zunächst zögern, aber es schließlich dennoch gestatten. Von dort wollen wir sodann an den Vilensee gehen. Die Vila hat das Wasser des Sees vergiftet. In ihm baden alle Tiere des Waldgebirges, doch dürfen sie daraus nicht trinken. So du an den See gelangst, rühre das Wasser mit dem Horn um. Der See wird gesegnet, und das Wasser wird aufhören, giftig zu sein. Dann kann sich all das liebe Vieh satt trinken. Hier kannst du die Tiere des Waldes auch belauschen. Frage sie sodann, auf welche Weise du die goldgelockte Vila einfangen kannst. Sollten sie es dir nicht sagen und dir auch nicht helfen, so kann es niemand auf der Welt.«
Der Bursche rüstete sich und war voller Hoffnung. Er nahm das Heu und die kleine Säge, bestieg das Pferd und ritt ins Waldgebirge. Als er dahin kam, fand er die Jungen der Hirschkuh genauso vor, wie es ihm der Rappe beschrieben hatte. Er legte das Heu vor sie hin und wartete. Als die Hirschkuh zurückkehrte, wunderte sie sich darüber, ihre Jungen gefüttert zu sehen, und fragte sie: »Wüßt ich, wer das getan hat, so würde ich ihm schenken, was er will.«

Da trat der Bursche aus seinem Versteck hervor und gestand, es getan zu haben. Auch ließ er sie wissen, er wünsche sich nichts anderes als das eine Horn von ihr, um damit den Vilensee umzurühren. Der Hirschkuh war das nicht angenehm, dennoch willigte sie ein. Er sägte ihr das Horn ab und verließ sie.

Nunmehr zog er weiter und gelangte an den Vilensee. Um ihn herum hatte sich eine Unmenge von verschiedenen Tieren versammelt. Sie badeten und litten dabei großen Durst; denn sie durften doch kein Wasser daraus trinken. Da rührte der Bursche mit dem Horn das Wasser im See um, und es wurde gesegnet. Sogleich stürzten sich die Tiere darüber her, tranken und unterhielten sich. Als der Bursche ihr Gespräch belauscht hatte, fragte er die Tiere, wer ihm wohl sagen könne, wie die goldgelockte Vila einzufangen wäre.

Daraufhin sprach eine wilde Hirschkuh:

»Die Vila hat ihre Hirschkuh, deren Milch sie trinkt. Wenn du nicht von der gleichen Hirschkuh ein Glas Milch trinkst, wirst du sie niemals einfangen können.«

Danach sprach das wilde Schaf:

»Die Vila hat einen goldwolligen Widder. Ehe du diesen nicht einfängst und ihm nicht einen goldenen Wollbüschel unter dem Hals ausreißt, wirst du die Vila nie bezwingen können.«

Nunmehr zwitscherte das kleine Goldkehlchen dazwischen:

»Die Vila hat einen goldenen Vogel, der im Fluß Jordan badet. Er bringt der Vila von dort das Wasser zum Waschen, auf daß sie ewig jung bleibt. So es dir nicht gelingt, diesen Vogel einzufangen und ihm den goldenen Schnabel auszureißen, und das in dem Augenblick, da er ihr das Wasser bringt, wird es dir auch nicht gelingen, die Vila einzufangen. Die Vila lebt von diesen drei Geheimnissen.«

Daraufhin wieherte der Rappe und meinte:

»Ich wußte schon, daß es schwer ist, die Vila einzufangen. Wir wollen es aber dennoch wagen. Bringe ein Bündel Heu von deinem väterlichen Erbe, und so du das Lager der Hirschkuh auffindest, lege es vor deren Jungen hin und verstecke dich. Wenn die Hirschkuh erscheint, wird sie sagen: ›Demjenigen, der meine Jungen gefüttert hat, dem will ich geben, was er verlangt.‹ Trete sodann aus deinem Versteck hervor und sprich: ›Liebe Hirschkuh, ich habe das gemacht, und ich will nichts anderes als deine Milch, die ein Heilmittel ist, säugen und in einer Buchenrinde ein wenig mitnehmen.‹ Sobald du dies getan haben wirst, wird die Vila die Hälfte ihrer Stärke einbüßen. Danach jedoch wollen wir den goldwolligen Widder suchen. Nimm abermals ein wenig Heu von deinem väterlichen Erbe mit, auf daß wir in der Not eine Hilfe haben. Sodann gieße ein wenig Milch in die Erde, und an jener Stelle wird ein Gras entspringen. Reiße davon ein Blatt los und blase darauf. Es werden sogleich Aasgeier herbeifliegen und als letzter auch der Kreuzadler, deren Zar. Wirf ihm schnell ein Stück Fleisch hin und packe ihn bei seiner goldenen Krone. Der Adler wird dich fragen, was du von ihm begehrst, und so sprich zu ihm: ›Besorg mir den goldenen Vogel, der der Vila das Wasser vom Jordan bringt. Wenn du es nicht zuwege bringst, ein anderer wird es nicht können; denn der Vogel verbirgt sich im Jordan. Tu mir diesen Gefallen, und ich werde dich immer füttern, wenn du es willst.‹ Der Adler wird dir darauf entgegnen: ›Ich bin schon alt, und es könnte sein, der Stein im Jordan erschlägt mich. Doch du sollst dich glücklich schätzen, da du mich auf dem Grashalm pfeifend herbeigerufen hast, und so kann ich es dir nicht verweigern.‹ Er wird dir den goldenen Vogel herbeischaffen, und du sollst ihm den Schnabel ausreißen. Sodann wird die Vila mit ihren goldenen Flügeln selbst vor dir niedersinken, und goldene Tränen werden ihr über das Gesicht rollen. Fasse sie und bringe sie zum Zaren, auf daß dieser sie kennenlernt. Sie jedoch wird sterben, und du wirst die Zarentochter und ein Drittel des Reiches erhalten.«

Genauso, wie es der Rappe gesagt hatte, geschah es. Der Bursche ging hin, nahm etwas Heu und begab sich mit dem Rappen auf den Weg. Unterwegs stieß er auf das Lager einer Hirschkuh, fütterte deren Jungen mit Heu und versteckte sich hinter einem Busch. Als die Hirschkuh zurückkehrte, wunderte sie sich darüber, daß jemand ihre Jungen gefüttert hatte. Da trat der Bursche vor sie hin und gestand, er habe dies getan. Die Hirschkuh sprach zu ihm:

»Da du dies getan hast, begehre von mir, was du willst; ich werde es dir geben.«

Er antwortete darauf:

»Ich will weiter nichts von dir, liebe Hirschkuh, allein, laß mich ein wenig von deiner Milch trinken; sie ist ein Heilmittel für mich, und gestatte mir, ein wenig in einer Buchenrinde mitzunehmen.«

Der Hirschkuh war dies sehr unangenehm, aber schließlich gewährte sie es ihm. Er trank zuerst und molk sodann ein wenig in eine Buchenrinde. Nachdem er sich von ihr verabschiedet hatte, zog er weiter.
Nunmehr wanderte er ein Stück weiter und ließ sich schließlich an einem stillen Fleck nieder, um sich auszuruhen. Hier goß er ein wenig Milch auf die Erde. Es dauerte gar nicht lange, und da entsproß an jener Stelle ein Gras. Er sprang auf, riß ein Blatt ab, legte es zwischen die Daumen und blies darauf, so gut er es konnte. Auf diesen Pfiff hin erschien der goldwollige Widder. Er stürzte von jenseits des Waldes schnurstracks auf ihn zu. Der Bursche nahm eine Handvoll Heu vom väterlichen Erbe, und als der Widder näher kam, warf er es vor ihn hin. Sodann packte er ihn unter dem Hals und riß ihm einen Büschel goldene Wolle aus.
Von hier brach er auf in ein anderes Waldgebirge. Nachdem er ein gutes Stück Weges durch das Gebirge zurückgelegt hatte, ließ er sich nieder, um sich auszuruhen. Hier träufelte er abermals ein wenig Milch auf die Erde, und wieder entsproß ein Grashalm. Der Bursche sprang hinzu, riß ein Blatt ab und blies darauf. Doch siehe, da erschienen viele Aasgeier und schließlich auch der Kreuzadler, deren Zar. Der Bursche warf ihm ein Stück Fleisch hin und packte ihn bei der goldenen Krone. Der Adler fraß das Fleisch auf und fragte ihn sodann:
»Weshalb hast du mich gerufen, Bursche?« Und jener antwortete ihm:
»Bring mir den goldenen Vogel herbei, der der Vila das Wasser vom Jordan holt!«
Der Adler wunderte sich über dieses Verlangen und erwiderte:
»Mein Lieber, das ist schwer! Ich bin schon alt und kann dir deinen Wunsch nicht erfüllen; denn mich könnte in jenem Augenblick der Stein im Fluß erschlagen.« Dann wurde er ein wenig nachdenklich und fuhr fort: »Bete zu Gott, da du mich nun einmal mit diesem Grashalm herbeigerufen hast. Vielleicht erhört er dich. Bleib hier sitzen und warte, bis ich wiederkomme.«
Der Adler flog davon, und nach etwa zwei Stunden kam er wieder und brachte den goldenen Vogel und überreichte ihn dem Burschen. Da riß der Bursche dem Vogel den goldenen Schnabel aus, und in demselben Augenblick fiel die goldge-

lockte Vila mit den goldenen Flügeln vor ihm nieder und begann goldene Tränen zu vergießen. Als der Bursche sie sah, verfiel er in Staunen. Daraufhin brachte er sie zum Zaren und erhielt die Zarentochter und ein Drittel des Reiches. Jedoch er nahm nur die Urkunde und die Zarentochter und war auf einmal verschwunden. Er brachte die Zarentochter an einen verborgenen Ort und erzählte den Brüdern nichts davon.

Nach einer gewissen Zeit erkrankte der Zar und hatte einen seltsamen Traum. Ihm träumte, er besitze den Zaren der Kraniche, der irgendwo über dem Meer und der Donau kreist. Jener habe eine goldene Krone auf dem Kopf und am Halse einen Edelstein, worin ein Kreuzzeichen ist. So jemand jenes Kreuz samt dem Edelstein herbeischaffen könnte, der Zar es ins Wasser legte und sich sodann mit jenem Wasser wüsche, würde er sogleich gesund werden. Der Zar sandte den Ausrufer ins Land, und jener schrie:

»Sollte es jemand gelingen, den Zaren der Kraniche aufzuspüren und ihm das Kreuz samt dem Edelstein zu entwenden, so will der Zar jenem seine zweite Tochter und ein Drittel des Reiches schenken.«

Und so kam es zu einem weiteren Wunder dieser Welt, über das jeder staunte. Der Bursche hörte vom Wunsch des Zaren und erinnerte sich des Grauschimmels. Rasch zündete er das Goldhaar an. Kaum begann es zu glimmen, da erschien auch schon der Grauschimmel vor ihm, wieherte und fragte, was er wolle. Der Bursche erzählte ihm, was der Zar begehrt, und der Grauschimmel antwortete ihm darauf:

»Wer hat dich darauf gebracht, wo das doch so sehr schwierig ist? Aber wenn du schon damit angefangen hast, so ist es doch nicht mehr als recht, die Sache zu vollenden, selbst wenn wir dabei auch ums Leben kommen sollten. Los, nimm jenen Balg mit dem starken Schnaps, das gebratene Schaf und die zehn Brote, und so wollen wir gemeinsam ins Waldgebirge ziehen. Zuerst werden wir gegen den Riesen kämpfen, der den Drachensee bewacht. Dorthin kommt der Kranich zum Baden. Doch ihn können wir nicht fangen, solange der Riese, der Drache und der Löwe des Drachen, die alle den See bewachen, am Leben sind. Sollte sich der Riese auf dich stürzen, wirf ihm den Balg mit dem Schnaps rasch in den Rachen und durchsteche den Balg mit der Lanze. Gib ihm hernach noch den Braten und die zehn Brote. Der Riese wird vom Schnaps besoffen sein, sich vollfressen und sodann einschlafen. Wenn

der Riese schläft, dann gehe bis an den See. Dort wirst du die beiden Jungen der Löwin finden. Falls die Löwin nicht bei den Jungen ist, füttere diese mit Fleisch, auf daß sie sich satt fressen. Die Löwin wird nach ihrer Rückkehr sagen: ›Wer meine Jungen gefüttert hat, dem will ich geben, was er sich wünscht.‹ Sodann tritt vor sie hin und sprich: ›Ich habe sie gefüttert, liebe Löwin, und ich verlange nichts anderes von dir, als daß du mich bis an den Drachensee vorläßt.‹ Sie wird es dir gestatten. Gelangst du aber an den See, wasche dich und trinke von dem Wasser, und du wirst stärker als der Drache sein. Nachdem der Drache aus dem Gebirge heimkehrt, wird er sich darüber wundern, was es doch für einen Helden auf dieser Welt gibt, der sowohl den Riesen als auch den Löwen bezwungen hat, um Wasser aus seinem See zu trinken, auf daß er stärker würde als er selbst. Sobald er dich erblickt, wird er zusammenzucken und dich fragen: ›Was willst du hier?‹ Antworte ihm: ›Ich will deinen Kranich aus dem See samt dem Edelstein mit dem Kreuz am Halse und der goldenen Krone auf dem Kopf.‹ Der Drache wird dies alles tun, denn er fürchtet denjenigen, der stärker ist als er selbst. Nimm dies alles und bring es dem Zaren, der dir seine Tochter und ein Drittel des Reiches dafür schenken wird. Sodann laß mich los, denn ich habe dir damit meinen Teil für das Heu vergolten. Bedarfst du weiterer Hilfe, so begehre sie von dem dritten in unserem Bunde, vom Schimmel.«
Genauso, wie ihn der Grauschimmel beraten hatte, geschah es. Als sie sich dem See näherten, da hörte man ein Dröhnen und Donnern, man würde sagen, die Erde bebt. Schon stürzte der Riese mit aufgesperrtem Rachen hervor und schickte sich an, ihn zu verschlingen. Da schob ihm der Bursche den ganzen Balg mit dem Schnaps ins Maul. Sogleich stieß er mit der Lanze nach und durchlöcherte den Balg, dann warf er ihm einen ganzen gebratenen Widder hinein. Da kaute der Riese und schmatzte, und nachdem er sich vollgefressen und angesoffen hatte, überkam ihn der Schlaf, und er röchelte wie erstochen. Von seinem Schnarchen erbebte der ganze Wald. Der Bursche zog am Riesen vorbei und kam näher an den See heran. Hier fand er zwei Löwenjungen, warf ihnen ein Stück Fleisch hin und versteckte sich. Als die Löwin aus dem Wald wiederkam, wunderte sie sich und sprach:
»Dem, der meine Jungen gefüttert hat, will ich geben, was er verlangt.« Der Bursche trat vor sie hin und sagte:

»Ich habe es getan, liebe Löwin, und ich will nichts anderes von dir, als daß du mich an den Drachensee läßt.«
Die Löwin zögerte eine Weile; doch da es keinen Ausweg gab, ließ sie ihn vorbei. So gelangte er an den See. Dort war niemand, denn der Drache war irgendwohin geflogen. Er ging sogleich bis ans Wasser heran, wusch sich und trank, und da er dies getan hatte, fühlte er, wie eine hundertfache Kraft über ihn kam.
In diesem Augenblick erschien auch der Drache am See. Er erblickte den Burschen, wunderte sich und fragte ihn:
»Was machst du hier?« Und der Bursche antwortete ihm:
»Ich will deinen Kranich aus dem See haben samt dem Edelstein mit dem Kreuz am Halse und die goldene Krone vom Kopf.«
Der Drache erschauerte vor dem Burschen und gab ihm alles, was dieser verlangte.
Der Bursche nahm die Dinge und brachte sie dem Zaren und erhielt von ihm seine zweite Tochter und ein weiteres Drittel des Reiches. Daraufhin brachte er auch diese an einen geheimen Fleck. Nur die Urkunde des Zaren über ein Drittel des Reiches nahm er mit und war auf einmal verschwunden, genauso, als wäre er im Wasser ertrunken.
Nach einer gewissen Zeit erging eine Aufforderung an die Helden im ganzen Reich. Der Ausrufer teilte mit, der Zar wolle seine dritte Tochter und das letzte Drittel des Reiches demjenigen schenken, der das dunkle Meer und den großen Graben unterhalb der Zarenlaube durchschwimme oder sonstwie überquere, um in die Zarenlaube, in der die Zarentochter spazierengeht, zu gelangen. Wem dies gelingt, der möge sie als Frau heimführen und ein Drittel des Reiches haben; da man zudem von den anderen beiden Schwiegersöhnen keinerlei Kunde habe, so könne ihm möglicherweise das ganze Reich zufallen.
Darauf hatte der Bursche gerade noch gewartet. Er brannte sogleich das goldene Haar vom Schimmel an, und während es glimmte, erschien das Pferd mit goldenem Geschirr vor ihm. Der Bursche erzählte ihm alles, was der Ausrufer verkündet hatte, und der Schimmel sprach zu ihm:
»Wer hat dich darauf gebracht? Das ist eine sehr schwere Aufgabe; denn wir könnten dabei beide ums Leben kommen. Doch da du es dir in den Kopf gesetzt hast, so gibt es kein Zurück mehr; laß uns ziehen, selbst wenn wir ertrinken sollten.«

Sodann zog der Bursche goldgestickte Kleider an, bestieg das Pferd und ritt ans Meer.
Am Ufer des Meeres hatten sich viele Reiter versammelt. Sie blickten ins Wasser und wagten sich nicht hinein. Viele neugierige Zuschauer hatten sich eingefunden und waren voller Spannung. Wer wird wohl den Sieg davontragen? Plötzlich stürmte ein Schimmel daher, und auf ihm saß ein Held mit goldgestickten Kleidern. Das ganze Volk geriet in Staunen über das Roß und über den Helden. Kaum war er angeritten, da sprang der Schimmel ins dunkle Meer hinein. Da schaute die Menge und wunderte sich, und der Schimmel eilte schwanengleich über das Wasser hinweg, genauso, als würde er vom Wind getragen. Bei Gott, im Nu überschwamm er das dunkle Meer und den Graben und gelangte unterhalb der Zarenlaube ans Ufer. Da erdröhnte von allen Seiten ein Freudenschrei der Zuschauer, und der Bursche trat vor den Zaren hin. Er nahm auch die dritte Zarentochter entgegen und mit ihr das verbriefte letzte Drittel des Reiches.
Von hier begab er sich schnurstracks zu seinen Brüdern. Unterwegs jedoch nahm er jene beiden Zarentöchter mit. Bei seinen Brüdern angekommen, erzählte er diesen alles der Reihe nach und gab jedem von ihnen eine Zarentochter und ein Drittel des Reiches; sich aber behielt er die Jüngste. So wurden die Brüder wiederum reich und zudem die Schwiegersöhne des Zaren; denn ihr Vater hatte ihnen das Erbe samt seinem Segen zurückgelassen. Fürwahr, jenes bißchen gesegnete väterliche Erbe brachte so viel Glück, Reichtum und Wohlstand.

8. Die Gaben des Schlangenkaisers

Es war einmal ein Bursche, der sich mit seiner Mutter recht kümmerlich durchs Leben schlug. Sein ganzes Vermögen bestand aus einer alten Stute, mit der er Holz aus dem Wald in die Stadt brachte und verkaufte. Eines Tages sagte er:
»Mutter, heute werde ich zu Hause bleiben, damit sich die alte Stute ausruht.« Der Mutter dagegen war das nicht recht, und sie rief mit rauher Stimme aus:
»Möge Gott doch geben, daß sich die Stute ein Bein bricht!«
So wußte der Bursche, daß es seiner Mutter nicht gefällt, wenn er zu Hause bliebe. Daher legte er dem Pferd wie immer

den Lastsattel auf und verließ den Hof. Er war noch gar nicht weit gekommen, da stolperte die Stute und brach sich wirklich ein Bein. Betrübt kehrte er heim und sagte zu seiner Mutter:
»Du hast die Stute verwünscht. Nun ist sie hin. Jetzt können wir zusehen, wie wir ohne sie auskommen.«
Am nächsten Tag ging er allein in den Wald, um auf seinem eigenen Rücken Holz in die Stadt zu bringen. Da sah er auf dem Weg zwei kämpfende Schlangen. Eine kleine weiße Natter versuchte sich gegen eine große schwarze Otter zu wehren. Der Bursche schlug mit seiner Axt dazwischen, tötete die große Schlange und steckte die kleine hinter seinen Gürtel, auf daß sie sich von dem Kampf erhole. Nach einer Weile hörte er sie sagen:
»Dank dir, mein Held! Ich bin Schahmarana, die Tochter des Schlangenkaisers. Ich bitte dich, trage mich dorthin, wohin ich will; wir werden dann zu meinem Vater gelangen. Du magst von ihm als Belohnung den Ring von seiner rechten Hand, den Teppich, auf dem er sitzt, und die Peitsche, die neben ihm liegt, verlangen.«
Bald kamen sie an eine Höhle. Nachdem er auf Geheiß der kleinen Schlange hineingekrochen war, stürzten von allen Seiten zischende Vipern auf ihn los. Die kleine Schlange verwandelte sich jedoch in ein schönes Mädchen mit goldenem Haar und goldenen Kleidern, und da die Vipern sie erkannten, schmiegten sie sich sogleich an den Rand und gaben den Weg frei. Sie verneigten sich vor dem Burschen, dem dies sehr gefiel; denn soviel Ehre wurde ihm noch nie zuteil.
In der einen Ecke jener Höhle saß der Schlangenkaiser, trank schwarzen Kaffee und rauchte aus der Wasserpfeife. Er schaute lange auf den Burschen und fragte sodann:
»Wer ist das, liebe Tochter?« Schahmarana erwiderte:
»Dieser Bursche ist mein Wahlbruder! Er hat mich aus der Gewalt meiner Todfeindin befreit und sie getötet, während die Meinigen flohen und mich im Stich ließen.« Darauf sprach der Schlangenkaiser:
»Öffne jene Kammer und laß ihn so viel Dukaten nehmen, wieviel er will.« Der Bursche aber wehrte ab.
»Lieber Kaiser! Ich brauche kein Geld. Schenk mir aber den Ring von deiner Rechten, den Teppich, auf dem du sitzest, und die Peitsche, die neben dir liegt.«
»Du begehrst viel«, sprach der Schlangenkaiser. »Da du aber mein liebstes Töchterlein wiedergebracht hast, so nimm, was

dir als Lohn wert zu sein scheint. Die Menschen sollen nicht sagen, sie seien besser und großmütiger als die Schlangen.«

Schahmarana begleitete den Burschen noch ein Stück des Weges zurück und sagte dann:

»Nunmehr hast du dein Glück in der Hand; den nötigen Verstand dazu kann ich dir indes nicht geben. Von den Menschen sind ja immer nur die schlechten klug. Es ist besser, man hat es im Kopf als in der Truhe. Und damit Gott befohlen, und das Glück sei dir hold!«

Der Bursche ging nun nach Hause und fand seine Mutter vor Hunger erschöpft auf dem Boden liegen. Da dachte er bei sich: ›Was nützt mir der Ring? Ich werde ihn verkaufen und Brot dafür holen.‹ Er verließ das Haus. Unterwegs kam er an einem schönen Haus vorbei, in dem ein reiches Mädchen wohnte. Sie gefiel ihm schon sehr lange. Doch was nützt es! Heute wurde gefeiert, und das Haus war von Burschen umlagert, die alle sehnsüchtig nach den vergitterten Fenstern blickten, ob denn die schöne Aischa nicht doch irgendwo zu sehen wäre. Sie waren in spöttisches Gerede verstrickt. Ein Weilchen hielt er inne und lauschte. Auf einmal ging eine Fensterluke auf, und ein Sturzbach kalten Wassers ergoß sich ihm in den Nacken. Zornig schüttelte er sich und schrie:

»Warte, du struppiges Ding! Du kannst mich lange bitten, dich zur Frau zu nehmen!«

Dann lief er davon, und ein großes Gelächter schallte hinter ihm her.

Es war schon recht finster, da bemerkte er, daß der Ring an seinem Finger die ganze Stadt erleuchtet. ›Der würde mir viel Kienholz ersparen‹, dachte er. ›Schade! Zwei Hasen jagen heißt keinen erwischen.‹ Darauf begegnete er einem alten Mann, dem er den Ring anbot.

»Was soll ich mit dem Ring anfangen?« entgegnete der Alte. »Schenk ihn doch einem hübschen Mädchen!«

Der Alte hatte jedoch Mitleid und gab dem Burschen ein wenig Geld zum Brotkaufen. Beim Bäcker angekommen, sah der Bursche, daß aus der Münze ein Dukaten geworden war. Er kaufte sogleich einen ganzen Sack voll Brot und ließ sich auf den Dukaten herausgeben. Daheim sah er zu seinem Erstaunen, daß sich die Münzen abermals in Dukaten verwandelt hatten. Nun erst begriff er den Wert des Ringes, und da er ihn nicht gleich ablegte, war es für ihn eine Leichtigkeit, reich zu werden. Er kaufte sich viele Häuser und Läden und wurde mit einem Schlage der reichste Kaufmann der Stadt.

Die schöne Aischa traute ihren Augen nicht, als sie den armen Burschen von ehedem plötzlich in kostbaren Kleidern sah. Er aber schaute gar nicht mehr nach ihrem vergitterten Fenster hin. Sie war darüber sehr erbost, so daß Ärger und Zorn sie fast erwürgten. Schließlich wandte sie sich an ihren Vater, dessen verhätscheltes Töchterlein sie war.

»Bring mir den Burschen her; denn ich muß es erfahren, woher sein Reichtum kommt, oder ich sterbe.«

Der Vater erschrak und ließ den Burschen rufen. Dieser glaubte fest daran, sie werde ihn bitten, sie zur Frau zu nehmen. Doch er sollte sich täuschen. Sie schmeichelte ihm mit vielen schönen Worten, und ehe er sich versah, hatte er das Geheimnis, seinen Ring, verraten. Sie bat ihn, ihr den Ring zu zeigen, und wie ein gewandter Dieb entwand sie diesen und verschwand. Vorerst glaubte er, sie spaße; doch da sie nicht wiederkehrte, fing er an, sich hinter den Ohren zu kratzen, und schlich davon. Im Hause hörte er ein übermütiges Lachen, das durch alle Räume scholl.

Nunmehr tröstete er sich, »denn«, so sagte er, »ich bin auch ohne Ring unermeßlich reich«. Doch heißt es nicht: Wie gewonnen, so zerronnen? Wie über Nacht schwand sein ganzer Reichtum hin, und eines schönen Tages war er genauso arm wie damals, als die alte Stute verendete. Er schämte sich, weiterhin in der Stadt zu verbleiben. Daher nahm er den kleinen alten Teppich und die Peitsche vom Schlangenkaiser, das einzige, was ihm geblieben war, da dieses Zeug niemand wollte, und zog mit seiner Mutter weit fort. Mit der Peitsche wehrte er sich gegen die Hunde. So war er also wieder jener arme Holzhauer wie ehedem. Das gefiel ihm gar nicht; denn Gesundheit ohne Geld ist soviel wie Kranksein. Wohl arbeitete er unverdrossen; da jedoch selbst der beste Ochse nicht immer pflügen kann, setzte er sich eines Tages auf den alten Teppich, um sich auszuruhen. Die Mücken quälten ihn, und er zog die Peitsche hervor und schlug nach ihnen, daß es nur so knallte. Da bemerkte er, wie sich der Teppich erhob, als wolle er mit ihm davonfliegen.

Diese Entdeckung freute ihn sehr. Er machte nun gleich einen Probeflug. Mit einer Hand hielt er sich am Teppich fest, mit der anderen schwang er die Peitsche und knallte. Dabei wünschte er sich, in einem fremden Land zu sein, wie er ein ähnliches noch nie gesehen hat. Da flog er auch schon hinaus in die Welt. Dort, wohin er sich gewünscht hatte, war es recht ungemütlich. Blumen und Bäume sahen ganz anders aus als daheim. Die Kühe waren so groß, daß er sich vor ihnen beinahe fürchtete. Er blieb daher auf dem Teppich sitzen und überlegte, was zu tun sei. Am besten, er flöge zu der schönen Aischa: vielleicht könnte er doch wieder zu seinem Ring kommen. Gedacht, getan! Er knallte mit der Peitsche, und schon stand er in Aischas Zimmer. Sie lag auf einer Matte und schlief. Der Bursche dachte bei sich: ›Hab ich erst das Mädchen, so wird mir auch der Ring nicht fehlen.‹ Flugs schob er ein Stück des Teppichs unter die Schlafende, knallte mit der Peitsche und wünschte sich weit weg in eine einsame Gegend. Der Teppich flog mit beiden durchs Fenster und landete mitten in einer Einöde. Als das Mädchen aufwachte, machte sie große Augen und konnte es gar nicht fassen, auf welche Weise sie hierher auf den Teppich neben den Burschen kam. Doch auch diesmal versuchte sie es mit schönen und süßen Redensarten, und wiederum vergaß der törichte Bursche, daß es besser ist, Worte zu bereuen, die man nicht gesagt, als solche, die man gesagt hat. So schwatzte er denn drauflos, über den Teppich und die Peitsche. Da sie nun um das Geheimnis wußte, war sie zufrieden und tat, als wäre sie müde und wolle schlafen. Nachdem der Bursche sie eine Weile wachend bewundert hatte, schlief er selbst ein. Sie schlief indes nicht, sondern täuschte ihn. Schnell zog sie den Teppich unter ihm hervor, setzte sich selbst recht bequem darauf, knallte mit der Peitsche, wünschte sich in ihres Vaters Haus, und weg war sie.

Der Bursche lag da wie ein leerer Sack und schlief bis in den Morgen hinein. Als er aufwachte, da bot sich ihm eine Überraschung. Das Mädchen, der Teppich und die Peitsche waren verschwunden. Er wußte nicht einmal mehr, wo er war. Ringsum dichtes Gestrüpp und Wald. Kein Weg. Verdutzt blickte er drein. Sodann begann ihn der Hunger zu quälen, und er vergaß alles und dachte nur noch ans Essen. In der Nähe war nichts zu finden. So wagte er sich denn in den Wald hinein, wo er nach langem Suchen einen Pfad und neben dem Pfad einen Birnbaum fand, an dem sehr schöne Früchte hingen. Er pflückte eine Birne; doch kaum hatte er sie gegessen, verwandelte er sich in einen Esel. »So ist es recht!« sprach er zu sich. Bedächtig ging er, ganz nach Eselsart, von einem Baum zu anderen, rieb sich am Baum und aß, was herunterfiel. So kam er auch an einen Schwarzdorn und naschte von den Schlehen. Und siehe da! Er erhielt seine frühere Gestalt sogleich wieder. Das gefiel ihm so sehr, daß er zu den Birnen zurücklief und sich außerdem die Taschen noch mit Schlehen vollstopfte. Er ging weiter, und da lichtete sich auf einmal der Wald. Ihm schien, als sähe er in weiter Ferne die Moscheen jener Stadt, in der Aischa wohnte.

Doch da tauchte ein breiter, reißender Strom vor ihm auf. Er überlegte, wie er ans andere Ufer gelangen könnte. Würde er als Esel hinüberschwimmen, so könnte er seine kostbaren Früchte nicht mitnehmen. Da er also am Ufer ratlos auf und ab lief, flog ein großer Vogel über hin hinweg, der so groß und stark war, daß er seinesgleichen noch nie gesehen hatte. Es war das erste Lebewesen, das er in jenem Wald bemerkt hatte.

»Heda!« rief er dem Vogel zu. »Du könntest mich über den Fluß tragen, so du Zeit hast.«

»Was schenkst du mir dafür?« fragte der Vogel.

»Ich bin ein armer Schlucker«, sagte der Bursche, »und kann dir nichts geben; aber ich will dir ein Geheimnis dieses Waldes verraten.«

Der Riesenadler willigte ein und trug ihn über den Strom. Hernach verriet der Bursche dem Riesenadler, was er wußte, gab ihm eine Schlehe und zog weiter. Plötzlich hörte der Bursche einen Donnerschlag und sah mit Staunen, daß sich der Riesenadler in einen schönen Königssohn verwandelt hatte, und die Einöde ward ein herrliches Gefilde mit einem wunderschönen Schloß.

Ganz glücklich darüber, einen bösen Zauber gebrochen zu haben, wanderte der Bursche frohen Mutes der Stadt zu, in der Aischa wohnte. Dort angekommen, legte er seine Birnen in einen Obstkorb, nahm diesen auf den Kopf, wie es die Obstverkäufer hierzulande tun, und rief durch die Straßen:

»Birnen für reiche Leute! Heda! Jedes Stück einen Dukaten! Nur der Reichste kann sie kaufen!« Die Leute lachten ihn aus. Er jedoch ging mit ernster Miene seinen Weg und rief immerzu aus voller Kehle und bot seine Früchte an. Das hörte auch Aischa, die nunmehr sehr reich war und genug Dukaten besaß. Gerade dies wollte sie den Leuten zeigen. Da schickte sie eine Dienerin hinunter auf die Straße, die dem Burschen alle Birnen abkaufen sollte. Hernach verteilte sie das

Obst unter ihrer Dienerschaft. Da es Sommer und sehr heiß war, setzten sich alle gleich in den Hofraum und aßen. Auf einmal sahen sie staunend einander an: alle waren Esel. Sie sprangen umher, schlugen aus und schrien: »Iah, iah, iah!«

Die ganze Stadt lief zusammen. Die Leute, die nicht wußten, woher auf einmal die vielen Esel kamen, hielten sich den Bauch vor Lachen, und um so verzweifelter gebärdeten sich die Langohren. Als aber Aischas Vater nach Hause kam und weder sein Gesinde noch seine Tochter vorfand, dagegen aber der Hof voller Esel war, da begriff er das Unheil. Am unbändigsten zeigte sich eine junge Eselin, die sich immerzu an ihn herandrängte und in der er seine Tochter zu erkennen glaubte. Alle seine Fragen blieben indes ohne Antwort. Plötzlich tauchte jener junge Birnenverkäufer auf und wandte sich an den trostlosen Vater. Er sagte, er wisse wohl ein Mittel gegen diesen bösen Zauber, indes, vorerst müsse alles geschehen, was er sage.

»Und was wäre das?« fragte der Alte.

»Du mußt zuerst alles unrechtmäßig erworbene Gut, das sich in deinem Hause befindet, herausgeben.«

»Ich weiß von nichts«, beteuerte Aischas Vater.

»Also, dann laß uns im Zimmer deiner Tochter nachforschen. Ehe wir nicht den Ring, den Teppich und die Peitsche des Schlangenkaisers finden, die sie mir entführt hat, kann ich ihr nicht helfen.«

»Wie willst du ihr aber hernach helfen?« fragte sorgenvoll der Alte.

»Sie braucht nur dieses hier zu essen«, sagte der Bursche arglos und zog eine Schlehe aus der Tasche, »sodann wird sie wieder diejenige, die sie war.«

Kaum hatte er das gesagt, so hatte denn die schlaue Eselin nach der Schlehe geschnappt und sie hinuntergeschluckt. Schon stand wieder Aischa vor ihm und schnob und fauchte wie eine wilde Katze.

»Gib ihm nichts, Vater«, schrie sie. »Aber auch gar nichts!«

Doch da sie sich zufällig in einem Wasserbottich erblickte, schrie sie laut auf; denn die Eselsohren waren ihr geblieben. Der Bursche hatte nämlich zuvor die Schlehe doch ziemlich fest zwischen den Fingern, und so blieb ihm ein Stück davon, just das, welches sie für die Verwandlung der Eselsohren brauchte.

Da half weiter nichts als Bitten. Doch so viel schöne und

süße Worte sie auch an den Burschen richtete, diesmal hörte er nichts vor lauter Lachen. Und wie wackelte sie doch mit den Ohren! Fürwahr, sie mußte schweren Herzens sein Verlangen erfüllen. Nachdem er den Ring, den Teppich und die Peitsche wieder hatte, gab er auch den anderen Eseln eine Schlehe, und diese verwandelten sich gleich wieder in Menschen. Sodann wollte er aufbrechen; aber Aischa hielt ihn fest und bat ihn, sie um Allahs willen doch von den Eselsohren zu erlösen. Er suchte lange in allen seinen Taschen und fand schließlich noch eine Schlehe, die er ihr gab. Sie aß die Schlehe. Aber, o weh! Nur ein Eselsohr fiel ab, das andere wackelte lustig weiter. Nunmehr gestand der Bursche, ihr nicht mehr helfen zu können, und ging fort. Sie lief ihm nach, weinte und flehte ihn an, er möge sie nicht verlassen. Sie sagte, er habe sie zum Gespött der Leute gemacht, und so möge er sie auch heiraten. Sie lief immerzu hinter ihm her und bot sich ihm zur Frau an.
»Gut«, sagte er. »So will ich dir denn deinen Wunsch erfüllen. Wir wollen sogleich Hochzeit machen.«
So geschah es auch. Nach der Hochzeit gab er ihr seine letzte Schlehe zu essen, die er in der Tasche verborgen trug, und so fiel auch das zweite Eselsohr ab. Die Geschenke des Schlangenkaisers aber, den Ring, den Teppich und nicht zuletzt die Peitsche, gab er nie wieder aus der Hand. Und so ward sie eine folgsame, demütige und gute Frau, da sie nie wußte, was sie zu gewärtigen hatte. Da aber auch er nicht wußte, wessen er sich von ihr zu versehen hatte, ward auch er viel besonnener und verständiger als zuvor. So lebten sie denn in Glück und Eintracht miteinander.

9. Der Zarensohn und das Schwanenmädchen

Es war einmal ein Zar, der hatte einen Sohn. Als der Sohn herangewachsen war, ging er auf die Jagd und verlief sich in einem Wald. Er irrte dahin, dorthin durch den Wald und kam schließlich in ein anderes Wilajet. In jenem Wilajet fand er im Gebirge eine Hütte, in der ein Alter hauste, dessen weißes Haar reichte bis zur Erde und der Bart bis zum Gürtel.
Der Zarensohn grüßte ihn: »Grüß Gott, Alter!«
»Gott möge dir helfen, mein Sohn!« antwortete ihm der Alte. »Wohin des Wegs?«

»Ich bin auf der Jagd«, entgegnete ihm der Zarensohn, »und da geriet ich in diesen Wald, und schließlich, wie du siehst, fand ich dich.«
»Willst du bei mir in Dienst treten?« fragte ihn der Alte.
»Jawohl«, erwiderte der Zarensohn.
»Nun gut«, sagte der Alte zu ihm. »Das Glück hat dich zu mir geführt. Du wirst mir drei Jahre dienen, und so du mir treu dienst, werde ich dich verheiraten und dir das Nötige geben, auf daß du einen Hausstand gründen kannst.«
So blieb der Zarensohn bei dem Alten im Dienst. Am andern Morgen schon gab ihm der Alte eine Peitsche, auf daß er hin zum See gehe und mit ihr knalle, und das sollte seine einzige Arbeit sein. Als der Zarensohn am Abend in die Hütte zurückkehrte, fragte ihn der Alte:
»Nun, hast du mir treu gedient?«
»Jawohl«, antwortete ihm der Zarensohn.
»Und was hast du gesehen?« fragte der Alte weiter.
»Nichts habe ich gesehen.«
»Gut«, sprach der Alte. Und sie aßen zu Abend und legten sich schlafen.
Am anderen Morgen befahl der Alte dem Zarensohn abermals, die Peitsche zu nehmen und an den See zu gehen und diesen zu bewachen, indem er mit der Peitsche knallt. Der Zarensohn ging hin, spazierte um den See herum und knallte mit der Peitsche. Als es gegen Mittag war, flog ein Schwarm von Schwänen herbei und ließ sich auf dem See nieder. Sie zogen ihre Hemden aus, badeten, kleideten sich wieder an und flogen davon.
Am Abend hatte der Zarensohn kaum die Hütte betreten, da fragte ihn der Alte schon:
»Nun, hast du mir treu gedient?«
»Jawohl«, antwortete ihm der Zarensohn.
»Und hast du etwas am See gesehen?«
»Ich habe einen Schwarm von Schwänen gesehen.«
»Und was hast du noch gesehen?«
»Ich habe«, antwortete der Zarensohn, »noch gesehen, wie sie ihre weißen Hemden auszogen und diese am Ufer zurückließen; dann stiegen sie ins Wasser, badeten, kleideten sich wieder an und flogen davon.«
»Gut«, sagte der Alte. Sie setzten sich nieder, aßen zu Abend und legten sich schlafen.
Am anderen Morgen erhoben sie sich, und der Alte befahl

dem Zarensohn abermals, den See zu hüten, und sprach zu ihm:
»Der heutige Tag ist dein drittes Jahr. Du wirst wiederum den See hüten. Wenn die Schwäne kommen und sich baden, sich ausziehen und ihre Hemden am Ufer zurücklassen, so trachte danach, ihre Blicke abzulenken; nimm die Hemden und bringe sie mir. Achte gut darauf, was du tust, so du glücklich werden willst.«
Der Zarensohn nahm die Peitsche, ging an den See und fing an, mit ihr zu knallen. Gegen Mittag flogen abermals jene weißen Schwäne herbei, zogen ihre Hemden aus und stiegen ins Wasser, um zu baden. Der Zarensohn streute ihnen Sand in die Augen, pirschte sich an die Hemden heran, nahm sie an sich und trug sie zu dem Alten hin. Doch siehe, aus den Schwänen wurden wunderschöne Mädchen, die zu dem Alten kamen und ihn baten, ihnen ihre Hemden wiederzugeben. Der Schönsten unter ihnen gab der Alte das Hemdchen nicht wieder, sondern behielt es bei sich. Den übrigen überließ er sie; diese zogen sich an, verwandelten sich in weiße Schwäne und flogen davon. Sodann führte der Alte den Zarensohn hinter die Hütte und sprach zu ihm:
»Dort wartet das Schwanenmädchen auf dich, und hier ist ihr Hemdchen und ein ungezählter Schatz. Bewahre das Hemdchen gut vor ihr; denn so sie es erwischt, wird sie es anziehen und davonfliegen, und du wirst sie nie mehr wiederfinden.«
Der Zarensohn dankte dem Alten, steckte das Hemdchen hinter den Gürtel, nahm den Schatz auf den Rücken und die Frau bei der Hand. Der Alte führte sie aus dem Wald hinaus, und sie gelangten glücklich nach Hause.
Der Zar und die Zarin waren sehr erfreut über den Sohn, von dem sie annahmen, er sei im Wald umgekommen. Der Zarensohn erzählte ihnen, daß er bei einem Alten gedient hatte und das Schwanenmädchen und den Schatz als Lohn erhalten hat. Danach übergab er seiner Mutter das Hemdchen, auf daß sie es verwahrt, und sprach, sie möge es niemals seiner Frau geben; denn sonst würde sie sich in einen Schwan verwandeln und fortfliegen. Er würde sie dann nie mehr wiederfinden.
Und nun begann der Zarensohn mit seinem Schwanenmädchen ein Leben in Eintracht.
Als der Zarensohn eines Tages auf die Jagd ging und seine Frau mit der Schwiegermutter allein zu Hause blieb, bestürmte diese ihre Schwiegermutter:

»Gib mir das Hemdchen, Mutter, ich beschwöre dich bei deinem Glück. Ich werde nirgendshin aus dem Haus gehen und möchte es nur anziehen, auf daß ich noch schöner bin.«
Aber die Schwiegermutter wollte es ihr nicht geben. Nach einiger Zeit ging der Zarensohn wiederum auf die Jagd. Die Frau bestürmte die Zarin und Schwiegermutter und bat und flehte sie an: »Gib mir das Hemdchen, Mutter, ich beschwöre dich bei deiner Gesundheit. Ich werde nirgendshin aus dem Hause gehen. Gib es mir, auf daß ich es anziehe und noch schöner bin.«
Aber nein! Die Schwiegermutter gab ihr das Hemdchen nicht.
Als der Zarensohn wieder einmal auf die Jagd ging und seine Frau mit der Zarin zu Hause blieb, begann jene zu bitten, sie zu beschwören und anzuflehen:
»Gib mir, Mutter, das Hemdchen. Ich beschwöre dich bei deinem einzigen Sohn. So wahr er mich liebt, ich werde nirgendshin aus dem Schloß gehen und werde noch schöner sein, so ich dieses Hemdchen anhabe.«
Da ließ sich die Schwiegermutter überreden und gab ihr das Hemd. Aber sobald jene das Hemdchen anhatte, verwandelte sie sich in einen Schwan und sagte:
»Mit Gott, Mutter, sucht mich auf dem Gläsernen Berg.« Und sie flog durchs Fenster und war verschwunden.
Als der Zarensohn am Abend nach Hause kam, erzählte ihm die Mutter, wie sie von seiner Frau bestürmt wurde und wie ihr jene das Hemdchen durch Lügen entführt hat und wie sie sodann, nachdem sie das Hemdchen angelegt hatte, davonflog. Als der Zarensohn dies hörte, wurde er sehr traurig, und es war ihm schwer ums Herz, so als wollte es vor Gram bersten. Sogleich bestieg er sein Pferd und ritt durch den Wald vor die Hütte des Alten, dessen weißes Haar bis auf die Erde und dessen Bart bis auf den Gürtel herabfiel. Als jener vor ihm erschien, sagte er ihm nicht, wer er ist.
»Grüß Gott, Alter!«
»Gott soll dir helfen, mein Sohn«, entgegnete der Alte. »Nun, was gibt's Gutes?«
»Ich bin gekommen, um dich etwas zu fragen«, sprach der Zarensohn. »Weißt du, wo der Gläserne Berg ist?«
»Ich, mein Sohn«, entgegnete der Alte, »bin der Zar über die zweiunddreißig Winde. Wenn es irgendwo auf der Welt den Gläsernen Berg gibt, so werden sie es wissen und dich dorthin bringen.«

Als es Abend wurde, da erschien einer der Winde und sprach mit großem Geheul:
»Guten Abend, Zar der Winde!«
»Gott soll dir helfen, Wind! Hast du irgendwo auf der Welt den Gläsernen Berg gesehen?«
»Nein«, antwortete der Wind.
Da kam auch schon ein anderer Wind und heulte:
»Guten Abend, Zar der Winde!«
»Gott möge dir beistehen, Wind! Hast du irgendwo auf der Welt den Gläsernen Berg gesehen?«
»Ich habe ihn nicht gesehen«, entgegnete der Wind. »Aber ich habe schon davon gehört, daß es einen solchen Berg auf der Welt gibt.«
Nun kam der Nordwind mit Heulen und Gedröhn. Die Bäume bogen sich bis auf die Erde vor ihm, und er sprach:
»Guten Abend, Zar der Winde!«
»Gott möge ihn geben«, entgegnete ihm der Alte auf seinen Gruß. »Hast du, Nordwind, irgendwo den Gläsernen Berg gesehen?«
»Jawohl«, heulte der Wind, »ich komme gerade von dort.«
»Du, mein Untertan, wirst also morgen diesen Menschen dorthin bringen.«
Als es gegen Morgen wurde, brach der Nordwind auf, nahm den Zarensohn, der noch schlief, auf den Rücken, trug ihn an den Fuß des Gläsernen Berges und setzte ihn dort nieder. Als der Zarensohn erwachte, sah er, daß er vor dem Gläsernen Berg war. Er erhob sich und begann hinaufzuklettern. Mit großer Mühe gelangte er bis auf die halbe Höhe, dann rutschte er aus und glitt hinunter. Wiederum begann er zu kriechen und zu klettern, kam etwas über die Hälfte, rutschte abermals aus und stürzte ab. Noch einmal stieg der Zarensohn den Berg hinan, tripp, trapp, nach oben und gelangte schließlich ans Ziel. Hier fand er eine Hütte, in der ein altes Weib hauste. Der Zarensohn sprach zu ihr:
»Grüß Gott, Mütterchen!«
»Gott möge dir beistehen, mein Sohn, was gibt's Gutes?«
»Nichts Gutes, Mütterchen«, antwortete der Zarensohn. »Ich suche das Schwanenmädchen, und da habe ich gehört, sie sei auf dem Gläsernen Berg. Könntest du mir sagen, wo sie sich befindet, denn das Schwanenmädchen ist meine Frau?«
»Oh, mein Sohn, die Spur hast du richtig erraten. Aber ich habe dreihundert Schwanenmädchen, und die sind alle gleich.

Ich werde sie dir alle vorführen, und so du unter ihnen deine Frau erkennst, so sollst du sie mitnehmen; findest du sie aber nicht, so mußt du deinen Kopf einbüßen.«
Was wußte schon der Zarensohn, was dies bedeutet, und so war er einverstanden. Er war also kurz entschlossen und dachte: ›Entweder sie finden oder nicht sein.‹ Die Alte stieß in ein Horn, und sogleich flog ein großer Schwarm von weißen Schwänen herbei. Das Pfeifen und das Geräusch ihrer Flügel legte sich. Als sie sich niedergelassen hatten, verwandelten sie sich in Mädchen und stellten sich der Reihe nach auf. Nun nahm die Alte den Zarensohn bei der Hand und ging mit ihm von einer zur anderen und fragte ihn immerzu:
»Ist es diese?«
»Nein.«
»Ist es diese?«
»Nein.«
»Und diese?«
»Auch diese nicht.«
Als sie zu einer kamen, die schöner war als alle anderen, fragte die Alte:
»Ist es diese?«
Da lächelte jene ein wenig und gab ihm mit den Augen ein Zeichen, und zwar so, daß es die Alte nicht sehen konnte.
»Jawohl«, antwortete der Zarensohn.
»Bist du sicher?«
»Jawohl!«
»Diese?«
»Jawohl!«
Die Alte holte mit der Hand aus, und alle verwandelten sich in Schwäne und flogen davon. Nur sie, die seinige, blieb allein zurück. Da fielen sie sich um den Hals und küßten sich, und dabei flüsterte sie ihm ins Ohr:
»Wer immer dir auch das Mittagessen bringen mag, iß nicht eher, bis ich es dir bringe.«
Dann sprach die Alte zu ihm:
»Wenn du sie nicht erkannt hättest, hättest du deinen Kopf eingebüßt. Aber sie gehört dir noch nicht. Du hättest sie besser bewachen sollen, solange sie bei dir war. Nunmehr mußt du mir noch drei Arbeiten verrichten, und erst dann wirst du sie bekommen. Geh in jenes Waldgebirge und schaffe es noch heute hierher auf den Gläsernen Berg.«

Der Zarensohn nahm eine Haue und einen Krampen, ging hin und fing an zu graben. Aber wie sollte er diese Arbeit in einem Tag bewältigen? Er ließ sich nieder, um sich auszuruhen, und begann zu seufzen. Als die Zeit zum Mittagessen nahte, siehe, da kam ein Kind und brachte ihm das Essen. Er aber sprach zu ihm:

»Von dir will ich nichts«, und schickte es nach Hause.

Kurze Zeit später kam seine Frau und brachte ihm das Essen. Da sie ihn traurig und besorgt sah, sprach sie zu ihm:

»Gräme dich nicht! Iß nur und leg dich hin und schlafe. Und am Abend, wenn du nach Hause kommst, wird dich die Alte fragen, ob du die Arbeit vollbracht hast. Antworte ihr zornig: ›Jawohl‹, und verlange dein Abendessen.«

So aß der Zarensohn, legte sich nieder und schlief ein, und seine Frau bat heimlich und so schnell sie konnte ihre Schwestern, die Schwanenmädchen, um Hilfe. Auch jene Winde erschienen und brachten das Gebirge im Nu auf den Gläsernen Berg. Als die Sonne unterging, erwachte der Zarensohn, und da er sah, daß seine Arbeit getan war, nahm er Krampen und Schaufel und ging zu der Alten hin. Als er die Hütte betrat, rief er:

»Guten Abend, Alte! Ist das Abendessen fertig?«

»Hast du deine Arbeit vollbracht?« fragte sie.

»Jawohl«, brüllte er. »Gib rasch mein Abendessen, du weißt, daß ich Hunger habe und dich auffressen könnte.«

Die Alte wunderte sich und brachte rasch das Abendessen.

Am nächsten Morgen sagte die Alte zu ihm:

»Heute wirst du in jenes Waldgebirge gehen und den ganzen Wald fällen, das Holz zusammenschneiden und spalten und in Klaftern aufschichten.«

Er nahm die Axt auf die Schulter und ging in den Wald. Hieb, hieb – und bis Mittag schaffte er gerade drei Bäume. Dann setzte er sich auf einen Stamm, war traurig und seufzte. Wie sollte er bis zum Abend den ganzen Wald fällen? Als es Mittag wurde, kam wieder jenes Kind und brachte ihm das Essen. Genau wie gestern. Aber der Zarensohn schickte es nach Hause mit den Worten: »Von dir will ich nichts!«

Es verging nur eine kurze Zeit, da kam seine Frau und brachte ihm das Mittagessen. Da sie ihn sorgenvoll und nachdenklich sah, sagte sie zu ihm:

»Gräme dich nicht! Iß und leg dich schlafen, und so du am Abend die Hütte betreten hast, mache es wie gestern.«

Da aß der Zarensohn zu Mittag und legte sich schlafen. Seine Frau aber versammelte abermals heimlich alle Schwanenmädchen, und jene baten die Winde, den Wald zu fällen. Die Winde warfen alle Bäume im Nu um, und die Schwanenmädchen schnitten sie zusammen und schichteten das Holz klafterweise auf. Als die Sonne unterging, erhob sich der Zarensohn, und da er sah, daß der ganze Wald gefällt war, nahm er die Axt auf die Schulter und ging zur Hütte. Als er eintrat, rief er:

»Guten Abend, Alte! Ist das Abendessen fertig?«

»Hast du denn deine Arbeit vollbracht?« fragte die Alte.

»Das habe ich«, entgegnete der Zarensohn. »Gib schnell das Abendessen her, du weißt, daß ich Hunger habe und dich auffressen könnte.«

Die Alte erschauerte und brachte eilends das Abendessen.

Am dritten Tag befahl sie dem Zarensohn:

»Heute wirst du jenes Feld ernten, das Getreide dreschen und reinigen, die Körner mahlen, auf daß ich dir von dem Mehl einen Kuchen für den Weg backe.«

Er nahm die Sichel und ging aufs Feld. Gegen Mittag brachte ihm abermals jenes Kind das Mittagessen; er aber schickte es heim.

Da kam seine Frau und brachte ihm das Essen. Er aß, legte sich nieder und schlief. Da versammelte seine Frau alle Schwanenmädchen; diese ernteten und trugen alles auf der Tenne zusammen. Dann baten sie die Winde, sie mögen es ihnen ausdreschen. Die Winde fuhren dazwischen, und im Nu war alles gedroschen und gereinigt. Schnell bauten sie eine Windmühle und mahlten die Körner zu Mehl. Als am Abend die Sonne unterging, erhob sich der Zarensohn und brach auf zu der Alten.

»Guten Abend, Alte«, rief er zornig. »Ich habe alles vollbracht, auch diese dritte Arbeit. Schick die Mädchen aus, auf daß sie das Mehl herbringen, und backe du mir einen großen Kuchen.«

Die Alte erschrak sehr, stieß ins Horn, versammelte die Schwanenmädchen und hieß sie, das Mehl zu bringen und einen Kuchen zu backen.

Die Frau des Zarensohnes gab ihm mit der Hand ein Zeichen, nahm ihn beiseite und sagte:

»Heute nacht wird dich die Alte in einen Stall sperren, darin sind Pferde, Ochsen und Menschen. Man wird dich überfallen und auf dich einschlagen. Fürchte dich jedoch nicht. Schlag auch zu und schreie laut.«

Als sie zu Abend aßen, rief die Alte den Zarensohn zu sich und sagte:

»Nur noch das eine. Heute nacht sollst du mein Vieh überprüfen. So nicht alles auf die richtige Zahl herauskommt, wirst du deinen Kopf hergeben müssen; stimmt alles, so wirst du deinen Kuchen für den Weg und ein Pferd erhalten, und du kannst mit deinem Schwanenmädchen von dannen ziehen.«

So begab er sich denn in den Stall. Als es um Mitternacht war, schlugen die Ochsen, die Pferde und die Menschen auf ihn ein: es heulte, es wieherte und es schrie. Man brüllte ihn an, und er selbst schonte seine Stimme ebenfalls nicht. So kämpfte er eine geschlagene Stunde mit allen den Unbekannten. Dann trennten sie sich.

Beim Morgengrauen erschien der Zarensohn vor der Hütte und schrie die Alte an, sie möge ihm die Tür öffnen. Da ängstigte sie sich und dachte: ›O unglückselige Stunde! Dieser ist stärker und wütender als ich. Ich muß ihn freigeben; mag er ziehen, ehe er mich tötet.‹ Dann öffnete sie ihm die Tür. Der Zarensohn aber schnob sie an:

»Hast du den Kuchen gebacken?«

Die Alte bebte vor Furcht und antwortete mit zitternder Stimme:

»Ja.«

»Los, gib ihn her, auf daß ich gehe«, rief der Zarensohn noch wütender. Da ging die Alte in die Hütte, um den Kuchen zu holen. Inzwischen aber sprach seine Frau zu ihm:

»Nun wird dir die Alte eine Herde schöner und großer sowie auch häßlicher und kleiner Pferde vorführen; wähle unter allen die zwei häßlichsten für uns aus.«

Die Alte ging hin, kam wieder und brachte den Kuchen. Danach führte sie die Pferde heraus und band diese vor ihm an.

»Nunmehr«, sagte die Alte, »wähle dir zwei aus: eins für dich und eins für deine Frau, welche du willst.«

Der Zarensohn wählte sich die zwei häßlichsten Pferde aus. Doch es waren Vilenpferde.

Sogleich bestiegen sie diese, nahmen den Kuchen mit und flogen heimwärts. Und danach lebten sie noch lange und glücklich in ihrem Reich.

10. *Der Bursche und das Vilenpferd*

Es waren einmal sieben Brüder von einer Mutter. Als sie erwachsen waren, wollten sie heiraten und kamen überein, eine Frau zu suchen, die sieben Töchter hat. So machten sie sich auf den Weg. Jeder wählte sich ein Pferd aus; der Jüngste nahm sich das schlechteste, das kaum mehr gehen konnte, so mager war es. Jedoch er nahm daran keinen Anstoß, denn er wußte, was das für ein Pferd war: es war ein Vilenpferd. Die Brüder ärgerten sich über ihn, daß er sich solch ein elendes Pferd genommen hatte. Doch ihm war es einerlei. So brachen sie auf in die Welt. Auf einmal sahen sie eine Frau, die mit acht Stuten pflügte. Zu ihr gingen sie hin und fragten, ob sie wohl eine Frau kenne, die sieben Töchter hat, »denn wir sind sieben Söhne von einer Mutter; darum suchen wir sieben Töchter, die ebenfalls von einer Mutter sind. Diese wollen wir dann heiraten.« Sie antwortete, daß sie gerade diejenige sei, die acht habe: »Wenn ihr wollt, könnt ihr bei mir übernachten, Kinder! Die Sonne steht ja schon tief.«

Danach gingen sie zusammen zu der Alten. Sie gab ihnen ein Abendessen und richtete ihnen ein Nachtlager her: jeder bekam eine Tochter. Jedoch das Pferd des Jüngsten hatte vorher seinem Herrn gesagt, sie möchten gut aufpassen, ansonsten würden sie nicht lebendig davonkommen. Das Pferd wußte nämlich alles. Die Alte war eine Hexe. Sie hatte acht Töchter. Eine davon hatte goldenes Haar; doch diese brachte die Mutter nicht zum Vorschein. Der Jüngste wandte sich nun an seine Brüder, sie möchten nicht einschlafen. Würden sie aber einschlafen, so wolle er sie wecken, und dann sollten sie sich schnell erheben. Da legten sie sich schlafen; der Jüngste aber blieb wach, sann und schlief nicht ein. Er gab gut acht und vertauschte allen die Mützen: ihre setzte er den Töchtern der Alten auf, und die Zügel ihrer Pferde legte er den Stuten der Alten an. Als die Alte dachte, daß alle eingeschlafen sind, ging sie hin und hieb ihnen mit dem Säbel die Köpfe ab; doch sie glaubte, den Burschen und ihren Pferden die Köpfe abgeschlagen zu haben. Danach legte sie sich ruhig schlafen. Als nun der Jüngste meinte, sie wäre schon in einem tiefen Schlaf, erhob er sich, weckte seine Brüder auf und sprach leise zu ihnen: »Steht leise auf und zieht euch an! Besteigt eure Pferde, und dann fort, so schnell ihr könnt. Ich werde euch schon einholen.« Sie erhoben sich und merkten, daß etwas

nicht in Ordnung war, und machten sich schnell davon. Als nun der jüngste Bruder dachte, daß sie weit genug weg sind, bestieg auch er sein Pferd, ritt vor das Fenster, machte Lärm und fragte die Alte: »Schläfst du oder lauerst du?« Sie antwortete: »Ich habe geschlafen, aber jetzt schlafe ich nicht mehr.« Darauf entgegnete er: »Du hast deine sieben Töchter getötet. Wir haben die sieben goldenen Zügel und die sieben Mützen mitgenommen.« Dann jagte er davon. Die Alte sprang schnell auf, sah, daß alle sieben Töchter getötet waren, setzte sich auf ihre Ofengabel – sie brauchte dieser nur ein Halfter überzuwerfen, dann wurde daraus ein Pferd – und eilte hinter ihm her. Sie ritt so schnell, daß nur wenig fehlte, und sie hätte ihn eingeholt. Er aber war zum Glück schon jenseits der Grenze. Da rief ihm die Alte hinterher: »Du sollst Gott danken, daß ich dich nicht eingeholt habe.« Danach ging sie nach Hause, und er folgte seinen Brüdern nach. Nach kurzer Zeit hatte er sie eingeholt, und so ritten alle gemeinsam weiter. Nun hatten sich die sechs Brüder darauf besonnen, daß sie ihn hätten zurücklassen können, und waren der Meinung, er wäre nicht mit dem Leben davongekommen, da er ein so elendes Pferd hat. Sie wußten aber nicht, was das für ein Pferd war.
So zogen sie weiter und kamen an einen Kreuzweg. Dort machten sie halt und beratschlagten. Die sechs Brüder konnten den Jüngsten nicht leiden. Deshalb sagten sie zu ihm, er dürfe nicht mehr mit ihnen weiterziehen, sie würden ihn umbringen. Er solle doch lieber nach der einen Richtung gehen, und sie würden einen anderen Weg einschlagen. So geschah es. Der arme Bruder zog allein seines Weges. Auf einmal fing sein Pferd an zu sprechen: »Herr, wenn wir jetzt weitergehen, was du auf dem Wege siehst, sieh nicht; was du hörst, höre nicht.« Als sie ein Stück des Weges zurückgelegt hatten, bemerkte er auf dem Weg drei goldene Haare und rief: »Ho, halt!« Die Haare hob er auf. Da wandte sich das Pferd ihm zu. »Ich habe dir gesagt: ›Was du siehst, sieh nicht; was du hörst, höre nicht. Es wird dir leid tun.‹«
Wieder zogen sie weiter, und da bemerkte er drei goldene Federn und rief: »Ho, halt.« Auch die Federn hob er auf, und das Pferd sprach wieder zu ihm: »Ich habe dir gesagt: ›Was du siehst, sieh nicht; was du hörst, höre nicht. Es wird dir leid tun.‹« Wieder zogen sie weiter. Da erblickte er ein goldenes Hufeisen und rief aus: »Ho, halt.« Auch dieses hob er

auf, und wieder sprach das Pferd zu ihm: »Ich habe dir gesagt: ›Was du siehst, sieh nicht; was du hörst, höre nicht. Es wird dir leid tun.‹« Er kümmerte sich aber nicht darum. Sie zogen weiter und kamen an ein Schloß, in dem ein König wohnte. Dort fragte er, ob er in seinen Dienst treten könne. Zu seinem Glück nahm man ihn als Stallknecht an. Man gab ihm zwei Pferde zum Füttern und Putzen. Er stand immer sehr früh auf, früher als alle anderen Diener, und legte in eine Ecke das Hufeisen, in die andere die drei Federn, in die dritte die goldenen Haare. Diese leuchteten so sehr, daß er nie eine Kerze brauchte. Er striegelte die Pferde, die man ihm gegeben hatte, und danach das seinige, und hatte alles in Ordnung, ehe die anderen Diener aufstanden. Diese wunderten sich, daß sie ihn nie putzen sahen und er doch die schönsten und besten Pferde hatte. Es währte so eine Zeitlang. Die anderen Diener waren sehr böse auf ihn, weil er sehr stolz war. Sie fingen an, ihn zu verleumden, um ihn aus dem Dienst auszustoßen; doch es gelang ihnen nicht, denn er war sehr gut zu den Pferden. Danach belauerten sie ihn, als er seine Pferde putzte, und bemerkten die Dinge, die er gefunden hatte. Dies erzählten sie ihrem Herrn, und so kam es dem König zu Ohren, was der Bursche besaß. Der König befahl ihm zu erscheinen und fragte ihn, woher er die Dinge habe. Er sagte, er habe sie gefunden. Jedoch meinte der König, er müsse auch das Mädchen kennen, von dem die Haare sind, und befahl ihm, es herbeizuschaffen, sonst würde er seinen Kopf einbüßen.

Der arme Bursche wurde nachdenklich und traurig. Wie sollte er sie herbeischaffen, wo er doch gar nichts von ihr weiß. So ging er in den Stall zu seinem Pferdchen und weinte. Das Pferd fragte ihn, warum er weine. Er erzählte ihm, was für einen Befehl er bekommen habe; wenn er den nicht ausführt, müsse er seinen Kopf einbüßen. Darauf erwiderte das Pferd: »Siehst du, ich habe dir gesagt, es wird dir leid tun, daß du nicht auf mich gehört hast. Aber es macht nichts. Geh hin und verlange für mich Hafer und für dich für drei Tage Mundvorrat. Dann wollen wir uns aufmachen und das Mädchen holen.« Was er begehrte, erhielt er. Sodann begab er sich zu der Alten, bei der er mit seinen Brüdern übernachtet hatte. Ihr gehörte das Mädchen; es war die achte Tochter, die hinter neun Stuben verborgen war, und an jeder Stubentür waren neun kleine Klingeln. Er überlegte nun, wie er das Mädchen von dort herausbekommen könnte. Vor dem Hause der Alten war ein großer Morast. Das Pferd sagte ihm, er solle es in den Morast treiben und dann Leute zu Hilfe rufen, die ihm sein Pferd aus dem Morast ziehen. Er selbst aber möge sich wie ein Bettler verstellen. Während sie dann das Pferd aus dem Morast ziehen, würde er das Mädchen stehlen und mit ihr aufbrechen. So geschah es auch. Er rief um Hilfe. Die Alte kam selbst, um zu helfen. Während man sein Pferd aus dem Morast zog, stahl er das Mädchen, bestieg sein Pferd und brachte es dem König.

Dem König gefiel das Mädchen sehr. Sein Wille war es, sie mit seinem einzigen Sohn zu verheiraten. Sie aber wollte nicht, sondern sagte, wenn man ihr die drei Enten brächte, von denen die drei goldenen Federn sind, dann würde sie ihn zum Manne nehmen. Der König erkundigte sich, wer diese herbeischaffen könne, und sie antwortete: »Der mich hierhergebracht hat.« Da ließ der König ihn wieder zu sich rufen und befahl ihm, die drei Enten zu bringen, sonst würde er den Kopf einbüßen.

Wieder ging der Arme zu seinem Pferd hin und weinte. Abermals fragte ihn das Pferd: »Herr, warum weinst du?« Er erzählte, was ihm befohlen war, und das Pferd antwortete: »Siehst du, Herr, ich habe dir gesagt: ›Was du siehst, sieh nicht; was du hörst, höre nicht. Es wird dir leid tun.‹ Tut es dir nicht leid?« Er antwortete: »Fürwahr, es tut mir leid.« Das Pferd aber sagte: »Ängstige dich nicht. Geh und verlange für dich Mundvorrat für fünf Tage und für mich Futter für fünf Tage.« Er tat es und erhielt, was er verlangte. Die fünf Tage sind vergangen, seitdem sie sich auf den Weg gemacht hatten. Wieder gelangten sie zu der Alten, der die drei Enten gehörten, und baten um ein Nachtquartier. Die Alte nahm sie auf; denn sie sorgte sich nicht sonderlich darum, daß sie zuerst die sieben Töchter und danach auch noch die achte verloren hatte, die ihr am liebsten war. In der Nacht, als die Alte schlief, stand er auf, stahl die Enten, bestieg sein Pferd, begab sich ans Fenster und rief: »Alte, schläfst du oder wachst du?« Sie antwortete: »Ich habe geschlafen, aber jetzt bin ich wach.« Darauf rief er aus: »Du hast deine sieben Töchter umgebracht; wir haben dir die achte entführt, die mit dem goldenen Haar, jetzt nehmen wir dir auch noch deine drei goldenen Enten weg.« Mit diesen Worten floh er. Die Alte sprang auf, bestieg ihr Ofengabelpferd, nahm als Säbel eine

Flachsbreche in die Hand und ritt ihm nach, so schnell, daß sie schon daran war, ihn zu fassen. Zum Glück hatte er einen dichten Pferdestriegel bei sich, den er unterwegs gefunden hatte, als er nach den Enten auszog. Er hatte ihn behalten, weil sein Pferd ihm sagte, er möge ihn verwahren, denn er würde ihm von Nutzen sein. Als nun die Alte sie schon einholen wollte, sagte das Pferd, er solle den Striegel hinwerfen. Kaum hatte er dies getan, da wuchs ein großer dichter Wald. Dieser verwirrte die Alte, und ehe sie durch ihn hindurchkam, waren der Bursche und sein Pferd weit weg. Doch es dauerte nicht lange, da hatte die Alte sie bald wieder eingeholt. Schon traf sie mit ihrem Säbel das Pferd von hinten. Doch zum Glück waren sie schon über die Grenze, und dort hatte die Alte mit ihren Hexenkünsten keine Macht mehr.

Er brachte die Enten zum König. Dieser wollte nun, daß das Mädchen seinen Sohn zum Manne nimmt. Sie aber willigte nicht eher ein, bis man ihr das Pferd herbeischafft, von dem das Hufeisen ist.

Da fragte der König, wer das könnte, und sie antwortete: »Der mich hierhergebracht hat.« Wiederum ließ der König den Burschen rufen und befahl ihm, das Pferd herbeizuschaffen, sonst müsse er seinen Kopf einbüßen. Der Arme beklagte sich, daß er nach so vielen Qualen noch immer keine Ruhe hatte. Er ging zu seinem Pferde und weinte.

Es fragte ihn: »Herr, warum weinst du wieder?«

»Weshalb sollte ich nicht weinen, wenn mir der König befiehlt, das Pferd herbeizuschaffen, von dem das Hufeisen ist.«

»Siehst du, Herr, ich habe dir gesagt: ›Was du siehst, sieh nicht, was du hörst, höre nicht. Es wird dir leid tun.‹ Bisher haben wir schon viel ausgestanden. Doch ehe wir das Pferd herbeischaffen, wird es noch viele Qualen geben; denn es ist der Hengst unter den Vilenstuten. Doch weine nicht. Geh hin und verlange für neun Tage Mundvorrat für dich und für neun Tage Futter für mich, dazu noch neun Büffelhäute, neun Knäuel Garn und neun Nadeln.« All dies bekam er. Er nähte alle Häute mit dem Garn und den Nadeln um sein Pferd, und so brachen sie auf. Er hatte sich zudem neun Metzen Hirse ausgebeten, und auch diese nahmen sie mit. Als sie ans Meer kamen, belehrte das Pferd seinen Herrn, was er tun soll. Der Hengst war nämlich jenseits des Meeres. Es sprach zu ihm, er möge auf einen Baum steigen, den es ihm zeigte. »Ich werde mich hier in dieser großen Grube verstecken, und wenn du den Hengst zum drittenmal herüberkommen siehst, werde ich mit ihm davonrennen. Wenn du dann siehst, daß mir eine rote Flamme aus dem Maul kommt, freue dich. Wenn du aber siehst, daß mir eine blaue und ihm eine rote aus dem Maule kommt, dann kannst du dir selbst mit deinem Säbel das Leben nehmen.« Der Bursche stieg also auf den Baum. Das Pferd verbarg sich in der Grube und wieherte. Da flog der Hengst übers Meer herüber, suchte nach dem Pferd, fand es aber nicht. Er kehrte zurück. Danach wieherte es zum zweitenmal; wieder kam der Hengst übers Meer, suchte und fand es nicht. Er kehrte um. Sodann wieherte es zum drittenmal. Der Hengst kam wieder. Auch sein Pferd kam zum Vorschein, und beide fingen an zu rennen und zu toben, so daß von des Burschen Pferd schon acht Büffelhäute abfielen; Gott verhüte es, daß der Hengst es besiegt! Da sah der Bursche, daß von seinem Pferd eine rote Flamme ausging, vom Hengst aber eine blaue.

Er stieg vom Baum herab, und das Pferd wandte sich ihm zu und sprach, er soll die neun Metzen Hirse am Meeresufer ausstreuen, die Stuten würden zu dem Hengst kommen und von der Hirse fressen. »Dann besteige den Hengst und fliehe.«

Der Bursche tat, wie das Pferd ihm befahl. Er ritt den Hengst zum Schloß, wartete aber nicht, bis man das Tor öffnete, sondern sprang darüber; denn zu warten hatte er keine Zeit, da die Stuten hinter ihm herjagten. Danach öffnete man das Tor, und alle Stuten liefen hinein. Der Bursche aber ward glücklich mit seinem Pferde. Nun bestand der König darauf, daß das Mädchen jetzt seinen Sohn heirate. Sie aber sagte wieder, sie werde ihn nicht eher heiraten, als bis die Stuten gemolken sind. Da fragte der König wieder, wer diese wilden Tiere melken könne. Sie antwortete: »Der mich hierhergebracht hat.« Sodann befahl der König ihm, die Stuten zu melken, so er am Leben bleiben wolle. Das Pferd aber sprach zu seinem Herrn: »Bitte darum, daß ich dir helfen darf.« Dies tat er, und es wurde ihm gestattet, wenn er nur den Wunsch des Mädchens erfüllt. Er tat es und konnte es tun, da ihm sein Pferd half. Er molk einen große Bottich voll, und die Milch war siedend heiß, wie im Kessel gekocht. Und wieder bestand der König darauf, daß das Mädchen seinen Sohn nun heirate; doch sie entgegnete, sie heirate ihn nicht eher, bis jemand in der Stutenmilch bade. Der König fragte, wer sich denn in der siedenden Milch baden solle. Sie antwortet: »Der mich hierhergebracht hat.« Da befahl der König dem Burschen, dies zu tun. Der Bursche ging zu seinem Pferd und weinte. Wiederum fragte ihn das Pferd: »Warum weinst du?« Er antwortete, daß er sich in der siedenden Milch baden solle. Darauf antwortete das Pferd: »Weißt du was? Bitte den König um Erlaubnis, daß ich mitgehen darf, um deinen Tod anzusehen, denn jetzt ist deine letzte Stunde da.« Er ging hin, bat darum, und man gewährte es ihm. Als nun das Pferd zu der Milch kam, sog es alle Hitze daraus auf, und der Bursche stieg hinein und badete darin. Er kam wieder glücklich heraus und war noch dreimal schöner als zuvor. Sodann ließ das Pferd die Hitze, die es mit dem Maule aufgesogen hatte, wieder in die Milch. Der Königssohn hatte gesehen, daß der Bursche so schön geworden war, und ging ebenfalls, um sich in der Milch zu baden. Doch kaum war er hineingestiegen, da verbrühte er sich so sehr, daß er daran starb. Da merkten alle, daß das Pferd dem Burschen immer beigestanden hatte. Der König aber, der seinen Sohn verloren hatte, nahm ihn an Sohnes Statt an und verheiratete ihn mit dem Mädchen. So lebten sie glücklich bis an ihr Ende.

11. *Pfefferling*

Es waren einmal drei Brüder und drei Schwestern. Sie waren alle schon erwachsen und groß und hatten Vater und Mutter. Eines Tages erkrankte ganz plötzlich ihr Vater, und da er sah, er müsse sterben, rief er seine Frau, seine Söhne und Töchter zu sich, um sich von ihnen zu verabschieden und um sie zu segnen. Den Söhnen trug er folgendes auf: Wer als erster kommt und die Schwestern freit, dem mögen sie sie geben und sich nicht zieren. Dann starb der Vater.

Es verging ein Jahr nach des Vaters Tod, als eines Abends jemand an die Tür pochte. Die Brüder öffneten. Da trat ein Mann ein, den sie weder kannten noch erkannten, und dieser begehrte die älteste Schwester. Die Brüder erinnerten sich des Letzten Willens ihres Vaters und gaben ihm wortlos die älteste Schwester. Dieser führte sie von dannen, und die Brüder wußten weder wohin noch wie weit sie ging. Am anderen Abend kam abermals ein Mann und freite die zweite Schwester. Die Brüder gaben auch sie hin, obwohl sie ihren Schwager nicht kannten. Und am dritten Abend kam einer und freite die jüngste Schwester. Auch sie verließ das Haus, ohne daß die Brüder wußten, mit wem und wohin sie ging. Danach verstrich ein volles Jahr, ohne daß sie von den Schwestern etwas hörten; auch wußten sie noch immer nicht, wo sie sich befanden. Länger hielten sie es nicht mehr aus. Sie rüsteten sich und brachen auf, die Schwestern zu suchen und zu besuchen. Sie wanderten lange und kamen in ein großes Waldgebirge. Inmitten dieses Gebirges standen herrliche Schlösser. Sie traten ein, aber da konnten sie etwas sehen! Ihre drei Schwestern waren darin. Sie fielen ihnen um den Hals, küßten sich und erkundigten sich nach dem Wohlergehen. Danach ließen sie sich nieder, um sich auszuruhen. Sie fragten die Schwestern, auf welche Weise sie hierhergelangt seien, und jene erzählten ihnen, sie seien mit Riesen verheiratet.

Kaum hatten sie das gesagt, da fiel auch schon ein Streitkolben vor dem Schloßtor nieder.

»Was ist das?« fragten die Brüder erschrocken.

»Nichts, ein Riese kehrt von der Jagd zurück.«

Da erschien auch schon der Riese, und da er jene drei erblickte, war er sehr erstaunt. Doch als die Frauen ihm sagten, es seien ihre Brüder, die sie, die Schwestern, besuchen, gab er sich zufrieden. Sodann wandte sich der Riese den Brüdern zu und sprach: »Wer von euch wird das Feuer unterhalten und wer auf die Jagd gehen?«

Die Brüder entgegneten, sie wollten das Feuer unterhalten; er aber, der Riese, möge auf die Jagd gehen. Darauf erwiderte der Riese:

»So ich eher von der Jagd zurückkehre, als ihr das Feuer entfacht habt, wisset, ich werde euch an jene Säule schmieden. Sollte aber euer Feuer eher brennen, als ich zurück bin, so dürft ihr mich anschmieden.«

Danach gab er ihnen eine Keule aus Blei; einen Zünder aus Stahl und einen Klumpen Blei statt eines Feuersteins und ging auf die Jagd.

Die armen Brüder quälten und quälten sich, und es kam nichts dabei heraus. Wer könnte schon aus Blei Feuer schlagen! Da kam auch schon der Riese von der Jagd. Da er sah, daß noch kein Feuer entfacht war, warf er die Beute hin, faßte die Brüder und schmiedete sie alle drei an die Säule, die inmitten des Hauses stand. Nun konnten sie sich überhaupt nicht bewegen. Die Schwestern nahmen sich ihrer an, nährten sie, wuschen sie und hielten sie rein.

So vergingen drei volle Jahre. Die arme Mutter verzweifelte schon vor lauter Warten; jedoch die Söhne kamen nicht. Sie hatte keine Kunde von ihnen gehört und auch keine Spur erfahren, geradeso, als wären sie im Wasser versunken. Der Alten war es ungemütlich so allein, und eines Tages sah sie ein Pfefferkorn vor sich liegen und dachte so bei sich: ›Möge Gott mir doch einen Nachkommen schenken, selbst wenn dieser auch nur so klein wie dieses Pfefferkorn wäre. Nur damit ich jemanden hätte, mit dem ich mich unterhalten könnte.‹ Gott erhörte ihr Gebet. Als die Zeit herannahte, gebar sie ein Kind, das so klein wie ein Pfefferkorn war. Kaum war das Knäblein geboren, so sprach es schon; und je dunkler es am Abend wurde, um so mehr leuchtete es und erstrahlte. Der Mutter war es lieb, einen Sohn zu haben, und sie hütete ihn wie ihre eigenen Augen und nannte ihn Pfefferling.

Aber eines Tages, als Pfefferling schon älter wurde, fragte er seine Mutter:

»Bei Gott, Mutter, warum hast du niemanden mehr außer mir?« Und die Mutter antwortete ihm:

»Jetzt habe ich niemanden außer dir; doch vor dir hatte ich drei Söhne und drei Töchter.«

Sodann erzählte sie ihm alles, auch von den Söhnen, daß diese in die Welt zogen, um ihre Schwestern zu suchen. Daraufhin sprach Pfefferling zu seiner Mutter, er wolle ausziehen und die Brüder und die Schwestern suchen. Die Mutter versuchte ihn davon abzuhalten und bat ihn, nicht zu gehen; aber vergeblich.

Pfefferling rüstete sich und machte sich auf den Weg. Er wanderte lange und fand schließlich zwölf Büffel in einem Gebirge, die eine riesige Eisenstange hinter sich herschleiften; daher konnte niemand die Büffel davontreiben. Sie waren in einen Zacken geraten und konnten sich kaum von der Stelle rühren. Pfefferling sprang hinzu, nahm die Stange auf den Rücken und trug sie auf den Berg. Als er sich umsah, waren weder Leute noch Büffel zu sehen; alles war verschwunden. Pfefferling trug das Eisen zu einem Schmied und ließ sich daraus eine Keule machen. Der Schmied machte ihm einen riesigen Morgenstern. Diesen nahm Pfefferling, warf ihn in die Wolken, hielt seinen Rücken hin und wartete den Morgenstern ab. Der Morgenstern schlug ihm aufs Kreuz, doch ihm kam es so vor, als hätte ihn ein Floh gestochen, und er dachte bei sich: ›Das ist aber ein leichtes Ding!‹

Dann kehrte er nach Hause und fragte seine Mutter, ob sein Vater noch irgendein Stück Eisen auf dem Boden zurückgelassen habe. Die Mutter entgegnete ihm: »Auf dem Boden liegt noch allerlei.« Pfefferling freute sich, sprang auf, ging hin und fand so an die zwei- bis dreihundert Oka Eisen. Er trug alles zu jenem Schmied und befahl diesem, ihm einen neuen Morgenstern zu schmieden. Der Schmied wunderte sich darüber, was der Kleine mit einem so großen Morgenstern anfangen wolle, und fragte: »Möchtest du davon nicht auch ein Schwert haben, oder alles nur als Morgenstern?«

»Ach nein! Ich brauche kein Schwert, wenn der Morgenstern so ist, wie es sich gehört«, entgegnete Pfefferling.

Als der Schmied den Morgenstern fertig hatte, ergriff Pfefferling ihn, warf ihn in die Wolken und wartete ihn mit dem Rücken ab. Da sauste der Morgenstern aus einer riesigen Höhe nieder, schlug ihm ins Kreuz, und Pfefferling zuckte in den Knien zusammen. ›Jawohl, so ist er richtig‹, dachte er für sich und zog weiter.

Er wanderte lange und gelangte in ein großes Waldgebirge. Inmitten des Gebirges fand er viele Schlösser vor und kehrte ein. Da wunderte er sich, als er drei Burschen, die angeschmiedet waren, sah, die von drei Frauen gespeist wurden. Kaum hatte er sich niedergelassen, um sich auszuruhen, da fiel ein Streitkolben vor dem Schloßtor nieder. Pfefferling packte ihn und schleuderte ihn dem Riesen zurück. Wieder warf ihn der Riese vor das Schloßtor, und Pfefferling schleuderte ihn abermals zurück. So verfuhren sie dreimal.

Da wunderte sich der Riese, denn nun wußte er, jemand war zu Hause bei ihm. Das war ihm sehr unangenehm, denn er hatte gemerkt, daß jener ein besserer Held ist als er. Aber was sollte er tun? Er hob seinen Streitkolben auf, legte ihn auf die Schulter und ging nach Hause. Als er jenen zu Hause erblickte, rief er: »Mein lieber Pfefferling, bist du's?«

»Jawohl, Liebster, ich persönlich mit Kopf und Bart«, entgegnete Pfefferling.

»Nun, Pfefferling, wenn ich meine Sache eher erledigt habe als du, dann werde ich dich wie jene drei dort anschmieden; bist du eher fertig, so kannst du mich anschmieden.«

Und so kamen sie überein. Pfefferling blieb zu Hause, um ein Feuer zu entfachen, und der Riese ging auf die Jagd. Auch ihm hinterließ der Riese eine Keule aus Blei, einen Zünder aus Stahl und einen Bleiklumpen statt eines Feuersteins. Pfefferling begann zu reiben und zu schlagen, und als er sah, es führt zu nichts, zog er, so schnell er konnte, seinen Zünder hinter dem Gürtel hervor, und im Nu knisterte das Feuer, noch ehe der Riese zurück war.

Das Feuer flammte schon hoch auf, da erschien der Riese und brachte drei Rehe mit. Wie versteinert stand er da, als er das Feuer erblickte. Er hatte gerade das Haus betreten und den Mund geöffnet, um etwas zu sagen, da schlug ihm Pfefferling mit dem Griff seines Morgensterns auf den Schädel.

»Aber«, stöhnte der Riese, »laß mich doch am Leben! Ich will dir von nun an für alle Zeit untertan sein.«

Pfefferling schenkte ihm das Leben und machte ihn zu seinem Diener. Am anderen Tag gingen beide auf die Jagd. Kaum hatten sie den Wald betreten, da erspähte Pfefferling einen zweiköpfigen Riesen. Dieser hatte sich Mühlsteine an die Beine gebunden und rannte, was er konnte. Pfefferling fragte ihn, wohin er eile, und der Riese antwortete:

»Iiiiich, ich habe gehört, ein Held namens Pfefferling sei erschienen und hat meinen Bruder gefangengesetzt; nun eile ich, um ihn zu zermalmen.« Pfefferling entgegnete ihm:

»Der bin ich, was willst du?«

Der Riese stürzte sich wie ein Schafbock auf ihn. Pfefferling indes tippte ihm mit dem Griff seines Morgensterns auf die Köpfe, und schon flehte der Riese:

»Aber Pfefferling, laß mich, bitte, am Leben! Ich will dir von nun an allezeit dienen.«

Pfefferling ließ ihn am Leben, nahm ihn in sein Gefolge auf und sie begaben sich zusammen auf die Jagd.

Kaum hatte sich Pfefferling ein wenig von diesem Riesen gelöst, da erblickte er schon wieder einen anderen; dieser hatte drei Köpfe. Er trug eine Lanze in der Hand, die so groß wie eine Fichte war, und rannte immerzu. Pfefferling fragte ihn, wohin er eile. Dieser antwortete ihm:

»Ich habe gehört, ein Held namens Pfefferling sei im Schloß erschienen und hat meine beiden Brüder gefangengesetzt. Nun eile ich hin, um ihn zu zermalmen.«

Pfefferling entgegnete ihm:

»Der bin ich, was willst du?«

Da stürzte sich der Riese wie ein Schafbock auf ihn. Pfefferling jedoch tippte ihm mit dem Griff seines Morgensterns auf die Köpfe, und schon flehte ihn der Riese an:

»Pfefferling, schenk mir nur das Leben! Ich will dir von nun an allezeit dienen.«
Pfefferling ließ ihn am Leben und nahm ihn in sein Gefolge auf, auf daß sie gemeinsam jagen.
So jagten alle vier gemeinsam im Gebirge. Sie erlegten vier Rehe, entfachten ein Feuer und ließen einen Riesen zurück, der den Braten am Spieß zubereiten sollte, während die anderen weiterjagten. Der Riese schnitzte einen Spieß und begann ihn zu drehen. Eins nach dem anderen, so briet er alle vier Rehe und lehnte sie an eine Fichte. Kaum war er fertig, da erschien ein Bartloser und kam direkt auf ihn zu.
»Los, laß uns essen, wenn du schon alles so schön gebraten hast«, rief jener Bartlose aus.
»Geh mir aus den Augen! Das werden schon andere essen, nicht du«, entgegnete ihm der Riese. Aber der Bartlose sprang hinzu und versetzte dem Riesen solche Ohrfeigen, daß sich der Riese einige Male überschlug. Der Bartlose schnappte alle vier Rehe, und husch, husch aß er sie auf. Dann machte er sich aus dem Staub.
Der Riese hatte kaum die Besinnung wiedererlangt, da kamen auch jene drei zurück; sie brachten noch vier Rehe.
»Wo ist denn der Braten, Kerl?« fragten sie ihn. Der Riese erzählte ihnen, wie es war, und daß der Bartlose alles verzehrt habe.
Nun blieb der zweite Riese zurück, um jene vier Rehe zu braten, und die anderen drei zogen wiederum aus, um zu jagen. Als der Riese den vierten Braten gerade beiseite gelegt hatte, da erschien wieder jener Bartlose.
»Laß uns essen, wenn du schon alles so fein gebraten hast«, sagte er.
»Scher dich zum Teufel! Ich habe das nicht für dich gebraten! Das werden schon andere essen, nicht du«, entgegnete ihm der Riese. Der Bartlose sprang hinzu und versetzte dem Riesen Ohrfeigen. Der Riese überschlug sich. Indes nahm der Bartlose den Braten, und husch, husch verzehrte er alles.
Der Riese war soeben wieder zur Besinnung gekommen, da erschienen schon jene drei; sie brachten noch drei Rehe und waren hungrig wie die Wölfe.
»Wo ist der Braten, Ärmster? Hat auch dir der Bartlose ihn verspeist?« fragten sie ihn. Und der Riese erzählte alles, wie es war.
Nunmehr blieb der dritte Riese zurück, um einen Braten zu-

zubereiten. Aber auch ihm verspeiste der Bartlose alles. Geradeso wie jenen beiden anderen. Als jene von der Jagd zurückkehrten, sahen sie die Bescherung, und der Hunger hatte sie so in seiner Gewalt, daß sie kaum noch gehen konnten. Da war nun die Reihe an Pfefferling, beim Braten zu bleiben. Die Riesen begaben sich auf die Jagd. Er briet alle vier Rehe, die sie gejagt hatten. Gerade als er dabei war, das vierte an eine Fichte zu lehnen, da tauchte jener Bartlose auf.

»Laß uns essen, wenn du schon alles so schön gebraten hast«, rief er.

»Scher dich zum Teufel! Du hast schon genug verzehrt! Nun wirst du nichts mehr erwischen, mein Lieber!«

Der Bartlose stürzte sich auf Pfefferling, doch dieser faßte ihn, hob ihn auf die Schulter und schleppte ihn bis zu einer Buche. Er spaltete die Buche auf, klemmte den Bart des Bartlosen in jenen Spalt ein und ließ ihn so zappeln. Sodann kehrte er zu seinem Braten zurück. In dem gleichen Augenblick kamen auch die Riesen an; jeder trug ein Reh. Da wunderten sie sich, als sie den Braten sahen, und da sie sehr hungrig waren, ließen sie sich sogleich nieder, ohne erst zu fragen, wie es ihm ergangen sei.

Nachdem sie sich ein wenig gesättigt hatten, erzählte ihnen Pfefferling, was er mit dem Bartlosen gemacht hat. Da brachen alle auf der Stelle auf, um den Bartlosen zu sehen. Doch als sie an die Buche kamen, war der Bartlose verschwunden; nur der Bart stak noch in der Buche, und die Buche war schon ganz krumm, so sehr hatte der Bartlose gezappelt. Sie erkannten die Blutspur, wohin er entflohen war, und gingen daher dieser nach, um ihn zu suchen. Immerzu, immerzu gingen sie so der Spur nach und kamen an einen großen Abgrund. Hier hörte die Blutspur auf. ›Der Kerl ist bestimmt hinabgestiegen‹, dachten alle und begannen zu beraten, wer von ihnen in den Abgrund hinabsteigen sollte. Von den Riesen wagte sich keiner hinunter, und Pfefferling sagte sodann:

»Ich würde hinabsteigen, doch befürchte ich, ihr könntet mir einen Streich spielen.«

»Wir werden das nicht tun, bei Gott und unserer Seele«, schwuren die Riesen und ließen sofort Pfefferling in den Abgrund hinab. Als Pfefferling unten anlangte, fand er ein großes, geräumiges Feld vor. Auf dem Felde erblickte er ein

Haus und ging darauf zu. Als er in das Haus eintrat, sah er vier Gemächer, eins neben dem anderen. Er öffnete das erste, darin war ein Mädchen. Laß beiden Augen freies Walten, damit sie sich an ihr satt sehen! Sie saß da an einem goldenen Webstuhl und webte goldenes Tuch. Sodann öffnete er das zweite Gemach, darin saß ein noch viel schöneres Mädchen und vor ihm eine goldene Henne und Küken. Danach öffnete er das dritte Gemach, darin war ein noch viel jüngeres und schöneres Mädchen und vor ihm eine goldene Herde. Sodann öffnete er das vierte Gemach, darin war das jüngste und schönste Mädchen; es saß vor einem goldenen Stickrahmen und stickte mit Goldfäden. Pfefferling dachte so für sich: ›Dies ist fürwahr die meinige, und jene anderen drei werde ich für meine drei Diener mitnehmen.‹

Das jüngste Mädchen fragte ihn, wer und woher er ist. Pfefferling erzählte ihr, er sei von der Oberwelt gekommen, um den Bartlosen zu suchen.

»Aber das ist doch unser Bruder. Wenn du ihn töten willst, so nimm jenen hölzernen Säbel; mit ihm kannst du ihn entzweischlagen und noch sieben Fuß tief in die Erde. Er aber liegt draußen im Garten und schläft.«

Pfefferling betrachtete das Säbelchen und dachte: ›Ob ich es nehme oder nicht?‹ Und so wie zum Spaß nahm er den hölzernen Säbel.

Als er in den Garten kam, fand er den Bartlosen schlafend vor. Er stellte sich oberhalb seiner hin, nahm seinen Säbel und jenen hölzernen, holte mit beiden zu gleicher Zeit aus, um ihn im Schlaf zu töten. Doch dann überlegte er es sich: es ist doch eine Schande, auf einen schlafenden Helden einzuschlagen. Vielmehr geziemt es sich, diesen zu wecken, auf daß er wisse, durch wen er ums Leben kommen wird. Und so weckte er rasch den Bartlosen auf. Während jener aufsprang und seinen Säbel zog, schlug ihn Pfefferling mit beiden Säbeln nieder. Welch ein Wunder! Sein Säbel hatte ihn nicht einmal gekratzt, doch jener hölzerne schnitt ihn entzwei und drang noch sieben Fuß tief in die Erde. Dann kehrte Pfefferling in das Schloß zurück, nahm alle vier Schwestern und begab sich wieder an jenes Loch, durch das ihn die Riesen hinabgelassen hatten. Zuerst ließ er die Mädchen hinaufziehen, und er kam als letzter an die Reihe.

So zogen die Riesen ein Mädchen, dann das zweite und das dritte hinauf. Als die Reihe an die Jüngste kam, sprach sie:

»Los, geh du voran; denn wenn sie mich hochgezogen haben, werden sie dich unten lassen.«

Aber Pfefferling wollte nicht hören und sagte, sie hätten ihm geschworen, ihm keinen Streich zu spielen. Und so zogen die Riesen auch das jüngste Mädchen hoch. Danach jedoch warfen sie das Seil hinab und gingen mit den Mädchen nach Hause. Pfefferling aber überließen sie sich selbst, auf daß er sich rette und dem Abgrund entrinne, so gut er könne.

Als Pfefferling erkannte, wie es um ihn stand, war er sehr überrascht und begann sogleich zu überlegen, was zu tun sei. Da bereute er es, dem Mädchen nicht gehorcht zu haben. Aber was sollte er tun, wo es doch gewiß so bestimmt war? Er brach auf und ging über das Feld, immerzu, bis er eine Stadt erblickte. Er ging schnurstracks drauflos, um in die Stadt zu gelangen. Als er nahe der Stadt war, erblickte er einen Berg, und darauf leuchtete etwas Schwarzes. Er kam näher; doch da konnte er etwas sehen: ein Mädchen, mit einem schwarzen Tuch um das Haupt, saß auf dem Berg. Das Tuch war ganz durchtränkt von Tränen. Unterhalb des Berges war eine riesige Menschenmenge versammelt. Alle hatten große kupferne Wasserkrüge, kupferne Waschkannen und andere Gefäße. Pfefferling trat vor das Mädchen hin. Er grüßte und fragte sie, weshalb sie weine. Das Mädchen antwortete ihm: »Flieh von hier, du unbekannter Held, ehe auch du hier umkommst, genauso, wie ich arme junge Frau hier schmachte. Flieh, damit nicht auch du dein Leben verlierst, wenn ich schon meins aus Unglück lassen muß.«

Pfefferling schaute sie verwundert an und fragte sie, weshalb und durch wen sie ihr Leben lassen müsse. Sodann begann das Mädchen zu erzählen:

»Hier in der Nähe gibt es einen Drachen. Dieser hat das Wasser gesperrt und läßt niemand welches holen, ehe er nicht ein Pfand, und das heißt jeden Tag ein Mädchen, erhält. Erst dann gibt er das Wasser frei, und deshalb auch hat sich, wie du siehst, so viel Volk mit Gefäßen versammelt und wartet darauf, Wasser holen zu können. Durch die ganze Stadt ging nun schon die Reihe um, und jedes Haus gab ihm ein Pfand. Heute aber ist die Reihe an der Zarentochter, und siehe, ich warte auf den Augenblick des Schicksals, da mich der Drache verschlingen wird. Flieh, sag ich dir, ehe dir hier etwas widerfahren ist.«

Pfefferling lächelte und sprach zu ihr, daß er zwar nicht den Tod, wohl aber ein schlechtes Leben fürchte, und ließ sich sodann neben ihr nieder, um sich mit ihr zu unterhalten. Seinen Morgenstern rückte er dabei näher an sich heran. Nun legte er seinen Kopf in des Mädchens Schoß und bat sie, ihn zu lausen. Das Mädchen begann ihn zu lausen, und Pfefferling fing an zu schnarchen und zu röcheln, so als wäre ihm die Kehle durchschnitten. Während sie ihn so lauste, flocht sie ihren Siegelring in seinen Federbusch.

Doch auf einmal begann sich der Berg zu erheben. Das Mädchen dachte immerzu an das bevorstehende Unheil und fing an zu weinen. Ihre Tränen kollerten dem schlafenden Pfefferling aufs Gesicht. Auf einmal fuhr er hoch und fragte sie, was geschehen sei.

»Siehst du denn nicht«, sagte das Mädchen und wies auf den Drachen.

Pfefferling ergriff sogleich seinen Morgenstern. Schon sperrte der Drache seinen Rachen auf, um sie zu verschlingen. Doch so leicht ging es nicht! Da streckte er noch seinen zweiten und seinen dritten Kopf hervor; aber Pfefferling nahm den Morgenstern und zwängte ihm ihn ins Gebiß. Sodann nahm er seinen Säbel und hieb ihm alle drei Köpfe ab. Danach schnitt er ihm die Ohren von den Köpfen ab und steckte sie in die Tasche.

In diesem Augenblick stürzte von irgendwoher ein Mohr hinzu, raffte alle drei Drachenköpfe zusammen und brachte sie dem Zaren als Beweis dafür, daß er den Drachen getötet und die Zarentochter gerettet hat. Da freute sich der Zar und befahl sogleich, in der ganzen Stadt ein Freudenfest zu veranstalten, und versprach dem Mohren seine Tochter als Frau.

Pfefferling indes verlief sich unter dem Volk, ging aber dann in die Stadt und kehrte in einer Schenke ein. Vor der Schenke angekommen, warf er den Morgenstern hin, trat ein und ließ sich nieder. Nachdem er sich ausgeruht hatte, ging er in das Schloß des Zaren und meldete diesem, daß er den Drachen getötet und die Zarentochter gerettet habe. Nun befand sich der Zar in einer seltsamen Lage. Er betrachtete sich Pfefferling und sprach zu ihm:

»Der Künder der freudigen Nachricht und Retter meiner Tochter war schon vor dir da«, und wies dabei auf den Mohren. Daraufhin beeilte sich der Mohr und sagte:

»Wie kann es überhaupt sein, daß dieser winzige Kerl einen

solchen Drachen tötet? Man sieht doch, daß er gar keine Waffe besitzt.«
Doch Pfefferling antwortete darauf:
»Meine Waffe ist vor jener Schenke geblieben. Wenn du es nicht glaubst, so geh hin und bring sie her!«
Der Mohr sprang auf und ging in die Schenke. Er schnüffelte in der Schenke umher, dahin, dorthin: nirgends war eine Waffe zu sehen; den Morgenstern vor der Schenke hatte er gar nicht beachtet. Voller Freude eilte er zum Zaren und berichtete, er habe keine Waffe gefunden. So er nun keine habe, dann bedeutet das, daß er überhaupt keine hatte.
»Doch nun sollst du sehen«, sagte Pfefferling, lief vor die Schenke, nahm seinen Morgenstern und trat vor den Zaren. Da wunderte sich der Zar über die Kraft des Kleinen und über dessen Morgenstern und wandte sich wiederum an ihn.
»Damit schlägt man keinem Drachen die Köpfe ab. Wo hast du nun den Beweis, daß du die Köpfe abgehauen hast, die der Mohr mir gebracht hat?«
»Was hat der Mohr gebracht?« fragte Pfefferling, und als man ihm die Köpfe zeigte, fuhr Pfefferling mit der Hand in die Tasche, zog alle sechs Ohren heraus und warf sie vor den Zaren hin.
»Hier sind die Ohren zu diesen Köpfen. Sprich nun, wer hat den Drachen getötet?«
In diesem Augenblick trat die Zarentochter herein, und da sie den Federbusch des tapferen Pfefferlings musterte, fand sie in ihm ihren Siegelring und ließ den Zaren wissen, daß dieser der Held ist, der sie vom Tode gerettet hat. Nun glaubte es auch der Zar, und er ließ den Mohren beseitigen. Dem wackeren Kleinen aber fiel er um den Hals und küßte ihn wie seinen leiblichen Sohn.
Daraufhin bot der Zar Pfefferling seine Tochter zur Frau an. Doch dieser dankte ihm und sagte, er wünsche keine andere Belohnung, als daß er ihn auf die Oberwelt hinaufbringe. Da war der Zar erstaunt und sagte:
»Verlange etwas anderes, was du willst. Nur das allein kann ich dir nicht erfüllen.«
Pfefferling bekannte, er wünsche sich nichts anderes. Da wurde der Zar nachdenklich und sprach:
»Ungefähr zwei Stunden von hier entfernt lebt ein Vogel, der so groß ist wie ein Drache; dieser hat in jedem Jahr zwei Junge, wie zwei Büffel so groß, doch er kann sie nie ernähren.

Ein Drache stiehlt ihm die Jungen, ohne daß er selbst wüßte, was mit ihnen geschieht. Geh hin und bewache die Jungen. So er dich nicht auf die Oberwelt hinaufträgt, ich wüßte nicht, wer es sonst könnte. Aber geh sogleich und werde mit ihm einig. Was immer er verlangt, komm hierher und laß mich es wissen, ich will es dir geben.«

Pfefferling brach auf und nahm seinen Morgenstern mit. Als er an jenen Ort kam, fand er eine riesige Weide vor und darauf ein Nest, das so groß wie zwei Tennen war. Im Nest kauerten zwei große Junge, so groß wie die beiden größten Büffel. Sie waren ohne Mutter, die irgendwohin geflogen war und die Jungen allein ließ. Als die Jungen Pfefferling erblickten, schrien sie auf, so als ob sie jemand schlachten wollte, und flohen an das andere Ende des Nestes. Es dauerte eine Weile, da bäumte sich die Weide, und die Jungen stürzten sich auf Pfefferling. Nun sah er genau hin und konnte etwas sehen! Ein riesiger Drache schob seinen Kopf hervor und wollte die Jungen verschlingen. Er streckte schon seine Zunge heraus, aber er erreichte sie nicht. Nun stieß er noch den anderen Kopf vor und rollte die Zunge, doch es nützte nichts. Dann aber streckte er den dritten Kopf hervor. Er holte tief Luft und sog sowohl die Weide als auch die Jungen in seinen Rachen hinein. Selbst Pfefferling wurde von dem Luftstrom erfaßt, griff aber rasch nach seinem Morgenstern und zwängte ihm diesen zwischen die Zähne. Eilig faßte er seinen Säbel und hieb dem Drachen alle drei Köpfe ab. Das Blut rann dahin wie ein Fluß, und der Himmel verfinsterte sich. Die Jungen umschwirrten Pfefferling und beschützten ihn mit ihren Flügeln.

Es dauerte nicht lange, da tauchte jener Riesenvogel auf. Als er sich dem Nest näherte, krächzte er; indes die Jungen rührten sich nicht. Da krächzte er das zweite und dann das dritte Mal. Erst jetzt eilten die Jungen ihm entgegen. Der Riesenvogel erblickte Pfefferling und sprach:

»Ha, ha, Schlaufuchs! Nun bist du mir in die Falle gegangen! Du bist also der, der meine Jungen umbringt!«

Da fingen die Jungen an zu erzählen, wie und was geschehen war.

Wie freute sich der Riesenvogel, als er dies vernahm! Er sprach zu Pfefferling:

»Verlange von mir, was du willst. Ich werde es dir geben, weil du meine Kinder gerettet hast.«

Pfefferling antwortete ihm, er wolle nichts anderes, als daß ihn der Riesenvogel auf die Oberwelt bringe. Da schaute ihn der Riesenvogel mit unglücklichen Augen an und meinte:
»Dich könnte ich schon noch hinaufschaffen, aber deinen Morgenstern kann ich nicht tragen.«
»Ich aber wiederum kann ohne meinen Morgenstern nirgends hin«, entgegnete Pfefferling.
Daraufhin sagte der Riesenvogel:
»Ich benötige vierzig Tage, um mich gut zu ernähren. Während dieser vierzig Tage muß ich jeden Tag einen Widder haben. Ehe ich mich auf den Weg begebe, benötige ich außerdem noch vierzig Widder, vierzig Kuchen und vierzig Bälge mit Wasser. Dann kannst du den Morgenstern mir auf den Rücken legen, dich auf den Morgenstern setzen, und wir wollen in Gottes Namen auf die Oberwelt fliegen. So ich mich unterwegs nach rechts wende, wirst du mir einen Widder und einen Kuchen reichen; schaue ich nach links, dann gib mir einen Balg mit Wasser. Wenn es dir gelingt, dies alles herbeizuschaffen, könnten wir uns noch einmal über die Reise unterhalten.«
Pfefferling versprach, alles zu besorgen, was der Riesenvogel verlangte, und begab sich sofort zu dem Zaren und erzählte ihm alles. Als vierzig Tage um waren, bereitete er noch vierzig Widder, vierzig Kuchen und vierzig Bälge mit Wasser vor. All dies lud er auf den Vogel, legte darauf seinen Morgenstern und setzte sich selbst obenauf. So flog der Riesenvogel in Gottes Namen davon.
Wenn sich der Riesenvogel nach rechts wandte, gab er ihm einen Kuchen und einen Widder; blickte er nach links, gab er ihm einen Balg mit Wasser.
Nach und nach war alles aufgezehrt, und der Riesenvogel war noch nicht auf der Oberwelt angelangt. Da wandte er sich zum letzten Male nach rechts und weil Pfefferling nichts mehr hatte, was er ihm hätte geben können, schnitt er sich ein Stück Fleisch aus seinem Oberschenkel und reichte es dem Riesenvogel. Dieser packte hungrig zu und nahm es in den Schnabel. Weil er aber bemerkte, was es war, fraß er es nicht, sondern verbarg es unter der Zunge. Nunmehr sammelte er seine ganze Kraft und flog mit einem letzten Ruck nach oben.
Als Pfefferling die obere Welt erblickte, freute er sich sehr. Der Riesenvogel setzte ihn ab. Aber siehe da! Pfefferling konnte nicht auf dem Bein stehen, von dem er sich ein so

großes Stück Fleisch abgeschnitten hatte. Nun lag er sieben Tage lang da. Während dieser Zeit ruhte sich der Riesenvogel aus. Schließlich sprach der Riesenvogel zu ihm:
»Es ist Zeit, Abschied zu nehmen. Ich bitte dich, schreibe mir einen Bericht, daß ich dich gesund hierhergebracht habe, denn ohne Schreiben darf ich nicht vor dem Zaren erscheinen.«
Pfefferling gab ihm ein Schreiben.
Danach sagte der Vogel zu ihm, er könne hingehen, wohin er wolle.
»Ich kann mich doch nicht auf dem Bein halten; ich bin noch so furchtbar müde«, antwortete Pfefferling. Der Riesenvogel ahnte den wahren Grund und fragte ihn, was es war, das er ihm zuletzt gereicht hatte. Pfefferling versuchte bald so, bald anders auszuweichen. Schließlich gestand er seine Tat.
»Deshalb wohl kannst du dich nicht auf dem Bein halten«, sprach der Vogel, nahm jenes Stück Fleisch unter der Zunge hervor und spuckte es ihm an den Oberschenkel, wo die Wunde war. Kaum war dies geschehen, sprang Pfefferling wie ein junges Reh auf, verabschiedete sich vom Riesenvogel und zog in den Wald. Er wanderte und gelangte an das Haus der Riesen. Als die Riesen ihn erblickten, rannten sie ihm entgegen, um sich auf ihn zu stürzen, aber da fielen sie auch schon mausetot um.
Nunmehr befreite Pfefferling die angeschmiedeten Menschen und zog mit ihnen sowie den Frauen der Riesen und jenen Mädchen nach Hause. Wie freute sich da seine Mutter, als sie alle Söhne und Töchter erblickte! Sie eilte ihnen entgegen und fiel den älteren Söhnen um den Hals. Da wunderte sich Pfefferling darüber, was seine Mutter tat, und sagte zu ihr:
»Gott möge dir beistehen, Mutter! Du fällst fremden Menschen um den Hals und vergißt den leiblichen Sohn.« Aber seine Mutter antwortete ihm:
»Das sind doch meine älteren Söhne und diese hier meine Töchter, deine leiblichen Brüder und Schwestern! Weißt du denn das nicht? Du bist doch ausgezogen, um sie zu suchen.«
Da freute sich Pfefferling sehr, und es tat ihm gar nicht leid, daß er sich so sehr in der Welt herumgeschlagen hatte, wo er nun doch seine Brüder und seine Schwestern gefunden hatte. Sodann erzählte er seiner Mutter alles: wohin er gezogen und mit wem er gekämpft hatte. Er erzählte ihr auch von den Riesen, von dem Bartlosen und dessen vier Schwestern; und

er gab jedem der Brüder eine zur Frau und sich behielt er die Jüngste. Sie heirateten und blieben alle zusammen, lebten in Zufriedenheit und waren glücklich.

12. Der Königssohn und der Bär

Einmal ging ein König auf die Jagd, um Wild zu schießen. Schon war er mitten im Wald und hatte noch nichts erlegt. Auf einmal erblickte er einen großen Bären, der aus einer hohlen Eiche heraustrat. Sogleich legte er an, doch ehe er losdrückte, ließ sich der Bär nieder. Der König überlegte, was das bedeute, daß der Bär sich auf die Erde fallen ließ. Er ging auf ihn zu, bis er schon ganz nahe an ihn heran war, doch der Bär rührte sich nicht von der Stelle. Da band ihn der König an und trieb ihn nach Hause. Dort zeigte er ihn gleich allen und ließ verkünden, wer das Wunder von Bären sehen will, möge zu ihm kommen. Als nun der König andere Könige, Kaiser und Prinzen erwartete, die kommen wollten, um den Bären anzusehen, ließ er ein großes Gastmahl herrichten. Während die Gäste beim Essen saßen, ging der Königssohn Iwan in den Stall, den Bären anzusehen, vergaß aber die Stalltür zu schließen, und so lief der Bär davon. Nach dem Essen sagte der König, sie wollten jetzt den Bären ansehen. Alle gingen mit dem König; aber als sie in den Stall kamen, war der Bär nicht mehr da. So stand der König beschämt vor all den Herrschaften, und als diese fort waren, jagte er seinen Sohn aus dem Hause.

Iwan war einige Tage im Wald umhergeirrt, als er an ein Schloß kam, in dem ein anderer König wohnte. Er ging zu ihm hin und bat um ein Nachtquartier. Der König antwortete ihm, er könne gern im Stall auf Stroh schlafen. Als Iwan am anderen Morgen aufgestanden war, ging er zu dem König und bat, ihn in seinen Dienst aufzunehmen. Der König sprach: »Ich kann dich nicht in den Dienst nehmen, denn du bist noch zu schwach zum Dienen.« Aber des Königs Tochter verwandte sich für ihn, der Vater möge ihn doch in Dienst nehmen. »Wenn er nichts anderes tun kann, so wird er unsere Hasen hüten.« Darauf erwiderte der König: »Nun denn, du sollst deinen Willen haben.« Er gab ihm fünf Hasen mit den Worten: »Wenn du von der Weide kommst, und es fehlt dir ein Hase, jage ich dich sogleich fort.«

Der Königssohn ging mit den Hasen auf die Weide. Als er in den Wald trat, stoben die Hasen sogleich auseinander. Der Abend brach herein, und er ging die Hasen suchen, fand aber keinen einzigen. Da setzte er sich unter einen Baum und weinte sehr. Auf einmal trat ein Bär aus dem Baum heraus und sprach zu ihm: »Mein Sohn, warum weinst du?« Er antwortete:

»Weil ich mich nicht heim wage, denn alle Hasen sind mir davongelaufen.« Darauf sagte der Bär:

»Fürchte dich nicht«, und er fragte ihn weiter: »Bist du hungrig?«

Der Königssohn antwortete: »Ja.« Sodann gab ihm der Bär zu essen und zu trinken, gab ihm noch einen Stock in die Hand und sagte: »Geh zu jener Eiche und schlage daran.« Er tat dies, und sogleich sprangen mehr als zweihundert Hasen heraus. Iwan trieb diese Hasen nach Hause, und als er schon nahe beim Hause war, rief die Königstochter: »Väterchen, komm und sieh, welche Menge Hasen Iwan dahertreibt.« Er trieb sie gleich in den Stall, legte seinen Stock hinter die Stalltür und ging schlafen. Auch am anderen Morgen trieb er die Hasen auf die Weide, und so jeden Tag, und immer kam er mit mehr heim.

Die Königstochter hatte schon die Jahre zum Heiraten und sagte eines Tages zu Iwan: »Bleib heute zu Hause, auf daß du meine Freier siehst.« Er antwortete: »Ich bleibe gern, wenn mich dein Vater zu Hause läßt.« Da ging sie und bat ihren Vater; dieser aber wollte nicht, und Iwan mußte mit den Hasen auf die Weide. Er kam traurig zu dem Bären. Wieder fragte ihn dieser: »Mein lieber Sohn, warum bist du so traurig?« Er antwortete: »Wie sollte ich nicht traurig sein, da ich nicht zu Hause bleiben darf, um die Freier der Tochter meines Herrn zu sehen.« Darauf entgegnete der Bär: »Du brauchst nicht traurig zu sein.« Er gab ihm zu essen und zu trinken, und als er satt war, fuhr der Bär fort: »Hier, nimm den Stock! Geh zur Eiche und schlage mit diesem daran; du wirst dann gleich sehen, was herauskommt.« Der Königssohn tat das, und da kam eine schöne Offiziersausrüstung samt einem wunderschönen Säbel und einem Pferd heraus, das mit Gold und Silber geschmückt war. Iwan bestieg es und ritt zum Königshof. Dort kämpften schon die anderen Offiziere und Prinzen miteinander. Als nun die Königstochter Iwan bemerkte, warf sie ihm gleich den Ring zu. Er fing ihn auf und begab sich auf der Stelle zu dem Bären. Dieser fragte ihn: »Hast du den Ring bekommen?« Er antwortete: »Ja.« Und wieder sprach der Bär zu ihm: »Gib ihn her, ich will ihn verwahren.« Sodann gab ihm der Bär zu essen und zu trinken, und als es Abend war, sprach er: »Nimm den Stock und schlage an die Eiche, auf daß deine Hasen herauskommen.« Die Hasen trieb er nach Hause, und als er schon nahe beim Schloß war, kam ihm die Königstochter entgegengelaufen und sagte: »Wärest du nur zu Hause geblieben, so hättest du gesehen, wie viele Offiziere und Prinzen hier waren und um meinen Ring kämpften; einer, der der schönste war und am besten kämpfte, hat ihn bekommen.« Iwan antwortete: »Ich muß mich schon damit abfinden, daß ich nicht zu Hause bleiben durfte, um sie zu sehen.« Da sagte sie zu ihm: »Bleib wenigstens morgen zu Hause, damit du siehst, was für Freier erscheinen.« Er erwiderte: »Wie kann ich denn zu Hause bleiben, wenn dein Vater mich nicht läßt?« Da ging sie wieder zu ihrem Vater und bat ihn, Iwan zu Hause zu lassen. Der Vater aber sagte: »Nein, er soll nur auf die Weide gehen, was braucht er zuzusehen!« Iwan ging mit den Hasen auf die Weide und sprach zu dem Bären: »Lieber Bär, heute kommen die Freier wieder, die gestern da waren.« Der Bär antwortete: »Wenn die kommen, so wirst du auch wieder erscheinen.« Als nun die Zeit zum Kampf um den Kranz kam, gab der Bär ihm seinen Stock und sagte: »Hier, geh zur Eiche und schlage daran; du wirst schon sehen, was für dich herauskommt. Gib gut acht, denn die Offiziere und Prinzen sind dir sehr feind.«

Der Königssohn zog nun eine noch schönere Rüstung an, bestieg das Pferd und ritt auf das Schloß. Schon von ferne sah er die Wachen vor dem Tore stehen. Als er hineinreiten wollte, ließen sie ihn nicht hinein. Da gab er seinem Pferd die Sporen, sprang über die Wachen hinweg und gelangte so auf den Hof. Als ihn die Offiziere bemerkten, begannen sie sogleich mit ihm zu kämpfen; aber keiner verstand es wie er. Er gewann den Kranz von der Königstochter, und sobald er ihn in den Händen hielt, spornte er sein Pferd an, das über das Tor sprang, und ritt zum Bären zurück. Dieser fragte ihn wieder: »Hast du den Kranz bekommen?« Er entgegnete: »Ja.« Den Kranz gab er dem Bären, dieser verwahrte ihn, gab ihm zu essen und zu trinken und sagte: »Treibe jetzt deine Hasen heim.« Als er die Hasen heimgetrieben hatte, begab er sich in seine Kammer. Da erschien die Königstochter bei ihm und sprach: »Morgen kommen wieder Offiziere und Prinzen; bleib zu Hause und sieh zu. Wem ich mein Tuch schenke, der wird mein Mann.« Er antwortete: »Was soll ich zu Hause machen? Ich gehe wieder mit meinen Hasen auf die Weide.« Sodann ging er hin und erzählte es dem Bären. Dieser gab ihm wieder den Stock, er ging zur Eiche, schlug daran, und sogleich kamen eine schöne Rüstung und ein Pferd heraus, alles noch einmal so schön wie früher. Er bestieg das Pferd und ritt zum Schloß. Da er ans Tor kam, stürzten sich alle auf ihn und begannen zu kämpfen. Doch er war der Stärkste, und die Königstochter warf ihm ihr Tuch zu. Das Tuch aber fiel zu Boden, und als er sich danach bückte, schlug ihm einer mit dem Säbel über den Fuß und verwundete ihn. Er kümmerte sich nicht darum, sondern ritt eilig zum Bären zurück und erzählte ihm, wie alles war. Der Bär verband ihm den Fuß mit jenem Tuch und sagte: »Jetzt kannst du heimgehen, aber morgen mußt du wiederkommen, um mich zu erlösen, da ich dir geholfen habe.« Der Königssohn schnitt sich einen dicken Stock und trieb seine Hasen langsam heim. Die Königstochter wartete schon am Fenster auf ihn, um ihm alles zu erzählen. Als sie ihn von weitem sah, lief sie ihm entgegen. Da bemerkte sie, daß er hinkte. Sie fragte ihn: »Was ist dir, Iwan?« Er antwortete: »Als ich im Walde hinter den Hasen herlief, habe ich mich an einem Dorn gestochen.« Sie wollte nun, daß er ihr die Wunde zeige; er aber sagte, er könne die Binde nicht lösen, denn es tue zu weh. Nachdem er die Hasen in den Stall getrieben hatte, ging er sogleich in die Kammer, in der er schlief. Er legte sich nieder und schlief vor großem Schmerz gleich ein. Die Königstochter jedoch hatte keine Ruhe und ging hin, um nachzusehen. Als sie in seine Kammer trat und sah, daß er schlief, machte sie sich daran, die Binde abzuwickeln, und wurde ihr Tuch gewahr. Da lief sie sogleich zu ihrem Vater hin und erzählte ihm alles. Vater und Mutter kamen mit einer Kerze und sahen, daß es wirklich das Tuch ihrer Tochter war. Sodann weckten sie ihn und fragten, woher er das Tuch habe. Er sagte, er habe es im Kampf erworben. Sie brachten ihn auf der Stelle ins Schloß und sagten: »Morgen wirst du dich verheiraten.« Er aber antwortete: »Das kann ich nicht, ehe ich meinem Freund geholfen habe.«

Am anderen Morgen begab er sich beizeiten zum Bären. Dieser gab ihm einen Säbel und sprach: »Komm mit mir zum Fischteich; am Ufer wirst du eine Bank finden, darauf sollst du mir den Kopf abschlagen; sodann mußt du alle Frösche aus dem Wasser holen, bis du zuletzt einen Menschenkopf findest.« Der Königssohn tat alles, und als er den Menschenkopf herauszog, wurde aus diesem Kopf sogleich ein König. Dieser war in einen Bären verzaubert gewesen, und der Königssohn hatte ihn erlöst. Nun ging der Königssohn heim und verheiratete sich und nach dem Hochzeitsschmaus fuhr er mit seiner Frau zu seinem Vater. Auch ich bin bei dem Schmaus gewesen, und es hat mir gemundet.

13. *Das Mädchen, das Diamanten statt Tränen weint*

Es war einmal ein armer Mann und seine Frau, die hatten viele Kinder, lauter Mädchen. Als die Frau das neunte Mädchen zur Welt brachte, sprach der Mann:
»Sollte das zehnte Kind auch ein Mädchen sein, so werde ich es umbringen.«
Die Frau war wieder in Hoffnung, und ehe sie gebar, wiederholte der Mann seine Worte, das Kind auf alle Fälle umzubringen, so es ein Mädchen wird. Die Frau gebar wahrhaftig wieder ein Mädchen. Nun lebten alle in Angst, die Mutter, die Hebamme und alle im Hause und sagten: Sollte der Mann fragen, was sie geboren habe, so wollen sie sagen, es sei ein Junge. Der Vater fragte, fürwahr:
»Was ist es, ein Mädchen oder ein Knabe?«
Die Hebamme antwortete ihm, es sei zu allem Glück ein Knabe. Aber das wollte er nicht glauben, ehe er sich nicht selbst davon überzeugt hatte, und er sah selbst nach. Er sah freilich, daß es kein Knabe war, sondern ein Mädchen, und fing an, alle zu schelten, da man ihn täuschen wollte. Daher nahm er die Tochter, warf sie über die Schulter und trug sie ans Meer.
Als er am Meer war und sich anschickte, das Kind hineinzuwerfen, da sprach etwas aus dem Wasser:
»Wirf sie lieber nicht ins Meer! Es könnte dir leid tun; trag sie lieber nach Hause.«
»Mein Gott«, sagte er zu sich, »eine solche Stimme habe ich noch nie aus dem Meer gehört. Was könnte das sein?« Da hielt er kurze Zeit inne. Aber ein wenig später war er aber-

mals entschlossen, das Kind ins Meer zu werfen. Wiederum sprach etwas aus dem Wasser zu ihm:
»Nicht doch! Es könnte dir leid tun!«
Und wiederum hielt er inne und warf es nicht hinein. Ein drittes Mal sprach er zu sich: »Was ich mir vorgenommen habe, das habe ich mir vorgenommen. Ich muß ausführen, was ich im Sinn hatte.« Beim dritten Male hatte er das Kind bereits bis an die Hüften ins Wasser getaucht, und da er es so eintauchte, sah er, wie das Wasser um das Kind herum golden wurde. Abermals hörte er die Stimme:
»Nicht doch! Es könnte dir leid tun.«
Als er dies alles gesehen und gehört hatte, nahm er das Kind und trug es nach Hause.
Zu Hause waren alle sehr besorgt um das Kleinste. Es war ein so sonderbares Kind, daß man weit und breit nicht von einem ähnlichen hörte: wenn es weinte, so kollerten ihm statt Tränen echte Diamanten aus den Augen; wenn es jedoch lachte, so fielen ihm Rosen von den Lippen. Die Mutter, der Vater und die Schwestern lasen die Diamanten und die Rosen auf, verkauften sie und lebten davon. So wuchs sie heran und wurde fünfzehn Jahre alt.
Eines Tages ging der Königssohn mit seinem Diener auf die Jagd. Sie jagten den ganzen Tag und hatten nichts erbeutet. Den ganzen Tag über jagten sie hinter einem Reh her, so daß sie vor Müdigkeit am Abend nicht nach Hause zurückkehren konnten, zumal der Weg weit war. So beschlossen sie, hier irgendwo im Dorf zu übernachten. Sie zogen los und fanden ein Quartier. Sie stießen gerade auf die Hütte jenes Mädchens.
»Grüß Gott!«
»Grüß Gott!« entgegnete der Mann.
»Wir haben den ganzen Tag im Wald gejagt«, sprach der Königssohn, »und uns zu weit vom Schloß entfernt. Nunmehr ist es zu spät, um nach Hause zu kehren. Wir bitten euch daher, uns ein Nachtlager zu gewähren.«
»Weshalb sollten wir euch nicht aufnehmen?« sagte der Mann. »Setzt euch, bis wir euch etwas zum Abendessen zubereiten. Hernach könnt ihr euch schlafen legen.«
Nachdem man ihnen ein Abendessen zubereitet hatte und sie gegessen hatten, wies man dem Königssohn eine Kammer an. Sein Diener dagegen mußte sich in der Gesindekammer niederlegen, in der auch die Mädchen schliefen. Die Schwestern

begannen die Jüngste zu necken, so daß sie in Tränen ausbrach, statt deren ihr jedoch Diamanten aus den Augen kollerten. Danach scherzten und spaßten sie mit ihr, auf daß sie lache, und so fielen ihr, wie immer, Rosen von den Lippen. All dies sah der Diener. Er konnte nicht einschlafen und wunderte sich wie nie zuvor. Am Morgen erhoben sich alle, tranken Kaffee, und nachdem der Königssohn sich erkundigt hatte, was er zu bezahlen habe, zog er mit seinem Diener weiter. Unterwegs erzählte ihm nun der Diener, was er in dieser Nacht erlebt hatte: der jüngsten Tochter kollerten zuerst Diamanten aus den Augen, und danach fielen ihr Rosen von den Lippen.

»Das muß ich sehen«, sagte der Königssohn. »Wir werden nicht nach Hause gehen, sondern wiederum jagen und auch heute abend dort ein Nachtquartier beziehen.«

Als es Abend wurde, gingen sie in jenes Haus und erzählten wieder, daß es zu spät sei, nach Hause zu kehren, und deshalb bitten sie, man möge ihnen auch heute abend ein Nachtquartier gewähren.

»Uns ist bekannt«, sagten die Hausbewohner, »daß ihr edlen Geschlechts seid. Doch unser Haus ist arm und nicht für euch. Wenn ihr aber durchaus wollt, so soll es auch uns recht sein. Euch möge genügen, was wir haben.«

In jener Nacht schlief der Königssohn nicht, sondern sah nur zu, wie der jüngsten Tochter Diamanten aus den Augen kollerten und Rosen von den Lippen fielen. Als es Morgen war, sprach der Königssohn zu dem Hausherrn und seiner Frau:

»Meine Lieben, ich habe heute nacht ein Wunder gesehen, wie es auf der Welt nicht allzuoft geschehen kann. Ich bin ledig und ein Sohn des Königs, daher bitte ich euch, gebt mir eure Tochter zur Frau.«

»Wie könnte sie die Frau eines so edlen Herren werden«, begannen jene zu beteuern. »Sie ist niedrigen Geschlechts und nichts für euch. Ihr werdet eine Königstochter für euch finden und nicht sie. Wir wiederum könnten ohne sie gar nicht leben.«

»Sprecht nicht davon«, fiel er ihnen ins Wort. »Was das erstere betrifft, so möge euch dies nicht stören. Was das letztere anbelangt, nämlich euer Dasein, so wißt, daß ihr noch besser als jetzt leben werdet; denn ich will euch geben, was immer ihr braucht und wollt.«

»Nun gut«, sprachen sie, »möge sie Gottes Segen haben.«

Darauf ging der Königssohn nach Hause und erzählte, was für eine Frau er gefunden habe: von den Lippen fallen ihr Rosen herab, wenn sie lacht; wenn sie jedoch weint, kollern ihr Diamanten aus den Augen. Nachdem er dies im Schloß berichtet hatte, war man allseits von seiner Braut begeistert, und man sagte, er möge sich so schnell wie möglich verheiraten, auf daß sie diese Frau kennenlernten.
Nunmehr ging er jeden Tag zu seiner Liebsten, während man ihr Kleider für das Fest nähte. Nachdem alles fertig war, ließ der Königssohn alle Herrschaften zusammenrufen, auf daß sie mit ihm das Fest begehen und heute abend das Mädchen als seine Frau heimführen.
Im Königsschloß jedoch war eine Köchin, und diese hatte eine sehr schöne Tochter. Die Köchin bat, man möge auch ihre Tochter mit auf das Fest nehmen. Der Königssohn ließ sie wissen, er habe nichts dagegen, und es war ihm außerdem recht lieb, weil sie seiner Liebsten sehr ähnlich sah, so daß sie nicht voneinander zu unterscheiden waren. Da sprach die Köchin:
»Wer weiß schon, was dort gekocht werden soll. Ich will daher selbst aufbrechen und mithelfen.«
So gingen beide auf das Fest. Man feierte und war fröhlich. Nachdem es Zeit war, nach Hause zu gehen, bestiegen alle Gäste, ebenso wie der Bräutigam, ihre Pferde; die Braut, die Köchin und deren Tochter aber setzten sich auf den Wagen. Nun eilten die Reiter voran, und der Wagen folgte hinterher. Der Bräutigam wandte sich ab und zu um und sagte:
»Gebt mir auf die Kutsche acht!«
Die Köchin aber sprach zur Braut:
»Hörst du, dein Mann sagt, wir sollen dir die Augen ausstechen.«
»Wenn es nichts anderes ist, so tut es doch; ganz wie er befiehlt«, entgegnete sie. Und man stach ihr die Augen aus. Kurz darauf mußte ein Fluß überquert werden. Wieder wandte sich der Königssohn um und sprach besorgt:
»Gebt mir auf die Kutsche acht!«
Die Köchin dagegen wandte sich an die junge Prinzessin.
»Hörst du, dein Mann sagt, wir sollen dir beide Hände abhacken.«
»Wenn es nichts anderes ist, so tut es doch; ganz wie er befiehlt.« Da schlugen sie ihr beide Hände ab. Am anderen Ufer des Gewässers angelangt, wandte sich der Königssohn abermals um und sprach:

»Gebt mir auf die Kutsche acht!«
»Hörst du«, sprach die Köchin zu der jungen Frau, »dein Mann befiehlt, dich ins Wasser zu werfen.«
»Wenn es nichts anderes ist, so tut es doch; ganz wie er befiehlt. Möge Gott ihm alles verzeihen.«
Nachdem sie ihr die Hochzeitskleider ausgezogen hatten, wurde die splitternackt ins Wasser geworfen. Die Hochzeitskleider aber zog der bösen Köchin Tochter an. Die wirkliche Braut jedoch konnte sich, obwohl sie so verstümmelt war, gerade noch an einer Weide festhalten und entrann so dem Wassertod.
Als der Hochzeitszug im Schloß ankam, begann das große Abendessen. Nunmehr begehrten alle, zu sehen, wie die Braut lacht. Sie wollten sich selbst davon überzeugen, daß ihr Rosen von den Lippen fallen. Doch da saß ja nicht die richtige Braut, sondern die Tochter der Köchin, die der wirklichen Braut so ganz ähnlich sah. Man scherzte bald so, bald anders, auf das sie lache; aber das Lachen kam ihr nicht auf die Lippen. Es fügte sich, daß ein sehr großer Spaßmacher unter den Gästen war, und dieser sprach: »Ich will doch etwas versuchen, worüber sie bestimmt lachen muß.« Sodann ging er hinaus, rupfte einen lebendigen Hahn völlig bloß, steckte ihn in einen Topf, tat den Deckel darauf und brachte diesen auf den Tisch. Nunmehr öffnete sie den Topf, und der Hahn, so entblößt, sprang auf dem Tisch herum, gock, gock, gock, und da mußte sie lachen. Doch, wehe, wehe! Wie sie so lachte, fielen ihr zwei Schlangen von den Lippen.
»Pfui«, wandten sich die älteren Leute an den Bräutigam, »du hast uns eine schöne Braut ins Haus gebracht!«
Er jedoch wollte nichts hören, sondern brach sofort mit seinem Diener auf in den Wald. Dort blieb er mit jenem volle sieben Jahre und ernährte sich kümmerlich.
Nunmehr wollen wir zu der richtigen Braut zurückkehren, die — wie wir hörten — ins Wasser geworfen wurde. Wir wollen sehen, wie es ihr ergangen ist. Sie hielt sich irgendwie am Gestrüpp fest und konnte — auch das hörten wir schon — dem Wassertod entrinnen. Dort, ganz in der Nähe, wohnte ein Einsiedler, der Buße tat für seine Sünden und jeden Tag ans Wasser ging, um sich zu waschen. Als er am anderen Tag, in der Früh, wie gewöhnlich kam, um sich zu waschen, hörte er eine Stimme, die sprach:
»Zieh mich heraus!«

Er ängstigte sich ein wenig und sprach zu sich: »Mein Gott, was kann das sein? Schon so lange Zeit bin ich hier und gehe jeden Tag hierher, um mich zu baden, und habe noch nie diese Stimme vernommen. Das ist gewiß eine Versuchung. Ich will von dannen eilen, auf daß ich nicht einer Sünde verfalle.« So ging er fort. Am anderen Tag kam er wiederum, um sich zu waschen, und hörte einen Seufzer aus dem Wasser:
»Zieh mich heraus!«
Da sprach er: »Was sollte ich mich denn so fürchten, da ich Gott gefällig bin. Vielleicht bin ich doch nicht ein solcher Sünder, daß Gott mit mir Böses vorhätte.« Und dann fügte er hinzu:
»Bist du, der du mich rufst, getauft?«
»Jawohl, komm her und ziehe mich heraus! Fürchte dich nicht!«
Da näherte er sich dem Gebüsch und erblickte ein Mädchen, blind und ohne Hände. Er zog es heraus und brachte es in seine Höhle. »Ich danke Euch für Eure Hilfe; doch erfüllt mir noch eine Bitte. Höhlt eine Tanne von meiner Länge aus, legt mich hinein und übergießt mich sodann mit Wasser. Jenes Wasser, das Ihr über mich schüttet, wird zu Gold werden. Nehmt das Gold und macht daraus einen goldenen Spinnrocken, eine goldene Litze, um den Hanf festzubinden, und eine goldene Spindel.«
Er tat ganz so, wie sie ihm geraten hatte. Er höhlte einen Baumstamm aus, legte sie hinein und übergoß sie mit Wasser. Das Wasser verwandelte sich in Gold. Nachdem er aus diesem Gold eine Spindel angefertigt hatte, sprach sie zu ihm:
»Geht nunmehr in die Stadt und fragt nach, wer Euch für den Spinnrocken Augen geben will, und bringt diese Augen dann hierher.«
Er ging mit dem goldenen Spinnrocken in die Stadt und rief aus: »Wer will mir für einen goldenen Spinnrocken Augen geben?«
Dies gelangte auch der Schloßköchin zu Ohren, und sie war bereit, ihrer Tochter einen goldenen Spinnrocken einzutauschen. Sie nahm die Augen, die sie der Braut ausgestochen hatte, machte sie zurecht und gab sie dem Einsiedler für den Spinnrocken. Jener nahm sie, trug sie nach Hause und erzählte der Armen alles, wie es war.
»Nehmt nunmehr die goldene Litze und geht in die Stadt und erkundigt Euch, wer Euch dafür eine Hand geben will.«

Er ging und fragte also. Die Köchin hörte dies und sagte vor sich hin: »Einen goldenen Spinnrocken habe ich schon, dazu eine goldene Litze hätte ich sehr gern.« Da ging sie hin und gab die eine Hand für die Litze. Der Einsiedler brachte sie nach Hause.

»Geht nunmehr hin, nehmt die goldene Spindel mit und fragt, wer Euch dafür die andere Hand geben will.«

Jener brach auf und tat, wie sie ihn geheißen. Abermals erfuhr die Köchin davon und sprach zu sich: »Einen goldenen Spinnrocken und die Litze dazu hat meine Tochter schon, nur die goldene Spindel fehlt ihr noch.« Da nahm sie die andere Hand und gab sie dem Einsiedler für die Spindel. Jener brachte auch sie in seine Höhle, und die Ärmste forderte ihn auf, ihr die Augen in die Augenhöhlen zu legen und sie mit jenem Wasser aus dem Baumstamm zu benetzen, das sich nicht in Gold verwandelt hatte. Genauso möge er auch mit den Händen verfahren. Der Einsiedler gehorchte und fügte ihr die Augen in die Augenhöhlen und die Hände an die Arme, und alles war wie ehedem.

»Nunmehr muß ich von Euch gehen und selbst zusehen, wie ich weiterkomme. Bisher war das nicht möglich, da ich doch keine Augen hatte.« Sodann dankte sie ihm für alles und begab sich in ein kleines Tal. Hier baute sie zuerst ein Zelt, und darin wohnte sie. Doch da sie mehrere Male über ihr Unglück und Elend weinte, begannen ihr erneut Diamanten aus den Augen zu kollern, und da sie ab und zu auch lachte, so fielen ihr auch wieder Rosen von den Lippen. All dies sammelte sie und verkaufte es und baute sich schließlich ein schönes Häuschen. Eines Tages gebar sie eine Tochter und einen Sohn, und sie erzog sie wohl und nährte sie gut.

Nun wollen wir wieder zu ihrem Mann zurückkehren. Er zog mit seinem Diener sieben Jahre lang durch den Wald und ernährte sich, so gut er konnte, aß jedoch meist Gras und Wurzeln. Gegen Ende des siebenten Jahres gelangte er in die Nähe jenes Tals, in dem seine Frau ein Häuschen hatte und mit den Kindern lebte. Da sprach er zu seinem Diener:

»Es ist schon sieben Jahre her, daß wir so leben und weder ein Haus noch eine Wohnstätte sahen. Heute abend wollen wir irgendwo unter einem Dach übernachten. Steig hinauf auf den Berg und sieh nach, ob du irgendwo ein Haus erspähst. Solltest du von dort aus eins sehen, so rufe mich, und wir wollen dorthin aufbrechen.«

Der Diener bestieg den Berg und schon rief er, er sehe ein schönes Häuschen: »Komm, laß uns dort übernachten.«
Und so gingen beide dorthin. Sie kamen vor das Haus, in dem seine Frau wohnte. Sie erblickte ihn durch das Fenster und hat ihn wohl gleich erkannt. Sie traten ein und baten um Obdach. Die Frau empfing sie hübsch, bereitete ihnen ein Abendessen zu und setzte dieses vor sie hin. Nachdem sie sich satt gegessen hatten, legten sie sich schlafen. Der Königssohn, der ihr Mann war, schlief gleich ein; der Diener jedoch konnte kein Auge zumachen. Im Schlaf ließ der Königssohn seine Hand auf ihren Sohn fallen. Als sie dies bemerkte, wandte sie sich an ihren Sohn. »Küß des Vaters Hand, mein Söhnchen!«
»Was, dieser abgerissene Mensch ist mein Vater?« entgegnete der Sohn. »Einen schönen Vater habe ich da!«
Der Königssohn war fürwahr ganz zerfetzt und in Lumpen gehüllt. Wie sollte er denn auch anders aussehen? Sieben Jahre lang war er im Wald und hatte nur, was er am Leib trug. Dann aber sprach sie wiederum zu ihrer Tochter, sie möge des Vaters Hand küssen. Aber auch sie antwortete wie der Sohn:
»Was ist das bloß für ein zerlumpter Vater!«
Da begann die Mutter vor Schmerz zu weinen, und aus ihren Augen kollerten Diamanten. Am Morgen aber begannen sich die Kinder zu balgen. Sie tobten und lachten, so daß auch deren Mutter zu lachen anfing, und dabei fielen ihr Rosen von den Lippen.
Als das der Diener gesehen hatte, begann er selbst vor Glück zu weinen. Nachdem es schon ganz hell war, setzte ihnen die Frau Kaffee vor, und danach zogen sie wieder fort. Nunmehr begann der Diener seinem Herrn alles zu berichten, was er in der letzten Nacht gesehen hatte: wie er seinen Arm auf den Jungen legte und sie daraufhin zuerst den Sohn aufforderte, seines Vaters Hand zu küssen. Sodann forderte sie in gleicher Weise ihre Tochter auf; jedoch beide wollten dies nicht tun. Nachher wiederum weinte sie, und aus ihren Augen kollerten Diamanten. Als sie jedoch lachte, fielen ihr Rosen von den Lippen. »Es war alles genauso«, sagte er, »wie damals, als ich deine Frau zum ersten Male sah.« Der Königssohn hörte sich alles an, hörte gespannt zu und ward froh, so daß er zu weinen begann.
»Wenn dem so ist«, sagte er, zu seinem Diener gewandt,

»so wollen wir auch heute abend dorthin gehen, auf daß ich mich überzeuge, ob alles stimmt. Ich«, sagte er, »werde heute nacht nicht schlafen, sondern nur zusehen, um mich zu überzeugen.«
Am Abend also gelangten sie wieder dorthin und baten um Nachtquartier. Auch sie nahm sie wieder auf, kochte ihnen ein Abendessen und lud sie ein. Nach dem Essen legten sie sich sogleich schlafen. Ihr Mann tat so, als schliefe er bereits, und warf beide Hände auf seine Kinder: die eine nach der einen, die andere nach der anderen Seite hin. Als die Frau das sah, sprach sie zu ihrem Sohn:
»Küß deines Vaters Hand, mein Söhnchen!«
»Was, dieser zerlumpte Kerl soll mein Vater sein? Einen schönen Vater habe ich da!« sprach der Kleine, genau wie am ersten Abend, und er wollte die Hand nicht küssen.
Dann wandte sie sich an die Tochter. Aber auch diese sprach das gleiche. Daraufhin tat es ihr leid, und sie fing an zu weinen. All dies sah ihr Mann, denn er hatte sich doch nur verstellt und tat so, als ob er schliefe. Er sah, wie ihr Diamanten statt Tränen aus den Augen kollerten. Schließlich erhob sie sich selbst und ging hin, um ihm die Hand zu küssen. Sie nahm die Linke, küßte sie und legte sie wieder aufs Bett. Er jedoch ließ sie erneut wie tot herabfallen. Als sie nach der Rechten griff, faßte er sie, zog sie an sich und sprach:
»Meine liebe Frau! Was machst du da? Du bist also noch am Leben! Ich bin dein Mann. Schon sieben Jahre lang irre ich im Wald umher und ernähre mich meist nur von Gras und Wurzelwerk.«
Dann erzählte er ihr alles im einzelnen, was ihm widerfahren ist, seitdem er geflohen, als ihr zwei Schlangen von den Lippen fielen. Er war auch jetzt noch bereit, zu glauben, jene sei seine Frau, die in Wirklichkeit der Köchin Tochter war. Danach begann sie zu erzählen, was ihr in der Kutsche zugestoßen und daß ihr die Köchin und deren Tochter die Augen ausstachen und sie im Glauben ließen, er habe das befohlen. Sie erzählte weiter, wie jene beiden ihr die Hände abhackten und sie schließlich ins Wasser warfen, und all das habe er befohlen. Sodann hat ein Einsiedler sie befreit und ihr zum Augenlicht und zu den Händen verholfen. Hier im Tal hat sie schließlich die Kinder geboren und das Häuschen errichtet und lebte trotz aller Trauer friedlich dahin. Da sah er vollends ein, wie sehr er betrogen worden war. Und auch

er erzählte ihr alles. Danach bat er sie, in die Stadt zu gehen, um ihm Stoff für Kleider zu besorgen. Sie ging, kaufte ein und fertigte ihm und seinem Diener neue Kleider an. Auch für sich selbst und die Kinder nähte sie neue Kleider. Nachdem dies alles geschehen war, zogen alle zusammen nach Hause zu dem König. Im Schloß angekommen, schloß der Königssohn seine Frau und die Kinder in eine Kammer ein und ließ von allen Enden Gäste herbeirufen. Allein, seine Mutter und sein Vater wußten nichts von dem Freudenfest, das bevorstand, so sehr lieb war ihnen allein schon die Rückkehr ihres Sohnes.

Die Gäste versammelten sich und ließen sich an der Tafel nieder; auch die Köchin und deren Tochter, die sich noch immer als seine Frau fühlte, waren erschienen. Da erhob sich der Königssohn und sprach:

»Meine lieben Gäste, was hat jenes Weibsbild verdient, das auf diese Weise Menschen betrügt, daß sie die Frau eines Mannes sein will, dem sie nicht angetraut ist?«

Da übereiferte sich der Köchin Tochter und sagte:

»Ein solches Weib verdient es, auf dem Marktplatz mit Öl übergossen und angezündet zu werden.«

»Gut«, entgegnete er.

»Was aber verdient jenes Weib, das einem anderen ehrlichen die Augen ausstach, die Hände abhackte und es sodann ins Wasser warf?«

Da fuhr die Köchin hoch und sprach:

»Ein solches Weib verdient, vier Pferden an die Schwänze gebunden und zerrissen zu werden.«

»Nun, das soll dir und deiner Tochter zuteil werden«, sprach der Königssohn.

Sodann führte er seine wirkliche Frau und deren Kinder aus der Kammer heraus, stellte sie den Gästen vor und erzählte, wie sich alles zugetragen hat. Die Köchin und deren Tochter ließ er auf die gleiche Weise töten, in der sie sich selbst gerichtet hatten. Danach feierte das ganze Königshaus ein großes Fest, und auch ich war dabei und denke noch heute gern daran.

14. *Wem Gott hilft, dem kann niemand schaden*

Es war einmal ein Mann und eine Frau, die hatten drei Söhne. Der Jüngste war der schönste und ein sehr gutmütiger Junge, und so hielten ihn die anderen für einen Dummkopf. Alle drei waren schon ins heiratsfähige Alter gekommen; der Vater wollte aber keinen verheiraten, weil er arm war. Da sprach der Älteste zum Vater: »Vater du mußt mich verheiraten.« Als der Zweite das hörte, sagte auch dieser: »Auch mich, Vater, denn ich bin auch in dem Alter, in dem man heiratet.« Als das der Jüngste hörte, sagte auch er: »Auch mich, Vater, denn ich bin auch schon reif fürs Verheiraten.« Da war der Vater in Verlegenheit und beriet mit seiner Frau, was er tun solle. Endlich kamen sie zu einem Entschluß. Er rief seine Söhne zu sich und sprach zu ihnen:

»Geht in irgendeine Stadt und dient um ein Tuch; wer das schönste Tuch heimbringt, den werde ich verheiraten.« Danach gingen alle drei zusammen fort. Doch die beiden Ältesten verspotteten und verlachten den Jüngsten unterwegs immerzu und jagten ihn schließlich fort. So schlug er einen anderen Weg ein und betete zu Gott, er möge ihm zum Glück verhelfen.

Als er so dahinging, gelangte er an ein Wasser. Auf dem anderen Ufer sah er eine große Stadt und darin den Palast des Zaren. Der Zar jener Stadt war aber sehr böse und mußte deshalb frühzeitig sterben. In seinem Palast blieb nur seine einzige Tochter zurück. Um sie warben viele Freier. Aber von allen, die in den Palast gekommen waren, blieb keiner am Leben. Denn der Zar hatte sich in einen Vampir verwandelt und kam nachts und erwürgte sie.

Während nun der jüngste Bruder am Wasser auf und ab ging und überlegte, wie er wohl ans andere Ufer gelangen könnte, sah ihn die Zarentochter. Sie befahl ihren Dienern, ihn über das Wasser zu bringen und vor sie hinzuführen. Als er vor die Zarentochter trat, wurde er ein wenig verwirrt und ängstlich. Sie aber, da sie ihn erblickte, verliebte sich in ihn und fragte, woher er sei und wohin er wolle. Da sagte er ihr, woher er komme, und erzählte ihr alles der Reihe nach: daß er noch zwei Brüder habe, daß alle drei heiraten wollten; daß ihr Vater ein armer Mann sei und ihnen gesagt habe, jeder solle ein Tuch heimbringen, und wer das schönste bringe, den werde er verheiraten. Als die Zarentochter dies hörte, sprach sie: »Du wirst heute abend hier bei mir bleiben und hier übernachten; morgen werden wir dann nach dem Tuch sehen.«

Gegen Abend gab sie ihm zu essen und zu trinken und führte ihn in ein Zimmer, das ganz grün war, und sagte: »Hab keine Angst, in der Nacht wird etwas kommen und um dich herumpoltern, um dich zu erschrecken. Aber du brauchst nichts zu fürchten.« Einfältig, wie er war, konnte er vor Verwunderung nicht einschlafen, sondern staunte immerzu, wohin er geraten war. Doch plötzlich, um Mitternacht, erhob sich ein Gepolter und Geschrei: »Der ist gekommen, das Reich zu empfangen; dem können wir nichts anhaben.« Er betete in einem fort zu Gott. So verging die Nacht, und er blieb frisch und gesund. Als der Morgen graute, erhob er sich von seinem Nachtlager und setzte sich auf. Alle auf dem Schloß dachten, sie müßten ihn tot aus dem Zimmer schleppen wie alle anderen Freier. Die Zarentochter sandte einen Diener aus ihrem Gefolge, der nachsehen sollte, ob der Freier am Leben sei. So er lebe, solle er ihn vor sie hinführen. Der Bote war verwundert, als er ihn lebendig und gesund im Zimmer dasitzen fand, und er sprach zu ihm: »Komm, unsere Zarin läßt dich rufen.«

Als er vor sie hintrat, wunderte sie sich selbst, daß er am Leben geblieben war. Sie gab ihm ein Frühstück und danach ein goldgesticktes seidenes Tuch, das in ein Papier gewickelt war, und sprach: »Hier, bringe dies deinem Vater, und wenn er dir noch etwas befiehlt, komm wieder her zu mir.« Sodann bedankte er sich für das Tuch und das Nachtlager und ging nach Hause.

Dort waren auch die beiden anderen Brüder schon angekommen. Jeder holte sein Tuch heraus. Diejenigen der beiden anderen waren so so. Als er aber das seinige herauszog, da gerieten alle in Staunen, und die beiden Brüder sprangen auf und schrien: »Woher hast du das? Das hast du gewiß gestohlen.« Schließlich sagte der Vater, um sie zu beruhigen: »Wißt ihr was? Geht noch einmal in die Welt, und wer eine Kette heimbringt, die sich neunmal um unser Haus schlingen läßt, den werde ich verheiraten.« So beruhigten sich die Brüder, und die beiden älteren gingen, wohin sie Lust hatten. Der Jüngste aber geradenwegs zur Zarentochter. Als er vor sie hintrat, fragte sie ihn: »Was hat dein Vater gesagt?« Er erwiderte: »Er hat gesagt, ich soll eine Kette bringen, die sich neunmal um unser Haus schlingen läßt.« Sodann gab sie ihm wieder zu essen und zu trinken, führte ihn in ein gelbes Gemach und sprach: »Hab keine Angst, heute nacht wird wieder etwas kommen, dich zu erschrecken. Morgen früh laß uns nach der Kette sehen.« Auch in jener Nacht kamen Gespenster und vollführten um ihn herum allerlei schreckliche Dinge. Er aber blieb frisch und gesund.

Am anderen Morgen kam wieder ein Bote aus ihrem Gefolge, um ihn zu holen, und führte ihn vor die Zarin. Sie gab ihm wieder ein Frühstück und danach eine kleine Schachtel. »Hier, bringe dies deinem Vater. Aber öffne sie ja nicht, ehe du zu Hause bist. Wenn dein Vater dir noch etwas befiehlt, komm wieder her zu mir.« Er bedankte sich schön bei ihr, ging nach Hause und fand seine Brüder schon dort vor. Die beiden Älteren hatten jeder eine Kette, die nicht einmal um das Haus herumreichte. Da gab der Jüngste dem Vater die Schachtel. Dieser öffnete sie und zog eine goldene Kette heraus. Alle gerieten in Staunen, und die älteren Brüder sprangen hinzu und wollten ihn beinahe totschlagen. »Du wirst unser Haus zugrunde richten. Du hast sie irgendwo gestohlen!« Der Vater versuchte wieder, sie zu beruhigen und zu beschwichtigen, und sagte schließlich: »Geht und bringt jeder ein Mädchen her. Dann werde ich euch alle drei verheiraten.«

Sodann gingen die beiden Älteren, wohin sie Lust hatten. Der Jüngste aber geradenwegs zur Zarentochter. Er sagte ihr, was ihm der Vater befohlen hatte. Sie antwortete: »Jetzt brauchst du nur noch in einem Zimmer zu übernachten. Danach laß uns nach dem anderen sehen.« Sodann gab sie ihm wieder zu essen und zu trinken und führte ihn zum Übernachten in ein rotes Gemach. Dort hatte er in jener Nacht noch größere Schauer zu erdulden als zuvor. Es gab ein furchtbares Poltern, Schreien, Kettengeklirr und schreckliche Stimmen: »Der will mein Reich an sich nehmen.« Man riß ihm die Kleider vom Leibe, doch ihn selbst rührte niemand an. Er betete in einem fort zu Gott, und Gott erhielt ihn auch in dieser Nacht am Leben. Am nächsten Morgen führte man ihn frisch und gesund vor die Zarentochter. Sie ließ Barbiere kommen, die ihn barbierten und wuschen. Dann brachte man ihm herrschaftliche Kleider, die er anzog. Danach setzte sie sich mit ihm in eine Kutsche, fuhr zur Kirche und ließ sich mit ihm trauen. Noch drei Tage feierten sie in ihrem Palast Hochzeit und brachen schließlich auf zu seinem Vater. Sie kamen bei Nacht in jenem

Dorfe an. Vor seinem Hause hörten sie Lärm und merkten, daß ein Fest im Gange war: die beiden Brüder feierten Hochzeit. Da rief er von draußen: »He, Hausherr!« Der Vater hörte dies, lief hinaus und wunderte sich, solche Gäste vor seinem Haus zu sehen. Da fragte ihn der Sohn: »Können wir hier übernachten?« Der Vater entgegnete: »Gern, aber wir haben zwei Hochzeiten im Hause und nicht viele Stuben. Da werden euch die einfachen Menschen hier die Ohren vollschreien und euch mit ihrem Geschrei lästig sein.« Daraufhin erwiderte der Sohn: »Das macht nichts. Ich habe das gern und habe es noch nie gehört, und meine Frau hat es noch lieber.«
Nun traten sie in die Stube ein; in der anderen war das Fest. Als sie drin waren und Platz nahmen, verbeugte sich seine Mutter vor ihnen wie vor Herrschaften, und er sprach zu ihr: »Wohl dir, daß du zwei Hochzeiten auf einmal hast.« Sie aber antwortete: »Ach, meine Herrschaften! Auf der einen Seite ein Freudenfest, zum anderen Kummer. Ich hatte noch einen Sohn, der in die Welt zog und verlorenging. Gott weiß, wie es ihm geht und wo er ist.« Danach ging der Sohn hinaus, zog seine alten und ärmlichen Kleider über das herrschaftliche Gewand, setzte den alten Hut auf, trat ins Zimmer, in dem das Freudenfest war, und lehnte sich an die Tür. Als die Brüder seiner gewahr wurden, riefen sie Vater und Mutter herbei. »Kommt her und seht euch euren gepriesenen Sohn an, der auszog und mancherlei stahl.« Als der Vater ihn bemerkte, rief er: »Unglücklicher, wo warst du so lange? Wo ist deine Braut?« Die Mutter aber begann zu jammern: »Ach, ich Arme! Warum tust du mir ein so großes Leid an?« Er aber antwortete: »Beschimpft mich nicht so! Es wird alles noch, so Gott es will, gut werden.« Sodann warf er die ärmlichen Kleider ab und stand in jenen herrschaftlichen vor ihnen. Als die Brüder ihn so sahen, erschraken sie sehr und baten ihn um Verzeihung. Mutter und Vater aber fielen ihm um den Hals und küßten ihn. Nun feierten sie von neuem noch drei Tage lang. Danach nahm der jüngste Sohn Vater und Mutter mit sich; den Brüdern aber gab er große Güter, und sie lebten von nun an herrschaftlich.

15. Die Nachtschwärmerin

Es war einmal ein Zar, der hatte eine sehr schöne Tochter, die jede Nacht ein Kleid und ein Paar braune Stiefel zerriß.
Dies verdroß den Zaren, und so begann er die Mägde zu fragen, ob sie wüßten, daß seine Tochter nachts irgendwohin geht und dort die Kleider und die Stiefel zerreißt. Die Mägde versicherten ihm, daß die Zarentochter nirgends hingeht. Aber er glaubte ihnen nicht, sondern stellte eine Wache auf, die die ganze Nacht vor der Tür stehen und aufpassen sollte, ob seine Tochter nachts aus dem Zimmer geht. Jedoch auch dies half nichts. Stiefel und Kleider waren an jedem Gottes Morgen zerrissen und wiederum zerrissen.
Da erzürnte der Zar, und um ihr irgendwie auf die Spur zu kommen, sandte er einen Boten aus und ließ im Volke verkünden: Wer wüßte, wohin seine Tochter nachts geht und auf welche Weise sie die Kleider zerreißt, dem würde er sie zur Frau geben.
Nachdem sich diese Kunde im Reiche verbreitete, kamen der Reihe nach die Helden von allen Seiten, um die Zarentochter zu bewachen. Aber niemand konnte herausbekommen, wo sie sich nachts herumtreibt. Nur so viel erfuhr man, daß sie sich jeden Abend schön ankleidet und verschwindet; niemand sah sie, wann und wohin sie ging. Morgens traf man sie mit zerrissenen Kleidern und Stiefeln.
Schließlich kam ein armer Kerl, um die Zarentochter zu bewachen; vielleicht würde ihm das Glück hold sein und er etwas erfahren. Des Weges kam er an ein weites Gefilde und fand drei Brüder vor, die sich prügelten und blutig schlugen. Als er sie begrüßt hatte, fragte er, weshalb sie sich schlagen.
»Was fragst du uns«, sagten die Brüder, »wenn du uns nicht helfen kannst?«
»Vielleicht kann ich euch doch helfen«, erwiderte der arme Kerl, »sagt mir nur, um was es geht.«
Daraufhin erzählte ihm der älteste Bruder, daß ihnen nach des Vaters Tod drei Dinge anheimfielen: ein kleiner Teppich, eine Mütze und ein Stock, und daß sie diese nicht unter sich aufteilen können.
Da lächelte der arme Kerl und sprach zu ihnen: »Wegen dieser Kleinigkeiten schlagt ihr euch also?«
»Das sind keine Kleinigkeiten, Bruder«, entgegneten die Brüder, »sondern Dinge von großem und größtem Wert. Jedes

von ihnen hat eine besondere Kraft. Wenn man sich auf den kleinen Teppich setzt, kann man hingelangen, wohin man will; setzt man die Mütze auf, so wird man unsichtbar; mit dem Stock kann man durch Stein und Eisen hindurch.«

»Ah, wenn dem so ist, dann wird es zwischen euch weder Frieden geben noch könnt ihr es selbst unter euch aufteilen. Jedoch wenn ihr mir gehorcht, so werde ich euch im Nu aussöhnen und die Dinge verteilen, daß es allen recht sein wird.«

»Los, sag, wie«, begehrten alle drei zugleich zu wissen.

»Nun so, geht auf jenen Hügel und stellt euch dort in einer Reihe auf. Wenn ich winke, so rennt ihr los. Wer der erste bei mir ist, der soll den kleinen Teppich haben; dem zweiten werde ich die Mütze geben, und der letzte wird den Stock erhalten.«

Die streitenden Brüder wurden nachdenklich; schließlich kamen sie überein und stimmten zu. Sie übergaben dem armen Kerl den väterlichen Nachlaß und zogen auf jenen Hügel. Kaum waren sie ein Stück weg, setzte der arme Kerl, so schnell er konnte, die Mütze auf den Kopf, ließ sich auf dem kleinen Teppich nieder, nahm den Stock in die Hände, wünschte sich im Schloß des Zaren zu sein, und schon war er verschwunden.

Im Zarenschloß angekommen, nahm er die Mütze ab, verließ den kleinen Teppich, faltete beide hübsch zusammen und steckte sie hinter den Gürtel. Sodann meldete er sich beim Zaren, er sei gekommen, die Zarentochter zu bewachen. Der Zar gestattete es ihm.

Als es Abend wurde und sich im Schloß alles beruhigt hatte, legte sich der arme Kerl vor der Tür der Zarentochter nieder, nahm die Mütze hinter dem Gürtel hervor, setzte sie auf, und auf diese Weise unsichtbar geworden, begann er umherzuspähen und zu lauern. Um eine gewisse Stunde in der Nacht öffnete sich leise die Zimmertür, und aus dem Zimmer trat die Zarentochter heraus, schön wie eine Bergvila: das neue Kleid glitzerte an ihr. Nachdem sie die Schwelle überschritten hatte, zog sie die braunen Stiefel an, schloß hinter sich die Tür, und lautlos wie ein Schatten huschte sie durch das Schloß, trat ins Freie hinaus, und niemand sah sie außer dem armen Kerl.

Er nahm sofort den kleinen Teppich hinter dem Gürtel hervor, setzte sich darauf, preßte den Stock in die Hände und wünschte sich, in ihrer Nähe zu bleiben.

Nachdem sie das Zarenschloß verlassen hatte, folgte er lange Zeit hinter ihr her: die Zarentochter schwirrte vornweg, der arme Kerl unter der unsichtbaren Mütze hinter ihr her.

So gelangte die Zarentochter auf eine schöne Wiese und sprach:

»Weiche zur Seite, Gras, auf daß ich hindurchgehen kann.« Sodann bog sich das Gras auseinander, die Zarentochter ging hindurch und der arme Kerl hinter ihr her. Der arme Kerl langte nach der Seite, pflückte von dem Grase und steckte es hinter den Gürtel. Daraufhin sprach das Gras: »Bislang, Zarentochter, bist du durch mich gezogen und hast mir keinen Schaden zugefügt.« Die Zarentochter begann sich zu wundern, was mag das gewesen sein? Sie wandte sich um, sah aber niemand hinter sich und ging weiter.

Danach kam die Zarentochter an einen herrlichen Garten, in dem es allerlei Bäume mit Obst aus Gold und Edelsteinen gab. Die Zarentochter sprach: »Weichet zur Seite, Bäume, auf daß ich durchgehen kann.« Sogleich wichen die Obstbäume zur Seite und bildeten einen Weg. Der arme Kerl schritt hinter ihr her, langte zur Seite und pflückte von dem Obst, das aus Gold und Edelsteinen war, und steckte es hinter den Gürtel. Doch die Bäume begannen daraufhin sofort zu sprechen: »Bislang, Zarentochter, bist du hier durchgezogen und hast uns keinen Schaden zugefügt.« Da wunderte sich die Zarentochter, was dies sein könnte, und sah sich nach allen Seiten hin um. Sie sah aber keine lebende Seele hinter sich und ging daher weiter.

Kurze Zeit später gelangte die Zarentochter an ein Meer und sprach: »Weiche zur Seite, Meer, auf daß ich durchgehen kann.« Das Wasser wich sogleich, die Zarentochter ging auf dem Trockenen dahin, und der arme Kerl hinter ihr her. Da sah der arme Kerl schöne Perlen und Muscheln auf dem Boden liegen, nahm einige und steckte sie hinter den Gürtel. Da sprach das Meer: »Bislang, Zarentochter, bist du hindurchgegangen und hast mir keinen Schaden zugefügt.« Daraufhin zuckte die Zarentochter zusammen, ängstigte sich und überlegte, was dies sein könnte, da sie doch auch diesmal keinen Schaden gemacht. Wieder sah sie sich um; doch sie erblickte niemand, gab sich zufrieden und zog weiter.

Als sie auf einen Berg kamen, breitete sich vor ihnen ein kleines Feld aus. Inmitten desselben stand eine hohe Pappel, an deren Wurzeln eine Steinplatte lag. Die Zarentochter schlug dreimal mit dem Stiefel auf die Platte, diese erhob sich, und darunter gähnte ein Graben. Die Zarentochter stieg in den Graben hinab und ließ die Platte über sich nieder. Der Arme zog seinen Stock, schlug gegen die Platte, und da sie sich erhob, stieg auch er hinab und sah kaum noch das Mädchen. Dort unten konnte er etwas sehen! Herrliche Schlösser, groß und geräumig; Zimmer und Säle reihten sich aneinander, unabsehbar. Alles glitzerte in ihnen vor Gold und Edelsteinen. Leuchter, hell wie die Sonne, erstrahlten im Schloß; alles glänzte und funkelte, so daß man es mit den Augen kaum schauen konnte. Das ganze Schloß ist voll von sonderbaren Menschen: lauter Vilen und Vilenmännern. Die Diener flogen, wie von Flügeln getragen, dahin, dorthin und bedienten die Gäste.

In einigen Zimmern sind reiche Tafeln für die Gäste aufgestellt. Das beste Essen und Getränk in goldenem Geschirr stand im Überfluß auf den Tafeln. Die Gäste ließen sich erst an den Tischen nieder, aßen von den Speisen und tranken von den Getränken. Der arme Kerl sah das alles und überlegte sich, warum sollte er bei solcherlei Speisen hungrig dastehen, und bediente sich selbst. Er nahm vom Tisch die schönsten Bissen, gerade das, wonach sein Herz verlangte. Er trank vom rötlichen Wein, aus dem Funken sprühten. Die Gäste sahen, daß die Speisen vor ihnen weniger wurden, daß die Becher sich füllten und leerten. Sie sahen dies und wunderten sich; denn sie sahen nicht, wer das tat. Doch noch mehr wunderten sie sich, als auf einmal die goldenen Becher, aus denen sie tranken, vor ihren Augen verschwanden. Während sie sich so wunderten, steckte sich der arme Kerl diese Kostbarkeiten hinter den Gürtel.

Ein junger Mann, schön wie gemalt, hatte die Zarentochter bereits an der Tür erwartet. Es war der Sohn des Vilenzaren. Als sie eintrat, nahm er sie bei der Hand, und beide ließen sich in einer Ecke nieder. Hier unterhielten sie sich, scherzten und lachten, während die anderen aßen und tranken. Sie brauchten weder Speise noch Getränk, sondern sahen einander voll Verlangen an.

Auf einmal setzte von irgendwoher eine himmlische Musik ein. Alle Gäste erhoben sich von den Stühlen und gingen zur Musik. Auch die Zarentochter und der Sohn des Vilenzaren folgten ihnen und hinterher der Arme. Sie traten in einen großen Saal ein, ringsherum mit Säulen aus Elfenbein. Über den Säulen wölbte sich eine Decke wie der Himmel. Auf diesem Gewölbe erleuchtete in der Mitte die Sonne und um diese herum Mond und Sterne. Von oben herab erklang die Musik, so als ob die Engel des Himmels die Harfe spielten. Die Vilen und Vilenmänner faßten sich zum Reigen und begannen zu tanzen. Der Vilenreigen setzte ein. Erst langsam, dann immer schneller und schneller. Es schien, als ob die Tänzer den Boden mit den Beinen nicht berührten; als ob der Reigen dahinflöge; als ob die Töne der Musik ihn dahin, dorthin schaukelten. Die Musik wurde immer berauschender, und Tänzer und Tänzerinnen tanzten immer schwungvoller. Schließlich, als ob der Böse in sie gefahren wäre, begannen sie zu springen, und von allen die Zarentochter am meisten; so als wäre sie von Sinnen geraten. Sie hielt sich am Sohn des Vilenzaren fest, und beide feuerten einander an. Sie sprangen, sprangen, bald nach links, bald nach rechts. Der Zarentochter platzte das Kleid, und die braunen Stiefel fielen auseinander. Von dem schönen Kleid, das sie zu Hause angezogen hatte, hingen nunmehr nur noch Fetzen an ihr. So tanzte sie bis zum Morgengrauen. Als die ersten Hähne krähten, verstummte die Musik; der Reigen löste sich; die Vilen und Vilenmänner verließen den Saal, gingen in die Nebengelasse, und im Nu verschwanden sie aus diesen irgendwohin. Auch die Zarentochter ging, begleitet von ihrem Tänzer. Beim Ausgang aus dem unterirdischen Schloß fielen sie sich um den Hals und küßten sich. Sie stieg durch jenen Graben hinauf, und der Arme folgte ihr hinterher. Genau denselben Weg gingen sie zurück. Gerade zum Sonnenaufgang gelangten sie in das Schloß des Zaren.

Die Zarentochter betrat ohne jedes Geräusch ihr Zimmer und legte sich todmüde aufs Bett. Der Arme nahm die Mütze ab, faltete sie zusammen und steckte sie samt dem kleinen Teppich hinter den Gürtel; den Stock legte er vor sich hin und ließ sich auf seinem Platz vor der Tür nieder.

Da es hell wurde und die Sonne emporstieg, ließ der Zar den Armen zu sich rufen und fragte ihn, ob er etwas erfahren konnte. Der Arme erzählte ihm alles, was er gesehen hatte; wohin seine Tochter gegangen war; was sie getan hat; weshalb ihre Kleider zerrissen sind und wie er sie auf ihrem nächtlichen Weg begleitete. Der Zar war ganz sonderlich verwundert, da er dies alles hörte. Er rief seine Tochter zu sich und fragte sie, wo sie heute nacht war und wie sie die Kleider zerrissen hat. Diese antwortete ihm, sie sei die ganze Nacht über in ihrem Zimmer gewesen. Darauf blinzelte der Zar dem Armen zu, und jener sagte dem Mädchen alles ins Gesicht, wo sie war und was sie getan hat.

Als sie dies alles hörte, war sie für den ersten Augenblick sehr verwundert; doch da sie glaubte, dies alles sei nur eine Falle, denn wie könnte schon dieser arme Bursche oder sonst jemand auf der Welt sie bei ihrem nächtlichen Spaziergang begleiten und in das unterirdische Schloß gelangen, sagte sie beständig nein und blieb dabei: sie habe heute nacht das Schloß nicht verlassen.

Sodann erzählte der Arme ihr alles in Einzelheiten: wo sie war; was sie gesprochen; was das Gras, die Bäume und das Meer gesagt haben. Er zog die Beweise hervor, daß auch er hinter ihr den gleichen Weg gegangen ist, zeigte ihr die Becher und das Geschirr von dem Mahl und erzählte ihr, mit wem sie getanzt und was beim Tanz im unterirdischen Schloß geschah. Nun begriff auch die Zarentochter, weshalb das Gras, die Bäume und das Meer sich beklagten. Sie begriff, was sie in der letzten Nacht nicht verstand. Da sie nun erkannte, daß man ihr auf der Spur war, und da es keinen Ausweg gab, schämte sie sich und begab sich auf ihr Zimmer.

Der Zar jedoch, nachdem er sich davon überzeugt hatte, daß alles, was der Arme gesagt hatte, wahr war, tat, wie er es versprochen, und gab ihm seine Tochter zur Frau.

16. Schöne Kleider tun viel

Es war einmal ein Zar, der hatte eine einzige Tochter, die über alle Maßen schön war. Aus Übermut sowie zum Ruhm ihrer Schönheit ließ er in aller Welt verkünden: Wenn sich ein junger Mann findet, der erraten könne, was für ein Mal seine Tochter habe und an welcher Stelle, dem werde er sie zur Frau geben und sein halbes Reich dazu; wer es aber nicht errate, der werde in ein Lamm verwandelt oder müsse seinen Kopf einbüßen. Diese wunderliche Nachricht verbreitete sich in aller Welt. Es kamen Tausende von Freiern von allen Enden herbei, aber vergebens. Eine große Anzahl junger Leute wurde in Lämmer verwandelt, und eine Unmenge büßte den Kopf ein.

Diese Nachricht vernahm auch ein junger Mann, arm, aber

gewandt und klug. Er bekam große Lust zu dem schönen Mädchen und dem halben Reich, und so machte er sich gleich zu ihr auf; jedoch nicht, um sie sogleich zu freien, sondern nur, um sie zu sehen und um sie etwas zu fragen. Als er auf dem Zarenhof ankam, konnte er etwas sehen: Ringsherum wimmelte es von Lämmern aller Art. Diese sprangen an ihm hoch und blökten so, als wollten sie ihm sagen, er soll seinen Gedanken aufgeben, auf daß nicht auch er zum Lamm würde. Und die abgehauenen Köpfe, die auf Pfählen staken, fingen alle an zu weinen. Darüber erschrak er und wollte weglaufen. Jedoch ein Mensch in blutigen Kleidern, mit Flügeln und nur einem Auge im Kopf hielt ihn fest und rief: »Halt! Wohin? Zurück, sonst bist du verloren!«

Darauf kehrte er wieder um und begab sich zur Zarentochter, die ihn hübsch empfing und sagte:

»Bist du auch gekommen, um mich zu freien?« Er antwortete:

»Nein, erhabene Zarin. Aber ich habe gehört, daß du dich, wenn die rechte Zeit kommt, zu verheiraten denkst. Daher bin ich gekommen, um dich zu fragen, ob du keine Hochzeitskleider brauchst.« »Was für Kleider hast du denn?« fragte sie ihn, und er antwortete:

»Ich habe Hosen aus Marmor, ein Hemd aus Tau, ein Tuch, das Äußere aus Sonnenstrahlen, der Einschlag aus Mond und Sternen und Schuhe aus lauterm Gold, weder gewebt noch geschmiedet. Wenn du das alles kaufen willst, befiehl, daß ich es herbringe. Jedoch das mußt du wissen: Wenn du eins nach dem anderen von den Kleidungsstücken anprobierst, darf niemand dabeisein als wir beide. So du sie gebrauchen kannst, werden wir leicht einig; wenn nicht, so werde ich sie niemandem zeigen, sondern sie für meine Braut aufbewahren.«

Die Zarentochter ließ sich betören und hieß ihn alles bringen. Er ging und brachte es. Gott weiß, woher er es hatte. Daraufhin schlossen sie sich in ein Zimmer ein. Sie probierte zuerst die Hosen an, und er spähte, ob er nicht irgendwo an ihrem Bein ein Mal finden könnte. Da bemerkte er zu seinem Glück einen goldenen Stern auf ihrem rechten Knie, sagte aber nichts, sondern dachte bei sich: ›Wohl mir, heute und für alle Zeit!‹ Danach probierte die Zarentochter das Hemd und alles andere an. Er aber achtete gar nicht mehr darauf, ob sie noch ein anderes Mal habe. Alles paßte, wie für sie zugeschnitten.

Sodann wurden sie sich über den Preis einig, und sie bezahlte, was sie ausgemacht hatten. Er nahm sein Geld, und nach einigen Tagen zog er sich so schön an, wie er nur konnte. Dann ging er, um des Zaren Tochter zu freien. Er sprach zu dem Zaren:
»Erhabener Zar, ich bin gekommen, um deine Tochter zu freien. So gib sie mir.«
»Gut«, antwortete der Zar, »aber weißt du, wie man um meine Tochter freien muß? Merke wohl, wenn du ihr Mal nicht errätst, bist du verloren. Errätst du es aber, so möge sie und die Hälfte meines Reiches dir gehören.« Da verneigte sich der junge Mann vor dem Zaren und sprach:
»Dank dir, Zar und Schwiegervater! Sie hat einen goldenen Stern auf dem rechten Knie.« Der Zar war sehr verwundert, woher er das weiß, aber es gab keine Ausrede für ihn, sondern er mußte sie ihm geben, und jener heiratete sie.
Als nun das Reich geteilt werden sollte, sprach der Schwiegersohn zum Zaren: »Ich belasse dir die Hälfte des Reiches, so du die armen Seelen da wieder in das verwandelst, was sie gewesen sind.« Darauf erwiderte der Zar, das stehe nicht in seiner Macht, sondern in der seiner Tochter, »deiner Frau«, wie er sagte. Nun bat er seine Frau, und jene sagte: »Laß ein wenig Blut unterhalb meines Sternes ab, und jedes Lamm soll mit der Zunge ein wenig daran lecken. Bestreiche jeden Kopf an der Unterlippe damit, und die Lämmer werden wieder zu Menschen und die Köpfe wieder lebendig und zu Menschen, wie sie vorher waren.«
Dies tat er, und als alle wieder so waren wie früher, lud er sie zur Hochzeit ein. Sodann ging es mit Singen und Schießerei mit dem Mädchen nach Hause, wo er sie alle mit Speise und Trank bewirtete. Schließlich zog jeder in seine Heimat. Er jedoch blieb mit seiner jungen Frau zurück.

17. *Der Teufel und sein Lehrling*

Es war einmal ein Mann, der hatte einen einzigen Sohn. Eines Tages sprach der Sohn zum Vater:
»Vater, was sollen wir tun? Ich kann so nicht mehr leben! Laß mich in die Welt ziehen, auf daß ich einen Beruf erlerne. Du siehst ja selbst, wie die Zeiten heute sind: selbst der kleinste Handwerker lebt besser als jeder Bauer.«

Der Vater versuchte ihn davon abzubringen und sprach zu ihm, daß auch das Gewerbe allerlei Sorgen und Mühen kennt. Schließlich könnte er doch den Vater nicht allein lassen. Da sich aber der Sohn auf keine Weise von seinem Vorhaben abbringen ließ, willigte der Vater schließlich ein, er möge ausziehen und einen Beruf erlernen. So erhob sich denn der Sohn und ging in die Welt.

Als er so wanderte, kam er an ein Gewässer. Er ging immerzu am Wasser entlang, und da begegnete ihm auf einmal ein Mann in grünen Kleidern. Der Fremde fragte ihn, wohin er gehe. Er antwortete ihm:

»Ich gehe in die Welt, um einen Meister zu suchen und ein Handwerk zu erlernen.« Darauf antwortete ihm jener Mann in den grünen Kleidern:

»Ich bin auch ein Meister. Komm zu mir und lerne mein Handwerk, wenn dein Herz so sehr danach begehrt.«

Der Knabe konnte es kaum erwarten und zog mit ihm. Als sie so am Wasser entlanggingen, sprang der Meister auf einmal hinein, fing an zu schwimmen und rief dem Knaben zu:

»Komm mit! Spring ins Wasser und lerne schwimmen!«

Der Knabe zögerte: er könne nicht, er dürfe nicht, er wage es nicht, er fürchte sich vor dem Ertrinken. Der Meister dagegen ermutigte ihn:

»Fürchte dich nicht, sondern spring hinein.«

Da sprang der Knabe ins Wasser und begann neben dem Meister einherzuschwimmen. Als sie inmitten des Gewässers waren, faßte der Meister den Knaben beim Nacken und verschwand mit ihm auf den Grund.

Dieser Meister war nämlich der Teufel. Er brachte den Knaben in sein Schloß und übergab ihn einer Alten, auf daß sie ihn unterweise. Er selbst kehrte wieder zurück auf diese Welt.

Nachdem die Alte mit dem Knaben allein geblieben war, sprach sie zu ihm:

»Mein Junge! Du dachtest wohl, dieser Mann sei ein Meister wie jene Meister auf der anderen Welt? Nein! Er ist kein solcher Meister, sondern der Teufel. Auch mich hat er auf diese Weise überlistet und mich von jener Welt hierhergeschleppt; denn auch ich bin eine getaufte Seele. Hör mich an, was ich dir sage. Ich werde dich in seinem Handwerk unterweisen. Sooft er kommt und dich fragt, ob du schon etwas gelernt hast, antworte ihm stets: ›Nein.‹ Sag, du habest noch nichts gelernt und du wärest endlich froh, wenn du von hier weg und auf jene Welt zurück könntest.«

Nach einiger Zeit fragte der Teufel den Knaben:

»Was hast du schon gelernt?« Und er antwortete ihm:

»Noch nichts.«

Und so vergingen drei volle Jahre. Und sooft der Meister den Knaben fragte, was er gelernt habe, antwortete ihm dieser stets, er habe nichts gelernt. Schließlich fragte ihn der Teufel wieder einmal:

»Hast du denn nun schon etwas gelernt?« Der Knabe antwortete ihm:

»Noch gar nichts. Vielmehr habe ich selbst das vergessen, was ich früher wußte.« Da erzürnte sich der Teufel und sagte:

»Wenn du bis jetzt noch nichts gelernt hast, so wirst du auch nie in deinem Leben etwas lernen. Verschwinde von hier! Einerlei, wohin dich deine Augen führen und deine Beine tragen.«

Der Knabe, der sich in des Teufels Handwerk schon gut auskannte, sprang sogleich ins Wasser und fing an zu schwimmen. Nachdem er ans Ufer kam, kehrte er zu seinem Vater zurück. Der Vater war sehr erfreut, als er ihn wiedersah, lief ihm von weither entgegen und sagte:

»Um Gottes willen, Sohn, wo bist du denn so lange gewesen?« Und der Sohn antwortete ihm:

»Ich habe ein Handwerk gelernt.«

Danach verging eine gewisse Zeit, bis in einem benachbarten Ort der Jahrmarkt stattfand. Da sprach der Sohn zu seinem Vater:

»Vater! Laß uns auf den Markt gehen.« Der Vater entgegnete ihm:

»Womit sollen wir denn auf den Markt gehen, wo wir doch nichts zum Handeln haben.«

»Mach dir darüber keine Sorgen«, erwiderte darauf der Sohn. So gingen beide auf den Jahrmarkt.

Unterwegs sprach der Sohn zum Vater:

»Sobald wir in die Nähe des Marktplatzes kommen, werde ich mich in ein schönes Pferd verwandeln, daß es ein schöneres auf dem ganzen Jahrmarkt nicht geben wird. Alle Leute werden sich darüber wundern. Da wird mein Meister erscheinen, um das Pferd zu kaufen. Er wird dir dafür geben, was du verlangst. Aber spaße nicht und gib ihm ja nicht das Halfter, sondern, sobald du das Geld in den Händen hast, nimm mir rasch das Halfter vom Kopf und schlag damit auf den Boden.«

Als sie in die Nähe des Marktes kamen, verwandelte sich der Sohn in ein Pferd, wie es ein schöneres nicht gab. Der Alte führte das Pferd auf den Jahrmarkt, und alle Leute versammelten sich um ihn und bestaunten das edle Tier. Doch niemand wagte sich zu fragen, was es kostet. Indes siehe, da erschien der Meister. Er hatte sich in einen Türken verkleidet: den Turban auf dem Kopf und sein Hosenboden schleifte fast auf der Erde. Da er das Pferd erblickte, sagte er:

»Ich werde dieses Pferd kaufen. Sprich, Alter, was kostet es?« Der Türke bezahlte, was der Alte verlangte, mit barem Geld, ohne ein Wort zu verlieren. Sobald der Alte das Geld in den Händen hatte, nahm er dem Pferd das Halfter ab und schlug damit auf den Boden. In diesem Augenblick verschwand sowohl das Pferd als auch der Käufer. Der Alte kam mit dem Geld nach Hause und traf dort auch seinen Sohn an.

Nach einer gewissen Zeit war abermals ein Jahrmarkt. Wiederum sprach der Sohn zu seinem Vater:

»Nunmehr werde ich mich in einen Kaufladen verwandeln: ein Zelt voll Ware, wie es schönere und in einer größeren Fülle auf dem Markt nicht gibt. All das wird niemand kaufen können. Jedoch mein Meister wird erscheinen und wird dir dafür bieten, was du verlangst. Aber spaße nicht und gib ihm die Schlüssel nicht; sondern sobald du das Geld in den Händen hast, schlage mit dem Schlüsselbund auf den Boden.«

So geschah es auch. Nachdem er sich in einen schönen Kaufladen verwandelt hatte, begannen alle Leute sich zu wundern, doch keiner hatte das Geld, ihn zu kaufen. Da erschien auf einmal sein früherer Meister. Wiederum hatte er sich in einen Türken verwandelt, genau wie zuvor. Er fragte den Alten:

»Was kostet dieser Laden?« Er bezahlte, was der Alte verlangte. Nachdem der Alte das Geld in den Händen hatte, schlug er mit dem Schlüsselbund auf den Boden. Im gleichen Augenblick verschwand sowohl der Laden als auch der Käufer. Aus dem Laden wurde eine Taube und aus dem Türken ein Sperber, der die Taube jagte. Während die beiden sich so nach allen Seiten hin jagten, trat die Zarentochter vor das Schloß und sah ihnen zu. Da flog die Taube wie ein Pfeil dem Fräulein auf die Hand und verwandelte sich in einen Ring an ihrem Finger. Der Sperber jedoch sank zu Boden, verwandelte sich in einen Menschen, ging zum Zaren hin und bot ihm seinen Dienst an.

»Ich will dir drei Jahre lang dienen und nichts von der Welt haben, weder Speise noch Trank noch Kleider. Jedoch danach mögest du mir jenen Ring von der Hand deiner Tochter schenken.« Der Zar nahm ihn in seinen Dienst auf und versprach ihm den Ring. So diente jener, während das Fräulein den Ring trug, der ihr sehr lieb war: denn tagsüber war es ein Ring und nachts ein schöner Jüngling. Dieser sprach einmal zu ihr:

»So die Zeit kommt, da man mich dir nehmen will, gib mich niemandem in die Hand, sondern wirf mich auf die Erde.«

Als drei Jahre um waren, kam der Zar zu seiner Tochter und bat sie, ihm den Ring zu geben. Da warf sie den Ring, wie vor Zorn, zu Boden, dieser barst, und aus ihm ergossen sich Gerstenbrotkrümchen. Ein Krümchen rollte unter den Stiefel des Zaren. Doch siehe da, der Diener verwandelte sich plötzlich in einen Sperling und fing an, ganz überstürzt, die Krümchen aufzupicken. Nachdem er alle Krümchen aufgespickt hatte, schickte er sich an, auch das letzte, das unter dem Stiefel des Zaren lag, zu erhaschen. Indes das Krümchen verwandelte sich urplötzlich in einen Kater, der den Sperling beim Schopf packte und ihn auffraß. Der Kater blieb auch weiterhin der Liebling der Zarentochter.

18. Die drei Aale

Es war einmal ein Fischer, der drei Tage nacheinander nichts anderes in sein Netz bekam als einen einzigen Aal. Nachdem er am dritten Tag den dritten Aal gefangen hatte, brach er in Zorn aus und sprach:

»Zum Teufel mit diesem Fischen, wenn man nichts anderes als einen einzigen Aal fängt.« Daraufhin sprach einer von jenen drei Aalen zu ihm:

»Nicht so fluchen, armer Tropf. Du weißt nicht, was du gefischt hast: Du hast dein großes Glück gefangen. Schlachte einen von uns und schneide ihn in vier Stücke. Gib sodann ein Stück deiner Frau zu essen, das andere deinem Hund, das dritte deiner Stute, und das vierte vergrabe oberhalb des

Hauses. Danach wird dir deine Frau Zwillinge, zwei Söhne, schenken, der Hund zwei Hunde, die Stute zwei Fohlen, und oberhalb des Hauses werden zwei goldene Säbel entspringen.«

Nachdem der Fischer dies gehört hatte, tat er alles so, wie ihn der Fisch angewiesen. Und all dies geschah noch im gleichen Jahr; seine Frau gebar Zwillinge, der Hund warf zwei Windhunde, und die Stute fohlte zwei Junge, und oberhalb des Hauses entsprangen zwei Säbel. Als seine Söhne groß waren, sprach der eine zu dem Vater:

»Vater, ich sehe, du bist ein armer Mann und kannst uns nicht ernähren. Ich will eins von den beiden Pferden zäumen, einen Hund und einen Säbel nehmen und in die Welt ziehen. Ich bin noch jung und frisch, und so ich meinen Kopf habe, werde ich mich auch ernähren können.« Danach wandte er sich an seinen Bruder:

»Bruder, auf Wiedersehen! Ich ziehe in die Welt. Achte auf das Haus und arbeite zu seinem Wohl und Ansehen. Ehre den Vater. Hier hast du eine Flasche voll Wasser, bewahre sie bei dir und so du siehst, daß sich das Wasser trübt, wisse, daß ich ums Leben gekommen bin.«

Dies sprach er und begab sich auf den Weg. Er durchwanderte die Welt und gelangte in eine große Stadt. Als er so durch diese einherging, erblickte ihn die Zarentochter, verliebte sich ganz und gar in ihn und sprach zu ihrem Vater, dem Zaren, er möge ihn ins Schloß kommen lassen. Der Zar erfüllte ihren Wunsch. Als der Jüngling das Zarenschloß betrat und das Mädchen ihn von allen Seiten besah, den Säbel, den Windhund und das Pferd erblickte und erkannte, daß dies alles viel schöner war als ähnliche Dinge auf der Welt, verliebte sie sich noch mehr in ihn und sprach zu ihrem Vater:

»Vater, ich will diesem Jüngling angetraut werden.«

Der Zar willigte ein, und auch dem Burschen tat es nicht leid, und so wurden sie sich einig; sie heirateten, wie es das Gesetz vorsah.

Eines Abends stand er mit seiner Frau am Fenster und erblickte unweit des Schlosses einen großen Wald, worin ein riesiges Feuer brannte, und er fragte seine Frau, was dies sei. Sie antwortete ihm darauf:

»Frag mich nicht, mein Herr! Das ist ein Zauberwald, der tagsüber blitzt und nachts brennt. Wer durch ihn geht, um zu sehen, was das ist, wird im gleichen Augenblick zu einem

Stotterer und erstarrt, so daß er sich nicht von der Stelle rühren kann.« Den jungen Prinzen kümmerte diese Mahnung nicht. Er hörte nicht auf sie, bestieg sein Pferd, gürtete den Säbel um, nahm seinen Hund und brach auf in jenen Wald. Kaum hatte er diesen betreten, da sah er ein altes Weib, das auf einem Findling saß und in der einen Hand einen Stock, in der anderen ein Kraut hielt. Er wandte sich ihr zu und fragte, weshalb dieser Wald verzaubert sei. Sie hieß ihn darauf näher treten, auf daß sie es ihm erkläre. Er trat näher zu ihr hin, und die Alte führte ihn in einen Hof, der mit lauter Knochen von einstigen Helden umzäunt war. Im Hof standen unsagbar viele stotternde und versteinerte Menschen. Kaum hatte er den Hof betreten, da war auch er, sein Pferd und sein Hund versteinert, und sie blieben dort stehen, wo sie sich gerade befanden. Im gleichen Augenblick trübte sich das Wasser in jener Flasche, und der Bruder teilte es seinem Vater und seiner Mutter mit, ihr Sohn und sein Bruder sei tot, und er wolle aufbrechen, um ihn zu suchen.

So zog auch er von Ort zu Ort, von Stadt zu Stadt, bis ihn das Glück in jene Stadt und vor das Zarenschloß führte. Als der Zar ihn erblickte, eilte er davon und überbrachte die freudige Nachricht seiner Tochter mit den Worten: »Dein Mann ist da!« Sie lief vor das Schloß und sah den Schwager, der seinem Bruder so ähnlich sah wie die eine Hälfte des Apfels der anderen. Und da sie das gleiche Pferd, den gleichen Windhund und den gleichen Säbel erblickte, liefen beide, sowohl der Zar als auch seine Tochter, zu ihm hin, fielen ihm um den Hals und führten ihn in das Schloß. Der Zar dachte, dieser sei sein Schwiegersohn; die Tochter dagegen, er wäre ihr Mann. Der Jüngling wunderte sich über so viel Liebe, und da fiel es ihm ein, sie könnten ihn womöglich für seinen Bruder halten. Daher benahm auch er sich so, als wäre er ihr Mann und der Schwiegersohn des Zaren.

Als es Abend wurde, legten sie sich nieder. Er aber nahm seinen Säbel und legte ihn zwischen sich und sie. Die Zarentochter wunderte sich darüber sehr. Er konnte jedoch nicht einschlafen, stand daher auf und trat an das Fenster. Da erblickte auch er den verzauberten Wald und fragte sie:

»Liebste, sag mir, weshalb brennt dieser Wald?« Sie antwortete ihm:

»Zum Teufel noch mal, habe ich dir das nicht bereits an jenem Abend gesagt, wie es um diesen Wald steht.«

»Was für ein Wald ist das?« fragte er wiederum. Und sie entgegnete ihm:

»Wer dorthin aufbricht, wird zum Stotterer und bleibt auf der Stelle versteinert. Ich hatte mir die ganze Zeit über Sorgen gemacht, du könntest dorthin gegangen sein.«

Nachdem er dies gehört hatte, ahnte er das Unglück und konnte es kaum erwarten, daß der Tag anbrach.

Sobald es hell wurde, bestieg er sein Pferd, gürtete den Säbel um, nahm den Hund mit und brach auf in jenen Wald. Beim Anblick jener Alten zog er seinen Säbel, gab dem Pferd die Sporen und hetzte den Hund, ohne große Worte zu verlieren, auf sie. Die Alte geriet ganz außer sich und flehte um ihr Leben.

»Gib mir meinen Bruder wieder!« schrie er sie an. Und siehe da, die Alte führte seinen Bruder herbei und gab ihm die Sprache und seine Seele wieder. Als die Brüder einander sahen, fragten sie sich gegenseitig nach der Gesundheit und ritten sodann nach Hause. Unterwegs aber sprach der Bruder, der ehedem versteinert war:

»Bruder, fürwahr, laß uns umkehren und jene retten, die noch verzaubert sind, wie ich es auch war.«

Und so geschah es auch: sie kehrten um, nahmen die Alte gefangen, entrissen ihr jenes Kraut und berührten damit alle Menschen. Diese begannen zu sprechen und bewegten sich. So wurden alle, die dort verzaubert waren, wieder erlöst und lebendig; die Alte aber töteten sie. Hernach ritten die beiden Brüder auf das Zarenschloß, alle übrigen dagegen nach Hause zu den Ihrigen.

Diese Lüge habe ich gehört, und ich habe sie ebenso weitererzählt. Gott möge dich erfreuen!

19. Die Bärenprinzessin

Es war einmal eine arme Witwe, die hatte eine Tochter. Redlich plagte sie sich ab, um diese großzuziehen. Bald wurde aus dem stillen Kind eine zarte, bleiche Jungfrau mit langem glitzerndem, feuerrotem Haar; deshalb wurde sie Flammenhaar genannt. Ihre schwarzen Augenbrauen bildeten einen einzigen langen Bogen. Ihre Augen jedoch hatte noch niemand gesehen, da sie diese stets niederschlug. Schamhaftigkeit ist die beste Zier eines Mädchens, und da Flammenhaar auch diese nicht entbehrte, war sie weit und breit die Schönste. Kaum zwölf Lenze alt, hatte sie schon viele Freier. Aber sie mochte keinen, sprach selten ein Wort und blickte stets nur so vor sich hin.

Da wurde die Witwe recht böse und schalt ihre Tochter:

»Du bist jetzt erwachsen, und ich habe es satt, für dich zu sorgen. Wähle daher einen deiner Freier. Ist dir aber keiner recht, so gehe in den Wald und heirate einen Bären. Du magst dann Bärenkönigin werden. Bis dahin jedoch siehe zu, daß du in den Wald kommst, und arbeite tüchtig.«

Die bleiche Jungfrau schwieg und ging in den Wald, um dürres Holz zu suchen. Dabei verlief sie sich und fand aus dem wilden Gebirge keinen Ausweg mehr. Traurig ließ sie sich auf einer Waldblöße nieder und gedachte der harten Worte, die ihre Mutter an sie gerichtet hatte. Während die Sonnenstrahlen mit dem wehenden Flammenhaar spielten, das wie eine brennende Fackel in das Waldesdunkel hineinleuchtete, fühlte sie sich plötzlich weich umarmt, und als sie aufblickte, sah sie sich in der Gewalt eines mächtigen Bären, der ein winziges Krönlein über der breiten Stirn trug. Der Bär sah sie freundlich und mit klugen Menschenaugen an, hob sie vorsichtig empor und trug sie in seine Höhle, wo er die Müde auf ein Lager aus weichem Moos bettete. Dann ging er fort, um Obst und Honig für sie zu holen, schob jedoch zunächst einen Felsblock vor den Eingang, damit sie nicht entweiche. Sie dachte indes gar nicht daran, sondern saß still und ruhig da, als ob sich jetzt ihr Schicksal erfüllt hätte. Allmählich lernte sie das Gebrumm des Bären als dessen Sprache verstehen, und er lehrte sie vieles, was ansonsten nur die Tiere des Waldes wissen und was dem Menschen wie ein Zauber erscheint.

So wurde sie die Frau des Bärenkönigs ganz nach der Mutter Wort. Nach einiger Zeit bekam sie ein wunderschönes kleines Töchterlein mit goldenem Haar und den hellen, klugen Augen des Bärenkönigs. Dieser blickte das Kind traurig an und sprach zu seiner Frau:

»Jetzt ist es vorbei, jetzt muß ich sterben. Hättest du mir einen Sohn geschenkt, so wäre er mir an Gestalt gleich geworden und hätte das Erbe meines Reiches angetreten. Ein menschliches Wesen dagegen kann das Bärenreich nicht regieren; meine Tochter wird daher in einem Reich der Menschen Königin werden. Hüte sie gut vor meinem Nachfolger, denn der Bärenkönig darf nur ein Menschenwesen freien; nimmt er aber eines Bärenkönigs Tochter und schenkt ihm diese keinen Sohn, so muß sie selbst sterben. So gehe ich denn für immer von euch.«

Er nahm Abschied von der bleichen Frau und legte sein Krönlein dem Kind in die Wiege. Dann kamen auch schon in großen Scharen die Bären des Reiches daher, setzten ihn auf einen aus Zwergkiefern geflochtenen Thron und trugen ihn feierlich zu einem Felsspalt, der tief hinein in das Berginnere führte. Der Bärenkönig blickte sich noch einmal um; dann betrat er stumm das tiefe Dunkel. Vor dem Felsspalt häufte man gewaltige Steine übereinander, und so ward er begraben, noch ehe er tot war, denn die Tiere des Waldes verbergen stets ihren Tod.

Die Witwe des Bärenkönigs legte daraufhin allen Schmuck ab und hüllte sich in weiße Kleider, die ihre feurigen Locken ganz verbargen. Sie lebte weiterhin still in der Höhle und pflegte ihr Töchterlein, das rasch zu einem schönen Mädchen aufwuchs. Sie hütete es sorgsam, und sooft sie tiefer in den Wald hineingehen mußte, um Obst und Kräuter zu holen, verwandelte sie das Mädchen in eine Kröte und befahl auch dieser, sich unter einem Stein zu verstecken.

Während nun die Tochter des Bärenkönigs in der Waldhöhle heranwuchs, wuchsen dem König, dem das ganze Land gehörte, auch drei Söhne heran. Da erkrankte eines Tages die Königin schwer. Sie rief ihren Gemahl zu sich an ihr Lager und sprach zu ihm: »Ich bitte dich bei Gott, verheirate den ältesten deiner Söhne nicht eher, als bis auch die beiden jüngeren alt genug sind, um sich ein Weib zu nehmen. Laß sodann alle drei auf einmal Hochzeit feiern. Wenn du diesen meinen Willen nicht zu erfüllen gedenkst, so kann ich dich nicht segnen.«

Mit diesen Worten verschied sie. Der König beschloß, nach ihrem Willen zu handeln. Als auch der jüngste Sohn heiratsfähig war, rief er alle drei zu sich und sprach zu ihnen:

»Ihr seid nunmehr erwachsen, und es ist der Wille eurer verstorbenen Mutter, daß ihr euch gleichzeitig vermählt. Geht also hinauf auf den alten Turm unserer Burg, und der älteste möge dort ein Brett aus dem schwarzen Dach heben. Schnitzt euch aus diesem Brett drei gleiche Bogen und drei gleiche Pfeile und schießt diese durch jene Lücke im Dach ab. Dort, wo eure Pfeile niedergehen, werdet ihr eure Frauen finden. Also geht und laßt sehen, was euer Glück ist.«

Die Söhne folgten dem Rat ihres Vaters und schossen nacheinander ihre Pfeile ab. Die Pfeile des ältesten und des zweiten Sohnes flogen in die Königsschlösser zweier benachbarter Reiche. Der Pfeil des Jüngsten aber verschwand in einem großen Wald. Da ging der König hin und freite die Töchter seiner Nachbarn für seine beiden ältesten Söhne. Zu seinem jüngsten Sohn aber sagte er:
»Geh nur selbst in den Wald und such dein Glück.«
Der jüngste Prinz schnürte also sein Ränzlein und ging in den Wald. Drei lange Tage suchte er kreuz und quer vergeblich nach seinem Pfeil. Das Brot in seinem Rucksack war aufgezehrt, und er war müde und hungrig. Er schämte sich, unverrichteterdinge heimzukehren, sonst wäre er längst umgekehrt. Doch da er nachsann, was zu tun sei, sah er oben in einer Fichte seinen Pfeil stecken, dessen Schaft mit einem goldgestickten Freierstüchlein umwunden war. Er blickte um sich, ob sich ein Haus in der Nähe befindet. Da bemerkte er, daß die Fichte vor dem Eingang einer Höhle stand. Der Platz davor war sauber gekehrt, und drinnen fand er den Herd und das Geschirr in Ordnung. Indes war keine Seele zu sehen. Er suchte nun auch draußen umher und sah dabei eine große Kröte im Grase. Schon erhob er das Bein, um sie zu zertreten, da sprach eine zierliche Stimme:
»Tu mir nichts zuleide, denn ich bin dein Glück.«
Da erschrak er, faßte aber Mut und sprach:
»Wenn du wirklich mein Glück bist, so mußt du mit mir kommen!« Dann hob er die Kröte auf, steckte sie in den Rucksack und trug sie heim. Zu Hause hatte er ein eigenes Zimmer, und er legte die Kröte darin in einen Wandschrank. Niemandem erzählte er von seinem Erlebnis. Doch der alte König mußte etwas bemerkt haben, denn er sagte zornig zu seinem Jüngsten:
»Ist wohl was Rechtes, dieses dein Glück!«
Traurig antwortete der Sohn:
»Ich will meinen Brüdern nicht im Wege stehen; sie mögen Hochzeit feiern, der Mutter Fluch aber will ich auf mich nehmen.« Doch der König gedachte noch eine Weile zu warten.
Nun geschah es, daß der jüngste Prinz niemals etwas Ordentliches zu essen bekam. Der Koch stellte ihm das Mittagessen und das Abendessen stets in sein Zimmer, doch ehe der Prinz zum Essen kam, war alles durcheinandergeworfen, und die Hälfte fehlte. Der Prinz schalt den Koch:

»Worin bin ich schlechter als meine Brüder, daß du mich so nachlässig bedienst?«
Als nun der Koch sagte, er bereite das Essen so sorgfältig zu wie ehedem, hieß ihn der Prinz vor seinen eigenen Augen die Speisen zuzubereiten, sie auf das Zimmer zu bringen und hieß ihn hierauf das Zimmer sofort zu verlassen. Der Koch tat wie befohlen. Der Prinz wartete nun eine Weile vor der Tür und betrat dann unvermutet das Zimmer. Hier saß ein schönes Mädchen mit einer kleinen Krone auf dem goldenen Haar an der Tafel und leerte eine Schüssel nach der anderen. Erschrocken sprang sie auf und wollte sich im Wandschrank verstecken. Er aber kam ihr zuvor, öffnete den Schrank und fand darin eine Krötenhaut, die er ins Feuer warf. »O weh! O weh!« jammerte sie und schlug sich auf die Knie. »Ich muß nun immerzu in dieser Gestalt weiterleben.«
»So ist es mir auch ganz recht«, meinte der Prinz. Darauf erzählte sie ihm, sie sei die Bärenprinzessin, und er nahm sie an der Hand und führte sie zu seinem Vater. Dieser überlegte hin und her, was er nun tun solle. Dann schickte er einen Zug von Hochzeitsgästen nach den beiden Königstöchtern. Als diese ankamen, sagte er, daß nunmehr Hochzeit gefeiert werden soll; vorher möchten sich jedoch alle drei noch zu einem gemeinsamen Mahle niedersetzen. Das taten sie denn auch, und er sah, wie die beiden Königstöchter immerzu einen Bissen in der Kehle, einen zwischen den Zähnen und einen zwischen den Fingern hatten, und als sie aufstanden, schüttelten sie die Brotkrumen von ihrem Schoß auf den Teppich. Die Bärenprinzessin dagegen schluckte immer einen Bissen hinunter, bevor sie den andern nahm, und als sie aufstand, schüttelte sie die Krumen von ihren Kleidern auf einen Teller, und diese verwandelten sich in Dukaten.
Da dachte der König: ›So etwas kann ich immer brauchen‹, und forderte seinen jüngsten Sohn auf, ihm das Mädchen zu überlassen, da er es selbst heiraten wolle. Da der Prinz davon nichts hören wollte, sprach der König:
»Gut, so soll sie aus einem einzigen Stück Stoff für alle meine Soldaten Kleider nähen! Kann sie das nicht, so sollst auch du sie nicht zur Frau haben.«
Daraufhin weinte der Prinz bitter, und als ihn die Bärenprinzessin nach dem Grund fragte, klagte er:
»Mein Vater hat ein hartes Wort gesprochen«, und er erzählte ihr sodann alles. Da fing sie an zu lachen und sprach:

»Geh dorthin, wo du mich fandst, und ruf dreimal vor der Höhle aus: ›Flammenhaar erscheine!‹ Sodann wird meine Mutter erscheinen, und du wirst zu ihr sagen: ›Deine Tochter grüßt dich, du mögest ihr für eine Weile das Stück Stoff schicken, aus dem du immer deine Kleider nähst!‹«
Der Prinz tat, wie ihn das Mädchen geheißen hatte. Nachdem er dreimal gerufen: »Flammenhaar erscheine!«, da erschien eine bleiche Frau in weißem Kleid und fragte mit weicher Stimme:
»Was wünschst du, Schwiegersohn?«
Er aber ließ sie wissen, was ihn hergeführt hatte. Daraufhin gab sie ihm, was er begehrte, grüßte die Tochter und verschwand wie ein Nebelstreif. Die Bärenprinzessin nähte nun aus einem kleinen Stoffrest Röcke für das ganze Heer, und schließlich blieb ein ebenso großes Stück übrig, wie dasjenige, mit dem sie begann. Der König dachte: ›So etwas kann man immer brauchen‹, schloß sich in sein Zimmer ein, um sich die Sache zu überlegen, und schließlich sprach er zu seinem Sohn:
»Du mußt mir das Mädchen geben, oder sie soll in einem einzigen Kessel so viel Maisbrei kochen, daß mein ganzes Heer davon satt wird.«
Da weinte der Prinz abermals und sagte zu der Bärenprinzessin: »Mein Vater hat ein hartes Wort gesprochen. Jetzt werden wir wohl keinen Ausweg mehr finden.«
Sie aber lachte auch jetzt und sandte ihn zu ihrer Mutter.
Vor der Höhle angelangt, rief er dreimal aus: »Flammenhaar erscheine!« Wieder erschien die bleiche Frau, gab ihm einen kleinen Kessel, in dem sie immer den Mundvorrat kochte, grüßte die Tochter und verschwand. So kochte denn die Bärenprinzessin in dem kleinen Kessel Maisbrei für das ganze Heer, und es blieb noch viel übrig.
Der Kessel gefiel dem König ganz besonders. Er dachte eine Woche lang über all das nach und meinte schließlich: »So etwas kann man wirklich immer brauchen.« Danach sprach er zu seinem Sohn:
»Ich muß das Mädchen allen Ernstes haben und werde sie nur freigeben, wenn sie mir den Ring wiederbringt, den meine Frau, die Königin, in jene Welt mitgenommen hat.«
Der Prinz aber wehklagte: »Ach, was nützt mir mein ganzes Leben!« Auch die Bärenprinzessin lachte diesmal nicht, sondern sagte nur:

»Geh noch einmal zu meiner Mutter und bitte sie, uns zu dem Ring zu verhelfen, wenn sie es vermag, oder sie möge auf andere Weise ihrem Kind durch einen Rat beistehen.«
So ging denn der Prinz wieder vor die Höhle im Wald und rief nach Flammenhaar. Als er der bleichen Frau alles berichtet hatte, sagte sie:
»Fasse mich am Saum meines Kleides und folge mir, ohne nach der Seite zu blicken oder den Kopf zu wenden.«
So schritten sie durch die Höhle. Dann betraten sie einen Weg, der weiter durch die Erde führte. Sie kamen durch grünlich und bläulich glitzerndes Felsengewölbe, in dem sie schreckliche Dinge sahen. Da kroch eine eklige Schlange aus einer Ecke in die andere und trank gierig Eier aus. »Das ist«, flüsterte die bleiche Frau, »ein Mädchen, das seiner Mutter Eier aus der Speisekammer stahl und diese austrank. Deshalb hat sie der liebe Gott in eine Schlange verwandelt. So muß sie nun bis zum Jüngsten Gericht Eier stehlen.« Dann sahen sie einen Mann und ein Weib an den Beinen aufgehängt, die unaufhörlich mit den Rücken gegeneinander schlugen, daß es nur so dröhnte. »Das ist ein Ehepaar, das sich auf Erden nicht vertrug«, erklärte die bleiche Frau. Dann kamen sie an zwei Männern vorüber, die aufgespießt waren. Unter ihnen brannte ein Feuer, so groß wie in einem Kalkofen. Und indem sie einander gegenseitig drehten, fragte der eine fortwährend zähneklappernd: »Friert dich, Freund?«, worauf der andere stets antwortete: »Uhuhuhuhu, es friert mich fürchterlich!« — »Diese beiden haben zu Lebzeiten ganze Zäune gestohlen und sich damit ein Feuer bereitet.« Dem Jüngling graute es so sehr, daß es ihm schwerfiel, den Kopf nicht abzuwenden. Deshalb glitt die bleiche Frau rascher dahin, und kaum den Boden berührend, folgte er ihr auf eine weite, lichte Fläche, auf welcher in unzähligen großen Zisternen siedendes Wasser brodelte. In diesem wälzten sich jammernde Menschen. Bei einer solchen Zisterne hielt die bleiche Frau inne und sagte:
»Dort ist deine Mutter!«
Entsetzt blickte er hin und sah wirklich seine Mutter in dem siedenden Wasser. Sie streckte die Hand mit dem Ring heraus und rief:
»Zieh ihn schnell ab, mein Sohn, denn sie lassen mir keine Zeit! Und dann sag dem König, daß ich ihn grüße, und er möge die dreißig Pfund Kirschen bezahlen, die ich schuldig

bin. Wenn es nicht wegen der Kirschen ist, so weiß ich nicht, weshalb mich Gott in das Fegefeuer geworfen hat!«

Dann tauchte sie unter. Der Jüngling ergriff von neuem den Saum des weißen Kleides und schloß die Augen. Rasch glitten sie denselben Weg zurück und waren bald wieder in der Felsenhöhle. Dort sprach die bleiche Frau:

»Nun trag deinem Vater den Ring hin und sage ihm einen Gruß von mir, und er möge dich endlich mit meiner Tochter vermählen, sonst wird sich sein Wortbruch rächen.«

Als der Prinz dem König alles berichtet hatte, da erschrak dieser und ließ sogleich alle seine Untertanen und sein ganzes Heer zusammenrufen. Es wurden auf einer großen Wiese Ochsen und Lämmer am Spieß gebraten, und bis zur Mittagsstunde durften sich alle gütlich tun und nach Herzenslust singen. Dann aber befahl der Ausrufer im Namen des Königs Stillschweigen. Sodann wurde der aufgerufen, dem die verstorbene Königin dreißig Pfund Kirschen schuldig geblieben war. Endlich meldete sich ein armer Mann. Er wurde vor den König geführt, dieser zog dreißig Dukaten heraus und wollte sie ihm geben. Darauf entgegnete der Arme:

»Mächtiger König, ich nehme nicht mehr als dreißig Heller, so wie ich es mit der Königin ausgemacht hatte.«

Der König gab ihm die dreißig Heller und sagte:

»Ich bitte dich, wie meinen leiblichen Bruder, segne nun ihr Andenken.«

Und der Mann erwiderte: »Hätte ich das gewußt, ich hätte sie trotzdem hundertmal am Tage gesegnet. Möge ihre gute Seele alle Freuden des Paradieses schauen!«

Der König und das Volk beteten hierauf, und dann ging jeder still nach Hause. Zehn lange Tage schloß sich der König in sein Zimmer ein, um nachzudenken. Dann eröffnete er seinem Jüngsten, daß er der Bärenprinzessin entsage, und daß nun alle drei Brüder Hochzeit feiern sollen. Doch der Prinz war traurig und entgegnete, er wolle vorher noch nach der Mutter sehen, wie es ihr geht. Er hing sich also wieder den Rucksack um, ging in den Wald zur Felsenhöhle und rief dort dreimal: »Flammenhaar erscheine!« Da trat wieder die bleiche Frau heraus, und er erzählte ihr seinen Kummer. Sie antwortete ihm gütig: »Halt dich nur an dem Saum meines Kleides fest, Schwiegersohn, und du sollst deine Mutter sehen.«

Und wieder glitten sie durch die Höhle dahin und durch das Erdreich und über die weite Fläche mit den dampfenden Zisternen. Dann kamen sie an einen großen See mit siedendem Wasser und flüssigen Steinen. Die bleiche Frau streckte die Hand aus, in der sie einen goldenen Stab hielt, und über dem See entstand eine hohe Brücke. Sie schwebten hinüber auf das andere Ufer, und dort prangte eine gewaltige, herrliche Burg. Flammenhaar winkte nochmals mit dem goldenen Stab, und das Tor sprang auf. »Weiter dürfen wir nicht«, sagte sie, »aber du kannst von hier aus deine Mutter sehen, die jetzt mit den übrigen frommen Seelen ein Loblied Gottes singt.« Da kam auch schon die Königin auf ihren Sohn zu, in einem Kleid wie aus Mondschein gewoben, und ringsum duftete alles, und es war Licht und Seligkeit. »Hab Dank, mein Sohn!« sprach die Erlöste. »Grüß meinen Herrn, den König, und sag ihm, daß meine Seele in demselben Augenblick in das Paradies flog, als er die dreißig Pfund Kirschen bezahlte. Ich segne ihn. Er möge meine Schwiegertochter von Herzen ehren und lieben.«

Der junge Prinz kehrte nach Hause zurück, und die Hochzeit der drei Brüder wurde mit großem Glanz gefeiert. Hernach sprach der König zu der Frau des Jüngsten: »Höre, meine liebe Schwiegertochter! Ich will, daß von nun an du in meinem Reiche regierst.« Sie erwiderte: »Wie kann ich das, lieber Vater? Ich habe nur einen Weiberkopf. Regiere du nur weiter wie bisher.« Er aber sagte: »Man fragt nicht, wer den Kopf trägt, wenn man mit dem, was dieser Kopf ausdenkt, zufrieden ist. Der Erfolg entscheidet! Also regiere jetzt ein Jahr lang, und dann wollen wir weitersehen.«

Die Bärenprinzessin regierte nunmehr das Land ein volles Jahr lang ganz allein und eroberte in dieser Zeit zwei große Reiche, so daß jeder der drei Brüder König werden konnte. Damit waren alle sehr zufrieden, und wir sind es mit diesem Märchen auch.

20. Wahres Verdienst läßt sich nicht verbergen

Es war einmal ein Armer, der hing sich an einen reichen Mann und diente diesem ohne einen Vertrag. So diente er ein volles Jahr, und als ein Jahr um war, ging er zu seinem Herrn und forderte den Lohn, den dieser glaube, ihm schuldig zu sein. Der Herr zog einen Pfennig heraus und sagte: »Hier hast du! Das ist dein Lohn!« Der Diener nahm den

Pfennig, dankte dem Herrn und ging sodann an einen Bach, wo das Wasser sehr reißend war. Als er an den Bach kam, sprach er zu sich: »Barmherziger Gott! Was soll das bedeuten, daß ich nur einen Pfennig in einem vollen Jahr verdient habe? Aber weiß Gott, ob ich auch nur soviel verdient habe. Ich will das jetzt einmal probieren. Ich werde diesen Pfennig ins Wasser werfen, und wenn er nicht untersinkt, dann habe ich ihn verdient; geht er aber unter, dann habe ich ihn nicht verdient.« Sodann bekreuzigte er sich und sprach: »Barmherziger Gott, Barmherziger Gott! Wenn ich diesen Pfennig verdient habe, so möge er auf dem Wasser schwimmen; wenn nicht, so möge er auf den Grund versinken.« Nachdem er dies gesagt hatte, warf er den Pfennig in den Bach, und dieser versank sogleich auf den Grund. Dann beugte er sich nieder, nahm den Pfennig aus dem Wasser, brachte ihn seinem Herrn wieder und sprach: »Herr, hier hast du deinen Pfennig wieder. Ich habe ihn noch nicht verdient; ich werde dir noch ein volles Jahr dienen.« Und so begann er von neuem zu dienen.
Als wieder ein Jahr um war, trat er vor seinen Herrn hin und begehrte den Lohn, den dieser glaube ihm schuldig zu sein. Der Herr zog wiederum einen Pfennig heraus und gab ihn dem Diener. »Hier, das ist dein Lohn.« Der Arme nahm den Pfennig, dankte dem Herrn, ging wieder an jenen Bach, bekreuzigte sich, warf den Pfennig ins Wasser und sprach: »Barmherziger Gott! Wenn ich ihn zu Recht verdient habe, so möge er auf dem Wasser schwimmen; wenn nicht, so soll er auf den Grund sinken.« Als er ihn ins Wasser warf, fiel der Pfennig sogleich auf den Grund. Nunmehr beugte er sich nieder, nahm den Pfennig wieder heraus und brachte ihn seinem Herrn mit den Worten: »Hier hast du, Herr, den Pfennig wieder. Ich habe ihn noch nicht verdient; ich will dir noch ein Jahr dienen.«
Und so begann er wiederum zu dienen.
Als das dritte Jahr um war, trat er vor seinen Herrn hin und forderte seinen Lohn, den dieser glaube ihm schuldig zu sein. Der Herr gab ihm wieder einen Pfennig. Der Arme nahm ihn, bedankte sich und ging wieder an jenen Bach, um zu sehen, ob er ihn nunmehr verdient habe. Als er an den Bach kam, bekreuzigte er sich, warf den Pfennig ins Wasser und sprach: »Barmherziger Gott, wenn ich diesen Pfennig verdient habe, so möge er auf dem Wasser schwimmen; wenn nicht, so möge er auf den Grund versinken.«

Als der Pfennig ins Wasser fiel, begann er darauf zu schwimmen. Der Arme freute sich, nahm den Pfennig aus dem Wasser, steckte ihn in die Tasche und ging in den Wald, baute sich eine kleine Hütte und lebte fortan dort.
Nach einer gewissen Zeit erfuhr er, daß sein alter Herr eine Galeere rüstet, um über das Meer in ein anderes Reich zu segeln. Er ging mit seinem Pfennig zu ihm hin und bat ihn, ihm in dem andern Reich etwas für diesen Pfennig zu kaufen. Der Herr versprach es, nahm den Pfennig und begab sich auf die Reise. Da er so reiste, traf er an einem Meeresstrand einige Kinder an, die einen Kater hatten, den sie töten und ins Meer werfen wollten. Da er dies sah, eilte er zu ihnen hin und fragte sie: »Was macht ihr da, Kinder?« Sie antworteten ihm: »Er macht nur Schaden, daher wollen wir ihn töten.« Da nahm er jenen Pfennig seines einstigen Dieners heraus und gab ihnen diesen für den Kater. Die Kinder waren damit einverstanden, nahmen den Pfennig und überließen dem Kaufmann den Kater. Dieser nahm ihn mit auf sein Schiff und segelte weiter.
Da er so dahinfuhr, blies auf einmal ein starker Wind, der das Schiff Gott weiß wohin trug, so daß es drei Monate lang nicht auf den rechten Kurs zurückkehren konnte. Nachdem der Sturm sich gelegt hatte, wußte der Schiffsherr nicht, wo er war, und als er allmählich weiterfuhr, kam er an eine Stadt. Als sich in der Stadt die Kunde verbreitete, daß ein Schiff aus einem unbekannten Lande angelegt habe, kamen viele Menschen, um es zu sehen. Einer von jenen, der sehr reich war, lud den Schiffsherrn zum Abendessen ein. Aber was mußte der Schiffsherr dort sehen: Mäuse und Ratten liefen nach allen Richtungen hin und her. Da standen Diener mit Knüppeln in der Hand, um zu verhindern, daß diese nicht auf den Tisch sprangen. Darauf sprach der Schiffsherr zu dem Hausherrn: »Um Gottes willen, Bruder, was ist denn das?«
Der Hausherr entgegnete ihm: »So ist es, Bruder, bei uns immer. Wir können vor diesem Getier weder in Ruhe zu Mittag noch zu Abend essen. Zum Schlafen hat jeder von uns seine Kiste, und wir legen uns in diese Kiste, auf daß sie uns nicht die Ohren abnagen.« Da erinnerte sich der Schiffsherr des Katers, den er für einen Pfennig gekauft hatte, und sprach zu dem Hausherrn: »Ich habe auf dem Schiff ein Tier, das all dieses Ungeziefer in zwei bis drei Tagen vernichten könnte.« Der Hausherr antwortete darauf: »Bruder, wenn

du ein solches Tier hast, bring es her! Ich will dir dein Schiff mit lauter Silber und Gold anfüllen, wenn das wahr ist, was du sagst.«

Nach dem Abendessen ging der Schiffsherr weg, brachte seinen Kater und sagte zu dem Herrn, daß sie sich ohne Kiste niederlegen sollen. Aber niemand wagte es, und so legte er sich nur allein so nieder. Dann ließ er seinen Kater los. Als der Kater so viele Mäuse und Ratten sah, begann er sie zu fangen und zu töten, und schleppte sie alle auf einen Haufen. Die Mäuse und Ratten erkannten ebenfalls, wer da war, und sie flohen, wohin sie konnten. Als der Tag graute, und alle aufstanden, da lag inmitten des Zimmers ein großer Haufen toter Mäuse und Ratten. Durch das Zimmer rannte nur noch selten eine, sie lugten nur noch aus ihren Löchern hervor, und nach drei Tagen konnte man keine einzige mehr sehen. Dann ließ der Hausherr dem Reisenden das Schiff mit Silber und Gold anfüllen. So kam unser Reisender mit seinem Schiff nach Hause. Nachdem dieser zu Hause ankam, kam sein alter Diener zu ihm und fragte ihn, was er ihm für seinen Pfennig mitgebracht habe. Der Herr trug einen Marmorstein, schön gemeißelt und viereckig, aus dem Schiff und gab ihm diesen mit den Worten: »Hier, dies habe ich dir für deinen Pfennig gekauft.«

Der Diener freute sich darüber sehr, nahm den Stein, trug ihn in seine Hütte und machte daraus einen Tisch. Am andern Morgen ging der Diener in den Wald nach Holz, und als er zurückkehrte, da hatte sich jener Stein in Gold verwandelt und strahlte wie die Sonne und glänzte wie die Sonne. Die ganze Hütte war von ihm erleuchtet. Als er dies sah, war er erschrocken, lief zu seinem alten Herrn und sprach: »Herr, was hast du mir da gegeben? Das gehört mir nicht, komm und sieh selbst!« Der Herr kam und sah, welch ein Wunder Gott getan hatte, und sprach zu ihm: »Es ist schon so, mein Sohn, wem Gott beisteht, dem helfen auch alle Heiligen. Komm zu mir und nimm deine Schätze.« Sodann gab er ihm alles, was er auf dem Schiff mitgebracht hatte, und obendrein seine Tochter zur Frau.

21. *Teufelsblendwerk und Gottesmacht*

Eines Morgens ging ein Zarensohn auf die Jagd. Als er durch den Schnee stampfte, bekam er Nasenbluten, und da er sah, wie das rote Blut auf dem weißen Schnee schön aussah, dachte er bei sich: ›Wenn ich doch ein Mädchen heiraten könnte, das so weiß ist wie Schnee und so rot wie Blut.‹ Ganz diesem Gedanken hingegeben, ging er weiter und begegnete einer alten Frau, die er fragte, ob es solche Mädchen gebe. Die Frau sagte, weiter weg, im Walde, da sei ein Haus ohne Tür, das nur ein Fenster hat, durch das man ein und aus geht. In diesem Hause ist ein solches Mädchen. »Aber, mein Sohn«, fuhr sie fort, »wer bisher hinging, sie zu freien, ist nicht wiedergekommen.«

»Bei Gott«, erwiderte der Zarensohn, »wenn auch nicht. Ich gehe. Ist das hier der Weg?« Als die Alte dies hörte, tat er ihr leid. Sie griff sich in den Busen, zog ein Stück Brot heraus, gab es dem Zarensohn und sprach: »Nimm dieses Stück Brot, aber hüte es wie deinen Augapfel!« Er nahm das Brot, ging weiter und traf kurze Zeit später wieder ein altes Weib. Sie fragte ihn, wohin er gehe, und er erzählte ihr, er gehe das und das Mädchen freien. Die Alte suchte ihn davon abzubringen und sagte ihm dasselbe wie die erste. Er aber antwortete: »Bei Gott, Alte, ich gehe, wenn ich auch nicht wiederkomme.« Da gab ihm die Alte eine Haselnuß und sprach: »Verwahre diese Haselnuß bei dir. Sie wird dir von Nutzen sein.« Er nahm die Nuß und zog weiter. Und wieder nach kurzer Zeit traf er eine dritte Alte am Wege sitzend, die ihn ebenfalls fragte, wohin er gehe. Er erzählte auch ihr, er gehe das und das Mädchen freien. Da fing die Alte an zu weinen und beschwor ihn, er möge von dem Mädchen lassen. Sie sagte ihm dasselbe wie die beiden ersten. Aber er wollte ihr nicht gehorchen. Da gab ihm die Alte eine Walnuß mit den Worten: »Nimm diese Nuß und verwahre sie, bis du ihrer bedarfst.« Er wunderte sich über diese Geschenke und fragte die dritte Alte, was es bedeute, daß ihm die erste ein Stück Brot, die nächste eine Haselnuß und sie eine Walnuß gegeben hatte. Die Alte erwiderte: »Wenn du vors Haus kommst, wirf das Brot den Tieren hin, auf daß sie dich nicht fressen. Und wenn du in der größten Not bist, befrage erst die Haselnuß und sodann die Walnuß.«

Danach zog der Zarensohn weiter, bis er in einen dichten

Wald gelangte und darin jenes Haus erblickte. Als er vor dem Hause war, sprang eine Menge allerlei wilder Tiere auf ihn los. Er aber warf ihnen, so wie es ihm die Alte gesagt hatte, das Stück Brot hin, und nachdem jedes der Tiere daran gerochen hatte, legten sie sich alle auf den Bauch und zogen den Schwanz unter sich. Nunmehr – das Haus hatte keine Tür und war hoch – konnte er nicht hinaufklettern. Auf einmal bemerkte er, daß eine Frau ihr goldenes Haar vom Fenster herabhängen ließ. Er sprang hinzu, faßte es an und zog sich daran am Haus hoch. Was sah er dort? Fürwahr, das Mädchen. Wie freuten sich da beide! Das Mädchen sprach: »Danke Gott, daß du meine Mutter nicht zu Hause angetroffen hast, sondern daß sie fort ist und im Walde Kräuter sucht, mit denen sie die jungen Leute verzaubert und in Tiere verwandelt, wie sie es mit all denen da, meinen Freiern, gemacht hat, die dich beinahe zerrissen hätten, wenn Gott dir nicht beigestanden hätte. Aber nun laß uns fliehen.«
Darauf flohen sie durch den Wald, so schnell sie konnten. Als sie sich einmal umsahen, da war des Mädchens Mutter hinter ihnen her. Sie erschraken sehr, denn die Alte war ihnen dicht auf den Fersen. In der Not fiel dem Zarensohn die Haselnuß ein. Er zog sie heraus und sagte: »Um Gottes willen, was nun?« Die Haselnuß antwortete: »Öffne mich!« Als er das tat, quollen reißende Flüsse aus ihr heraus und schnitten der Mutter den Weg ab. Sie berührte aber mit ihrem Stock das Wasser, es zerteilte sich, und so jagte sie wieder hinter den beiden her. Als sie nun sahen, daß sie sie bald wieder eingeholt hatte, zog der Zarensohn die Walnuß aus der Tasche und rief aus: »Sprich, was sollen wir jetzt anfangen!« Die Walnuß antwortete: »Zerschlage mich!« Er tat es. Da brach ein Feuer aus ihr hervor, daß fast der ganze Wald in Brand geriet. Des Mädchens Mutter aber spuckte ins Feuer, das in diesem Augenblick erlosch. Und wieder war sie hinter ihnen her. Da erkannte der Zarensohn, daß es ein teuflisches Blendwerk war, bekreuzigte sich, nach Osten gewandt, und rief den Allmächtigen um Hilfe an. Da fuhr ein Blitz aus dem Himmel nieder und verbrannte die Mutter des Mädchens, und unter ihr tat sich die Erde auf und verschlang ihre Gebeine. So entkam der Zarensohn mit dem Mädchen glücklich nach Hause, ließ es taufen und nahm es zur Frau. Gott möge dich erfreuen!

22. *Das Schicksal*

In einer Stadt lebten drei Brüder. Die beiden Älteren waren verheiratet, der Jüngste unverheiratet und ein großer Lebeschön. Jene beiden nahmen ihren Teil von dem, was ihnen ihr Vater hinterlassen hatte, und sprachen zu dem Jüngsten: »Hier hast du deinen Teil und mach damit, was du willst. Mit dir wollen wir nichts mehr zu tun haben.« Der jüngste Bruder nahm seinen Teil, blieb weiterhin bei seinen Gewohnheiten, verschwendete immerzu den Ertrag und wollte niemals etwas arbeiten. Nachdem er sein ganzes Vermögen verjubelt hatte, schmiegte er sich wieder an seine Brüder an, und jene baten ihn, er möge doch von diesen Liederlichkeiten ablassen, sodann wollten sie ihn wieder als ihren Bruder zu sich nehmen. Er aber kam nicht davon ab. Schließlich sprach der älteste Bruder: »Los, geh, wohin du willst. Wir werden dich nicht mehr durchfüttern.« Nachdem ihn die Brüder aus dem Haus gejagt hatten, dachte er für sich: ›Arbeiten kann ich nicht, denn ich habe keinen Beruf. Ich werde in die Welt gehen und sehen, was Gott fügt.‹ Als er so durch ein Waldgebirge zog und weder wußte, wohin er geht noch was er sucht, bemerkte er einen alten Mann auf einer Anhöhe, der sich niedergebeugt hatte und etwas pflückte. Da dachte er bei sich: ›Ich werde zu jenem Mann hingehen, vielleicht kann er mir einen Ausweg zeigen.‹

Als er so ging und hinkam, grüßte er ihn. Der Alte erwiderte den Gruß, doch er beachtete ihn nicht weiter, sondern pflückte immerzu ein Kraut und steckte es in den Ranzen, den er über die Schulter gehängt hatte. Nachdem schon die Dunkelheit hereingebrochen war, machte sich der Alte auf den Weg, und auch unser Armer folgte ihm hinterher, ohne daß beide ein Wort miteinander redeten. Der Alte ging vornweg, der Arme folgte ihm und dachte bei sich: ›Fürwahr, wohin der Alte geht, werde auch ich gehen. Vielleicht findet sich ein Ausweg.‹

Nachdem sie so gegangen waren, kamen sie vor eine kleine Hütte. Der Alte öffnete diese, und beide traten ein. Sodann nahm der Alte ein Stück Brot aus dem Wandschrank, brach es in zwei Teile, gab die Hälfte dem Armen, die andere behielt er für sich. Beide aßen. Als es Zeit zum Schlafengehen wurde, legten sie sich nieder. Als es so um Mitternacht war, wachte der Arme auf und hörte, daß jemand dem Alten wie aus der Erde zurief und zu ihm sprach: »In dieser Nacht sind

soundsoviel tausend Kinder geboren.« Der Alte entgegnete der Stimme: »Es möge geschehen! Gott soll ihnen geben, daß sie ein Auskommen haben wie ich in dieser Nacht.«
Der Arme hörte dies und rührte sich nicht von der Stelle, auf daß der Alte nicht erführe, daß er ihn belausche.
Als der Tag anbrach, erhoben sich beide. Der Alte machte sich auf den Weg, und der Arme folgte ihm hinterher. Sie gingen einer hinter dem anderen, ohne miteinander zu sprechen, und gelangten ins Gebirge. Im Gebirge sammelte der Alte den ganzen Tag über das gleiche Kraut wie auch am Tage zuvor, und der Arme folgte ihm auf den Fersen.
Als es dunkel wurde, begab sich der Alte auf den Heimweg, und der Arme folgte ihm. Sie gelangten an ein Häuschen, in dem niemand war. Sie traten ein. Inmitten des Zimmers stand ein niedriger Tisch, darauf eine Bauernsuppe und ein Stück Brot. Der Alte lud den Armen ein: »Bitte!« Beide ließen sich am Tisch nieder. Danach legten sie sich schlafen. Um Mitternacht hörte der Arme, genau wie in der ersten Nacht, wie jemand dem Alten etwas zurief, worauf dieser entgegnete: »Es möge geschehen! Gott schenke ihnen ein Auskommen wie mir in dieser Nacht.«
Am nächsten Morgen erhoben sich beide. Der Alte machte sich auf den Weg, begleitet von jenem Armen. Sie gelangten wieder in jenes Waldgebirge, wo der Alte ein Kraut pflückte und der Arme ihm bis zum Abendessen auf den Fersen folgte.
Am Abend brach der Alte auf, und der Arme folgte ihm hinterher. Sie gelangten vor ein großes und schön gebautes Haus. Dort wurden sie von Burschen erwartet, die sie in ein Zimmer führten, wie es schöner nicht eingerichtet sein konnte. Als die Zeit des Abendessens nahte, brachten die Diener das Mahl, ein wahrlich herrschaftliches. Der Arme wunderte sich immerzu, wohin er geraten sein mochte; jedoch er fragte den Alten nicht, und jener sagte es ihm auch nicht. Nachdem sie zu Abend gegessen und zum Nachtgebet sich verbeugt hatten, richteten die Burschen für jeden ein Bett her, und sie legten sich schlafen. Um Mitternacht hörte der Bursche wiederum jene Stimme rufen, daß soundsoviel tausend Kinder geboren wurden. Der Alte entgegnete: »Gott möge es fügen, daß sie ein Auskommen haben wie ich in dieser Nacht.« Am nächsten Morgen erhoben sie sich, tranken Kaffee, und nun sprach der Alte zu dem Armen:
»Es ist drei Tage und drei Nächte her, seitdem du zu mir ge-

kommen bist. Weder hast du mir erzählt, wohin du aufgebrochen bist und was du suchst, noch habe ich dich danach gefragt.« Sodann berichtete der Arme dem Alten von seinen Erlebnissen: wie er mit seinen Brüdern zusammenlebte; daß er sich später von ihnen trennte; daß er sein Vermögen vergeudet habe; daß er ausgezogen sei, um auf den rechten Weg zu gelangen; daß er sich an den ersten Greis hielt, dem er begegnete, denn es könnte doch sein, er würde ihm einen guten Rat geben.

Nachdem der Alte den Armen gehört hatte, sprach er: »Los, geh wieder nach Hause zu deinen Brüdern. Bleib bei ihnen und heirate das Mädchen mit Namen Habiba, das bei deinen Brüdern dient. Du wirst glücklich werden.« Der Arme hörte dies und fragte verwundert: »Wie soll ich denn eine Magd heiraten? Ich bin doch aus guter Familie! Sie ist eine Arme! Meine Brüder werden es nicht erlauben.« Der Alte erwiderte: »Höre nicht auf sie, denn du bist an einem solchen Abend geboren, wie wir ihn in der ersten Nacht in jener Hütte zubrachten. Du hast gesehen, daß du ein solches Auskommen hast. Die Magd Habiba, die bei deinen Brüdern in Dienst steht, wurde an einem solchen Abend geboren, wie wir ihn heute nacht verbrachten; so wirst du denn mit ihr glücklich werden.« Und dann fügte der Alte noch hinzu: »Wenn du mit Habiba verheiratet bist, sage niemals: ›Mein Vermögen‹, sondern immer: ›Es gehört ihr.‹«

Der Arme freute sich sehr darüber. Er sprang auf die Beine, küßte dem Alten die Hand und ging singend in seine Heimat. Nachdem er zu Hause angekommen war, freuten sich auch seine Brüder über ihn, nahmen ihn freudevoll auf, auf daß sie wieder zusammenleben. Als er sich ein wenig ausgeruht hatte, erzählte er seinen Brüdern seine Erlebnisse und daß ein guter Alter ihn dazu überredete, die Magd Habiba zur Frau zu nehmen. Die Brüder hörten dies, und es fiel ihnen sehr schwer, den Bruder mit einer Magd zu verheiraten. Sie redeten auf ihn ein, er möge ein Mädchen, was für eins er wolle, zur Frau nehmen, sie würden ihn sofort verheiraten und ihm einen Hausstand gründen. Alles war vergebens. Er wollte nur eine und dieselbe und mochte von keiner anderen etwas hören.

Da die Brüder sahen, daß sie ihn von seiner Absicht nicht abbringen können, verheirateten sie ihn mit Habiba, bauten ihm ein Häuschen auf einem Acker, auf daß er dort mit seiner Frau lebe, das Äckerchen pflüge und seine Frau ernähre.

Nach der Hochzeit zog er in das neue Häuschen ein. Er pflügte den Acker und ackerte einen Tontopf voller Dukaten aus. Das ganze Dorf wunderte sich darüber, wie hold ihm das Glück war. Nach dem Pflügen säte er Weizen aus, und da sein Samen nicht ausreichte, nahm er von den Dukaten und säte diese statt Weizen. Sodann rief er zur Ernte die Leute aus dem Dorf zu Hilfe, und nachdem alles geerntet und gebunden war, staunte das Volk, das hier vorbeikam, über den goldährigen Weizen. Als sie die Garben zu binden anfingen, ging ein alter Mann dort vorbei und fragte den Hausherrn: »Wem gehört dieser Weizen?« Der Arme antwortete: »Mir.« Kaum war der Alte weg, schickte der Herrgott einen Wind, der alle Garben in die Wolken hob und davontrug. Sogleich kam ihm in den Sinn, was jener Alte zu ihm gesagt hatte, und er rief aus: »Der Weizen gehört nicht mir, sondern Habiba.« Im gleichen Augenblick legte sich der Wind, und auf diese Weise rettete er noch einige Garben.

Später sprach er nie davon, daß irgend etwas ihm gehöre, sondern nur: »Es gehört Habiba.« Und so wurde er sehr reich. In der Stadt erbaute er ein großes Serail, wie es selbst der Pascha nicht besaß. Darin wurden ihm drei Söhne geboren, von denen einer ein Wesir wurde. Seit dieser Zeit kam es ihm nie mehr in den Sinn, zu faulenzen und müßig zu sein, und jeden Müßiggänger hielt er zur Arbeit an. Fürwahr, er war durch seinen Fleiß jedermann ein Vorbild. Schwielen an den Händen – und das Glück wird nicht ausbleiben.

23. Die Goldkinder

Es war einmal ein Sultan, der befahl eines Tages, in ganz Stambul dürfe einen Monat lang niemand eine Kerze brennen. Jeden Abend stieg er auf einen hohen Turm und spähte umher, ob man seinen Befehl befolgt. Einmal bemerkte er in der Ferne ein ganz schwaches Licht. Sogleich sandte er seine Wache aus, um in Erfahrung zu bringen, wer der Ungehorsame sei. Die Posten eilten durch alle Straßen und standen schließlich vor einer strohbedeckten Hütte, in der drei Schwestern wohnten. Sie hatten eine Wachskerze angezündet und spannen. Sie waren sehr arm, und der Tag war ihnen zum Arbeiten zu kurz. Wie man weiß, kennt die Not kein Gebot.

Die Schwestern unterhielten sich:

»Würde uns nun jemand so sehen, was müßten wir tun, um den Zorn des Sultans zu mildern?« Die Älteste sprach:
»Ich würde, so mir der Sultan alles Nötige dazu gibt, in einem Kessel einen Maisbrei kochen, mit dem er sein ganzes Heer sättigen könnte.«
Die Zweite sprach: »Würde mir der Sultan alles Nötige geben, was ich zum Weben und Spinnen brauche, so würde ich ihm ein Zelt anfertigen, in dem sein ganzes Heer Unterschlupf finden könnte, und zudem bliebe noch ein Stück Leinwand übrig.«
Schließlich sprach die Jüngste: »Ich wüßte etwas ganz anderes, was dem Sultan noch lieber wäre.«
»Und was wäre das?« fragten die Schwestern.
»Ich würde ihm, so er mich zur Frau nähme, zwei Goldkinder schenken: eine Tochter mit goldenem Haar, goldenen Händen und Perlenzähnen und einen Sohn mit einer goldenen Hand. Dieser würde ein Held, wie es ihn bislang weder gab noch jemals auf dieser Welt geben wird.«
Nachdem die Wachtposten dies gehört hatten, machten sie mit Pech ein Zeichen an die Tür, auf daß sie die Hütte wiederfinden, und gingen sodann zum Sultan hin und erzählten ihm alles, was sie gesehen und gehört hatten.
Der Sultan wurde nachdenklich und befahl, alle drei Schwestern vor ihn zu führen.
Die Schwestern erschraken und waren dicht daran, vor Furcht zu sterben, als am nächsten Morgen die Posten kamen, um sie zu holen und vor den Sultan zu führen. Allein die Jüngste sprach: »Er wird uns doch wohl nicht gleich den Kopf abschneiden. Und tut er dies, so stirbt man doch nur einmal.«
Aber der Sultan tat ihnen nichts, sondern fragte freundlich die Älteste:
»Kannst du wahrhaftig einen Maisbrei kochen, so wie du es gesagt hast?«
Sie antwortete: »Gib mir eine Frist von vierundzwanzig Stunden, und du sollst den Brei haben.«
Der Sultan war einverstanden, jedoch die Stunden vergingen, und sie brachte den versprochenen Maisbrei nicht zustande.
Darauf sprach die Zweite:
»Gib mir eine Frist von drei Tagen, damit ich dir ein Zelt anfertige.«
Der Sultan gewährte ihr alles, was sie begehrte, und ließ sie einsperren. Nachdem er am dritten Tag zu ihr kam, erkannte

er sogleich, daß sie ihr Wort nicht gehalten hatte. Sodann fragte er die Jüngste:
»Wie könntest du das halten, was du versprochen hast?« Sie antwortete:
»Erlauchter Sultan, eine innere Stimme sagt es mir, daß das, was ich dir gesagt habe, geschehen wird, so du mich zur Frau nimmst.«
Sodann schickte der Sultan die älteren Schwestern nach Hause und heiratete die Jüngste. Er hatte bereits acht Frauen, und sie war die neunte. Er hatte keine Kinder, obgleich er gerne welche gehabt hätte. Mit seiner jüngsten Frau lebte der Sultan in größter Eintracht. Sie gab stets nach, und es kann nie geschehen, daß sich zwei verfeinden, wenn einer immer nachgibt. Nach einer gewissen Zeit war der jüngsten Frau in der Tat so, als würde sie Goldkinder gebären, und als dies die übrigen Frauen bemerkten, sprachen sie zueinander:
»Wenn sie solchen Kindern das Leben schenkt, wie sie sagt, so wird für uns hier kein Bleiben mehr sein.«
Indes die älteste unter den Frauen, sie hieß Badscha, was soviel wie Hexe bedeutet, sagte, sie wüßte, was sie tun werde, um diese Kinder zu verderben.
Es kam die Zeit heran, da die Kinder geboren werden sollten, und da sprach Badscha zu der Jüngsten:
»Bei den Herrschaften ist es Sitte, der Mutter die Augen zu verbinden, damit ihr die Freude nicht schadet, wenn sie plötzlich die Kinder erblickt.«
Die junge Frau war willig, ließ alles mit sich geschehen und konnte so die Kinder nicht sehen, die ihr Gott schenkte. Das nützte Badscha aus, entwand ihr die Kleinen und schob ihr zwei Hündchen unter. Daraufhin ging sie zum Sultan und sprach:
»Komm und sieh! An Stelle der Goldkinder hat dir deine jüngste Frau zwei Hündchen geboren.«
Daraufhin ließ der Sultan seine Ratgeber zu sich kommen und fragte sie, was mit dem Weib geschehen soll, das Hündchen gebärt. Alle sagten:
»Laß sie Pferden an die Schwänze binden, auf daß sie zertreten und zerrissen wird.« Nur einer sprach:
»Herr, sende jemand nach dem serbischen Patriarchen aus, auf daß wir hören, wie er darüber denkt.« Der Patriarch kam und sprach:
»Laß sie bis zum Gürtel in Pferdemist eingraben, und man

möge ihr jeden Tag nur ein Viertel einer Mahlzeit geben. So möge sie am Leben bleiben; denn es könnte doch sein, sie habe die Hündchen nicht geboren.«

Der Sultan befolgte diesen Rat, ließ die Unglückliche an einer Kreuzung in einen Haufen Pferdemist eingraben, stellte zwei Wächter neben sie hin und befahl, daß jeder, der hier vorbeizieht, ihr ins Gesicht spuckt.

Aber mit den Kindern geschah etwas Ungewöhnliches. Badscha, das böse Weib, legte die Kinder in eine Truhe und warf diese in den Fluß. Das Wasser trug die Truhe in einen Mühlgraben, und so gelangten sie unter die Schaufeln des Mühlrades, und das Mühlrad blieb stehen.

Der Müller ging hin, um nachzusehen, was geschehen ist, fand die Truhe und brachte sie zu seiner Frau, da er annahm, einen Schatz gefunden zu haben. Als man den Deckel hochhob, sah man zwei allerliebste Kindlein, die ihre goldenen Händchen ihnen entgegenstreckten. Der Müller und seine Frau waren schon sehr alte Leute. Sie hatten niemals Kinder, deshalb sprach die Müllerin voll Freude:

»Wohl uns, nunmehr haben wir Kinder! Wir werden sie nähren und großziehen. Das sind fürwahr Kinder, deren sich eine Mutter schämte.«

»Nein«, sagte der Alte, »das sind Kinder aus edlem Geschlecht.«

Den Alten war dies schließlich einerlei.

Die Alte sammelte Honig und nährte mit ihm die Kinder, und diese wuchsen in einem Monat so viel wie andere Kinder in einem ganzen Jahr. Nach drei Jahren waren sie schon so schön und herrlich, daß die Vilen aus dem nahe gelegenen Walde beschlossen, sie den alten Leuten zu entführen. Als einmal nach einem furchtbaren Gewittersturm die Kinder vor der Türschwelle spielten, flogen die Vilen herbei, hüllten sie in ihr seidiges Haar, das schwarz wie die Nacht war, und führten sie auf ihr Schloß, das hoch oben im Gebirge stand. Dort war es sehr schön. Sie bekamen so viele und gute Speisen zu essen, daß sie noch kräftiger und schöner wurden. Jedoch den Menschenkindern konnte es auf die Dauer bei den Vilen nicht gefallen, und eines Tages sprach das Mädchen zu seinem Bruder:

»Hast du gehört, lieber Bruder, daß die Vilen gesagt haben, wir wären nicht von ihrem Geschlecht.« Der Knabe fragte:

»Was sind wir denn dann?«

»Wir sind Menschen«, sagte das Mädchen.

Nunmehr konnten sie nicht mehr in jenem Schloß bleiben, und in einer dunklen Nacht, als die Vilen nach allen Seiten hin ausgeflogen waren, flohen der Bruder und die Schwester. Den ersten Menschen, den sie begegneten, fragten sie:
»Welcher ist der schönste Ort auf dieser Welt?«
»Stambul ist der schönste Ort, dort lebt man am besten«, antwortete er ihnen.
Sie zogen nach Stambul, schauten sich alles an, und als sie vor dem Palast des Sultans standen, sprach der Knabe:
»Ich bin müde und schläfrig. Laß uns unter diesen Feigenbaum niederlegen, auf daß wir uns ausruhen.«
Sie schliefen bald ein, und Gott fügte es, daß über ihnen ein Palast entstand, der noch größer und herrlicher war als der des Sultans. So erwachten sie in einem schönen Zimmer auf einem kostbaren Teppich. Das gefiel ihnen sehr, und der Bruder sprach:
»Bleib zu Hause, Schwesterchen, und versieh alles richtig. Ich gehe kurz auf den Basar, um zu sehen, was die Menschen treiben.«
Badscha, die älteste Frau des Sultans, guckte durch das Fenster, um nach dem Wetter Ausschau zu halten, und erblickte gegenüber den neuen Palast. Erstaunt überlegte sie: ›Was könnte das sein? Wie kam es zu diesem neuen Palast?‹
»Geh und frage, wenn du es wissen willst«, sagten die anderen Sultansfrauen. Und sie ging gleich über die Straße und fand in dem Palast einzig und allein ein Mädchen, das vor einem Stickrahmen saß. Badscha fragte sie:
»Hast du noch jemanden?« Das Mädchen antwortete:
»Ich habe nur noch einen Bruder, der ist ein Held, wie es wohl sicher keinen zweiten in ganz Stambul gibt!« Darauf entgegnete Badscha:
»Auf dem Feld vor der Stadt hat ein Mohr sein Zelt aufgeschlagen. Diesen hat noch niemand bezwungen. So dein Bruder ihn zum Zweikampf herausfordert und ihn vielleicht sogar tötet, soll er eine große Belohnung vom Sultan erhalten.«
Als der Bruder nach Hause kam, erzählte ihm die Schwester all dies. Er entgegnete:
»Morgen früh werde ich den Mohren töten.«
Was immer sie auch versuchte, um ihn von diesem Entschluß abzubringen, es war alles umsonst. Sobald die Sonne hochstieg, zog er aus, nur mit einem Streitkolben bewaffnet. So-

gleich ritt der Mohr auf einer Araberstute und mit dem krummen Säbel in der Hand ihm entgegen. Der Kampf dauerte nicht lange; denn der Jüngling tötete den Mohren auf der Stelle, schnitt ihm mit dessen eigenem Säbel den Kopf ab, bestieg die Araberstute und ritt unter das Fenster des Sultans. Dort legte er den Kopf des Mohren auf die Erde hin, band die Stute an den Zaun und ging in seinen Palast. Der Sultan sandte sofort seine Diener hinter ihm her, jedoch der Jüngling sah sich gar nicht um, sondern ging zu seiner Schwester und erzählte ihr, was sich zugetragen hatte.

Nach einigen Tagen besuchte Badscha wiederum das Mädchen.

»Sag deinem Bruder, daß nunmehr auf dem Feld vor der Stadt fünf Mohren sind, die den Sultan zum Kampf fordern. Was wird geschehen, wenn sie ihn töten?«

Der Jüngling war sofort bereit, den Kampf aufzunehmen, mag geschehen, was will. Am nächsten Morgen nahm er seinen Streitkolben und verließ das Haus. Fünf Mohren ritten ihm entgegen. Er begann mit ihnen einen Streit, tötete sie der Reihe nach, schlug ihnen die Köpfe ab, nahm deren Pferde bei den Zügeln und führte sie vor das Fenster des Sultans. Dort pflanzte der die Köpfe auf. Sodann ging er zu seiner Schwester und berichtete ihr alles, was geschehen war.

Nach drei Tagen war Badscha wiederum bei dem Mädchen und erzählte ihr, daß nunmehr neun Mohren den Sultan bedrohen. Da zog der Jüngling zum dritten Male aus, und auch diesmal war ihm das Glück hold. Nach dem Kampf band er alle neun Pferde an den Zaun vor dem Fenster des Sultans und pflanzte dort auch die neun Mohrenköpfe auf. Obgleich ihn diesmal der Sultan selbst rief, er möge doch einmal zu einer Unterhaltung bei ihm erscheinen, ging er dennoch wieder zu seiner Schwester.

Badscha wurde nachdenklich und sprach zu den übrigen Sultansfrauen:

»Das sind bestimmt jene Kinder mit den goldenen Händen; denn ihnen gelingt alles, was sie anfassen.«

Das beunruhigte die Sultansfrauen, und sie beschworen Badscha, die Kinder aus der Welt zu schaffen. Das hatte das böse Weib auch ohnedies im Sinn, und deshalb ging sie wiederum zu dem Mädchen und sprach zu ihm:

»Wenn dein Bruder ein so großer Held ist, so könnte er gewiß im Tmangebirge auch das Pferd Avgar einfangen. Ein edleres Pferd als dieses gibt es nicht; denn Sommer wie Winter nähren es nur die Vilen. Mit dem Pferd Avgar könnte dein Bruder Taten vollführen, von denen das Volk auch in zukünftigen Zeiten berichten und singen würde.« Der Jüngling war bereit, auch dieses Wagnis zu vollführen, obgleich ihm die besorgte Schwester lange davon abriet. Er ging in das Tmangebirge und begegnete einigen Riesen.

»Wohin, Bursche?« fragten sie ihn.

»Ich ziehe aus, um das Vilenroß Avgar einzufangen«, antwortete er.

»Laß ab davon, Jüngling! Auch wir haben das versucht, und dabei sind zwanzig von uns ums Leben gekommen.«

»Wenn es von euch zwanzig niedergetreten hat, so kommt es auf mich auch nicht an. Ich wäre dann der einundzwanzigste«, entgegnete kühn der Jüngling.

Als er lange durch den Wald wanderte, begegnete er einem mächtigen Riesen, dessen Schnurrbartenden wie zwei Flachsbündel herunterhingen. Und auch dieser hielt ihn an.

»Wohin, Landsmann?«

Der Jüngling antwortete auch ihm wie jenen zuvor. Darauf meinte der Riese gutmütig:

»Wie willst du das anfangen? Soeben habe ich die Vilen an der Quelle belauscht, die ganz nach Weiberart schwätzten und sich darüber unterhielten, wie das Vilenpferd Avgar einzufangen ist. Ich will es dir sagen, auf daß ich sehe, ob du als ein gewöhnlicher Mensch das bewerkstelligen kannst. Du mußt zuerst einen Büffel schlachten, ihm den Balg abziehen, diesen mit Wasser anfüllen und an jener Stelle am Ufer des Sees versenken, wohin das Pferd Avgar zur Tränke kommt, auf daß es das Wasser aus dem Balg säuft. Sodann wirst du es fangen können.«

Der Jüngling tat, wie ihm der Riese gesagt hatte. Nach einer gewissen Zeit erdröhnte die Erde unter den Hufen des Vilenpferdes, die härter als Stahl waren. Da es sich dem See näherte, spitzte es die Ohren und kam sodann doch näher heran. Schon hatte es den Kopf gebeugt, um zu saufen, da witterte es den Balg und wandte sich rasch um. Aber der Jüngling war schneller. Er sprang aus dem Gebüsch hervor, schlug dem Pferd die Hände um den Hals und stürzte sich darauf. Nach einer ganzen Stunde wilden Rennens hielt das Pferd inne und sprach bittend:

»Laß mich los!«

»Lebend nicht«, erwiderte der Jüngling. Und abermals bat das Pferd:
»Laß mich doch los! Ich gehöre dir, und niemand außer dir ist mein Herr. Reiß mir aus der Mähne drei Haare heraus, nimm sie mit, und so du meiner bedarfst, zünde eins davon an, und ich werde auf der Stelle bei dir sein. Denn du kannst mich doch nicht ernähren, das können nur Vilen.«
Der Jüngling tat, wie ihm das edle Pferd Avgar geheißen, nahm von ihm Abschied und kehrte nach Stambul zurück, wo seine Schwester auf ihn wartete. Ihr erzählte er alles. Neugierig kam auch Badscha zu ihnen, und da sie hörte, der Jüngling habe das Pferd Avgar eingefangen, sprach sie, eine Freude vortäuschend:
»Guter Gott! Nunmehr müßte dein Bruder an den Fluß Jordan gehen, über dem zwischen Himmel und Wasser ein Blumenkranz schwebt, den Vilen geflochten haben.«
»Wo ist denn der Fluß Jordan?« fragte das Mädchen.
»Den Fluß Jordan wird er zwischen dem Drachenlieb- und dem Traum-Gebirge finden, deren beide Gipfel ununterbrochen miteinander kämpfen. Gelingt es ihm, mit der Hand den Kranz zu erhaschen und ihn dir hierherzubringen, so würdet ihr niemals alt werden, und ihr würdet noch schöner sein, als ihr jetzt schon seid.«
Der Bruder war sogleich bereit, auch diese Tat zu vollbringen, und verbrannte gleich am nächsten Morgen ein Haar aus der Mähne des Pferdes Avgar. Wie der Wind stürzte Avgar herbei, wiehernd und schnaubend. Vor Freude rieb es sich an der Schulter des Jünglings, und dem Winde gleich flog es mit ihm zum Jordanfluß. Dort sprach das Pferd Avgar:
»Hör zu, Bruder! Ich werde ins Wasser springen, und während ich mich bäume, mußt du den Kranz erhaschen, sonst versinken wir beide in einem bodenlosen Schlund für immer.«
Das Pferd Avgar vollführte einen mächtigen Sprung, und unser Held riß geschickt den Blumenkranz aus der Luft an sich. Sogleich verfinsterte sich der Himmel. Wie ein Blitz flog das Pferd Avgar zurück zum Ufer, um über die Böschung hinweg zu entrinnen. In diesem Augenblick schlugen die dunklen Gipfel der beiden Gebirge gegeneinander, packten das Pferd Avgar, das in diesem Augenblick über sie hinwegsprang, an den Hinterbeinen und rissen ihm alles Fleisch bis auf die Knochen los. Der Jüngling brach in Tränen aus. »Mein lieber

Rappe, was ist mit dir geschehen!« Aber das Pferd Avgar tröstete ihn:

»Gräme dich nicht! Laß mich nur in das Gebirge meiner Heimat ziehen, dort werden meine Wunden von einem Neumond zum andern heilen.«

Und so zogen sie von dannen: das Pferd Avgar in das Waldgebirge, der Jüngling nach Stambul.

Den Blumenkranz überreichte er seiner Schwester, die ihn an der Decke ihres Zimmers aufhängte. Danach ging er auf den Basar, um mit den Männern zu plaudern und zu rauchen.

Das schöne Mädchen saß am Stickrahmen, und über ihr schwebte der Blumenkranz, der so angenehm duftete wie nichts dergleichen auf der Welt. So wurde sie von Badscha angetroffen. Als jene dies sah, war ihr so zumute wie dem Krebs auf dem Rost. Indes, einer stößigen Kuh schenkt Gott keine Hörner, und so mußte auch sie lange überlegen, ehe ihr wieder etwas in den Sinn kam, womit sie Goldbrüderlein und Goldschwesterlein verderben könnte. Schließlich sagte sie:

»Nunmehr bedarf dein Bruder nur noch einer Frau, und ich weiß ein Mädchen, das schöner ist als alle anderen auf der Welt. Sie wohnt in einem Turm, der mit lauter Dukaten bedeckt ist. Hunderte von Königssöhnen hielten schon um ihre Hand an, doch sie hat sie alle in Stein verwandelt. Sie ist so klug, daß sie weiß, worauf sich Himmel und Erde gründen. Sie und dein Bruder, der ein so großer Held ist, wären das schönste Paar auf der ganzen Welt.«

Die Schwester erzählte dem Bruder, was sie gehört. Er aber sagte:

»Warte ab, Schwesterlein, einen Monat nur noch. Und ich werde ausziehen, um das Mädchen zu freien.«

Die Zeit verging, der Neumond erstrahlte am Himmel, und da verbrannte er das zweite Mähnenhaar vom Pferd Avgar. Die Erde erbebte, Funken sprühten, wo es durchzog, und schnaubend stand es plötzlich vor ihm. Seine Wunden waren verheilt; keine Spur war davon mehr zu erkennen. Der Jüngling sattelte und rüstete den edlen Rappen, schmückte ihn mit Gold und Edelsteinen und zog singend in das Gebirge. In der Nähe des Schlosses und des hohen Turmes, der ganz vor Gold erstrahlte, blieb das Pferd Avgar stehen. Der ungeduldige Jüngling schlug es mit der Gerte.

»Schlag mich nicht«, bat das Pferd Avgar. »Ich darf nicht

weiter. So uns das Mädchen eher bemerkt als wir es, werden wir zu Stein.«

»Was sollen wir anfangen, mein Rappe?«

Sie lauschten, da sie Schritte hörten, und siehe, welch ein Wunder! Auf einmal erblickten sie aus dem Gebüsch ein herrliches Mädchen, das auf dem Wasser einherging und auf dem Kopf und in jeder Hand einen goldenen Krug trug. Das Pferd Avgar flüsterte:

»Ich werde aufwiehern und du aufschreien. Erschrickt sie, so ist ihr Zauber gebrochen, und sie gehört uns.«

Das Pferd hob seinen edlen Kopf, und wie ein Donner hallte sein Wiehern durch das Waldgebirge, und wie ein Blitz schlug das kräftige Rufen des Jünglings dazwischen.

Das Mädchen ließ vor Schreck die Krüge fallen und rannte vor das Schloßtor. Jedoch der Jüngling überholte es, stellte sich ihm in den Weg und grüßte es lächelnd. Sie senkte die Augen — gerade so sind die Mädchen am schönsten — und sagte errötend:

»Willkommen, Held! Du bist derjenige, auf den ich gewartet habe! Tritt ein und bleib hier, ein ganzes Jahr und länger. So du willst, bis an das Ende unseres Lebens.« Der Jüngling antwortete:

»Das kann ich nicht, ich habe es eilig. Meine Schwester würde vor Gram nach mir sterben!«

Dann trat er in das Schloß ein. Hier klopfte das Mädchen an einen kleinen Schrein aus Perlmutter. Fünf Vilen traten aus ihm heraus. »Was wünschst du, Mädchen?« fragten sie.

»In welcher Zeit wäret ihr in der Lage, mein Schloß, den Jüngling, mich und das Pferd Avgar nach Stambul zu bringen?«

»Wir können das in drei Tagen tun«, antworteten die Vilen.

»Dann will ich es von euch nicht«, sagte das Mädchen und pochte an einen Schrein aus Elfenbein. Es traten sieben Vilen heraus.

»Was wünschst du, gutes Mädchen?« Und sie wiederholte ihre Frage. »In zwei Tagen«, antworteten sie.

»Dann will ich es auch von euch nicht, sondern werde die anderen rufen.« Sodann pochte sie an einen Schrein aus echten Perlen, aus dem neun Vilen hervortraten. Sie antworteten auf ihre Frage:

»In einem Tag, liebes Mädchen.«

»Gut, kommt sofort«, sprach sie.

Das Pferd Avgar schleppte sich in den Stall und legte sich aufs Heu, das verlockend nach seltenen Waldblumen duftete. Den Jüngling ließ das Mädchen in ihrem schönsten Zimmer auf seidene Kissen betten. Er fühlte noch, wie sich das Schloß und alles mit ihm ganz sachte erhob. Er hörte die Flügelschläge der Vilen wie leise, ferne Musik. Dann aber schlief er ein, so daß er nur wie in einem sanften Traum fühlte, als schwebe er weit weg von der Erde, hoch oben in goldenen Wolken. So eilte er über die Wälder und Meere hin zum weißen Stambul. Als er die Augen öffnete, befand er sich zu Hause, umgeben von seiner Schwester und seiner jungen schönen Frau. Sie hielten sich an den Händen, und über ihnen schwebte der duftende Blütenkranz vom Flusse Jordan, der Jugend und Schönheit ausstrahlte.

Dann sprach die junge Frau:

»Dich wird heute der Sultan zum Abendessen laden. Geh hin, aber iß nichts. Auf dem Wege zum Schloß des Sultans wirst du eine Frau sehen, die bis zum Gürtel in einen Misthaufen vergraben ist und vor der jeder ausspuckt. Wisch ihr Gesicht mit dem Seidentuch ab und küsse sie auf die Brust. So wollen es die Vilen, meine Wahlschwestern. Sie zürnen nicht mehr wegen eurer Flucht. Es war der Wille Gottes, denn ihr sollt eurer Mutter die Ehre wiedergewinnen.«

Er tat, wie sie ihm geraten, denn die Worte einer klugen Frau sollte selbst ein Mann befolgen. Und als er jene unglückliche Frau an der Kreuzung erblickte, trocknete er mit dem Tuch deren Tränen im Gesicht und küßte sie. Sie fragte ihn:

»Warum küßt du mich, vor der jeder andere ausspuckt?« Er antwortete ihr lieb:

»Ich habe meine Mutter niemals gekannt, vielleicht bist du es.«

Da kamen die Wächter, und er ging seines Weges.

Der Sultan empfing ihn sehr freundlich und ließ reichlich Essen vor ihn hinsetzen. Er aber erinnerte sich der Ermahnung, warf den ersten Bissen einem Hunde hin, der, durch den Duft der Speisen herangelockt, neben ihm stand. Der Hund verschluckte den Bissen und fiel tot um. Der Sultan erschrak sehr und befahl, die Frau herbeizuholen, der es oblag, die Speise zuzubereiten. Man schleppte die verfluchte Badscha herbei. Nachdem der Sultan sie zwang, einen Bissen von der Speise zu essen, die seinem Gast zugedacht war, fiel sie tot um.

»Siehst du, Herr«, sagte der Jüngling, »daß man bei dir nicht essen kann. Komm lieber morgen abend in mein Schloß; es ist nicht weit von hier.«

Der Sultan versprach es.

Auf dem Weg nach Hause kam der Jüngling wieder an jener armen Frau vorbei und sprach zu ihr:

»Du bist meine Mutter, meine und diejenige meiner Schwester. Uns hast du geboren und nicht Hunde! Heute sind es achtzehn Jahre, seitdem du unschuldig leidest, und das ist viel zu viel.«

Er hob sie aus dem Misthaufen, und als die Wächter dies verhindern wollten, tötete er diese. Dann brachte er die Mutter in seinen Palast, wo deren Tochter und seine Frau sie wuschen und in weiche Seide kleideten.

Der Sultan kam am anderen Abend zum Abendessen, und nachdem man allerlei Speisen vor ihn hingesetzt hatte, nahm er den ersten Bissen und warf ihn einem Hund hin. Der Hund verschlang den Bissen und wedelte mit dem Schwanz, so als ob er sagen wollte: Es hat sehr gut geschmeckt, und als ob er bittet, ihm noch mehr zu geben.

»Wer hat denn dieses Essen zubereitet?« fragte der Sultan. Der Jüngling entgegnete:

»Jenes Weib, das du achtzehn Jahre lang in einen Misthaufen eingegraben hieltest. Jenes Weib, das mich und meine Schwester gebar. Sind wir denn Hunden ähnlich?«

Nun öffnete sich die Tür, und untertänig, mit gesenktem Haupt, trat die Mutter in das Zimmer, geführt von der Tochter und der Braut. Der Sultan betrachtete sie und blickte sodann auf seine beiden Kinder. Und wie erglänzten sie in Schönheit, in Herzensgüte und Reinheit! Jeder Sünder mußte vor ihnen hinsinken! Es waren dies wahrhaftig Goldkinder! Unter der Decke schwebte der Blumenkranz vom Jordan, und als die Mutter unter ihn trat, so geehrt von den Ihrigen, verklärte sich auf einmal ihr Gesicht, und sie wurde so jung und schön wie einst. Doch im gleichen Augenblick fiel sie um und hörte auf zu atmen. Ihr Herz konnte mehr Trauer und Leid ertragen als Freude, und über das Herz hatte der Blumenkranz gerade keine Macht.

Der Sultan freute sich über seine Kinder, und da er für seine Tochter schon am anderen Tage einen schönen Königssohn als Freier gefunden hatte, feierten beide Paare zugleich, Sohn und Tochter, eine große Hochzeit, zu der ganz Stambul eingeladen wurde. Bei dem Rennen, das zum Fest stattfand, wurden sieben Hengste vorgeführt, an deren Schwänze die sieben älteren Sultansfrauen, die Mitschuldigen Badschas, gebunden wurden. Man schleifte sie zur Freude der anderen so lange, bis sie ausgeatmet hatten.

Die Goldkinder aber lebten lange und zufrieden. Jedes Jahr, am Sankt-Georgs-Tag, wenn der Wald zu neuem Leben erwacht, erscheint das edle Pferd Avgar und überbringt ihnen den Gruß der Vilen.

24. Rahman und Schahbas

Es war einmal ein Sultan, der im Alter erblindete. Sein Leid war groß, doch niemand konnte ihm das Augenlicht wiederschenken. Des Nachts träumte er und vernahm eine Stimme, die zu ihm sprach:

»Fang den Fischkönig im Meer; du wirst ihn an der Krone erkennen, die er auf dem Kopf trägt, sowie an den goldenen und schwarzen Streifen am Körper. Schneide ihn auf und reibe mit dem Tran, den du in ihm findest, deine Augen ein; hernach wirst du wieder sehend.«

Als der Sultan aufwachte, rief er seinen Siegelbewahrer und seinen Sohn zu sich. Er erzählte ihnen, was er geträumt hatte. Wer sollte schon ausziehen, um den Fischkönig zu fangen, wenn nicht sein Siegelbewahrer und sein eigener Sohn? So gingen sie und gingen und kamen schließlich ans Meer. Drei Tage lang fischten sie, ohne etwas zu fangen. Am vierten Tage vor Akscham zogen sie einen Fisch aus dem Wasser, der eine Krone auf dem Kopfe sowie goldene und schwarze Streifen am Körper hatte. Sogleich erkannten sie den Fischkönig. Sie brachten ihn in ihr Zelt und ließen sich auf ihrem Lager nieder: der Sultanssohn legte sich in die eine Hälfte des Zeltes, der Siegelbewahrer des Sultans dagegen in die andere. Der Sultanssohn hatte den Fischkönig bei sich und schlief bald ein. Als es um Mitternacht war, vernahm er eine Stimme:

»Sultanssohn! Fürwahr, ich beschwöre dich bei beiden Welten. Laß mich los! Ich will dir immer zu Hilfe sein!« – »Wie soll ich dich freilassen«, entgegnete der Sultanssohn, »jetzt, da wir dich kaum gefangen haben, auf daß du meinem Vater das Augenlicht wiederschenkst?« Und wieder sprach das Fischlein und bat ihn:

»Laß mich frei, Sultanssohn, so du einen Herrgot kennst. Ich will dir stets zu Hilfe sein!«
Dem Sultanssohn tat der Fisch leid. Er nahm ihn und warf ihn wieder ins Meer.
Am anderen Tag, bei Morgengrauen, erhob sich der Siegelbewahrer des Sultans und sah sich nach dem Fischkönig um. Der Sultanssohn jedoch hatte ihn nicht mehr bei sich. »Wo ist der Fisch, bei deinem Herrgott?« schrie der Siegelbewahrer. »Fürwahr, er war doch hier und ist wohl heute nacht entwichen«, entgegnete der Sultanssohn. Jedoch der Siegelbewahrer des Sultans glaubte seinem Freund nicht, sondern ließ dem Sultan die Kunde überbringen, sein Sohn habe den Fischkönig wieder freigelassen. Danach brachen beide auf nach Stambul. Nachdem sie schon drei Nachtquartiere hinter sich gelassen hatten, wurde es dem Sultanssohn klar, daß der Sultan ihm das Leben nicht schenken würde. Daher stahl er sich nachts aus dem Zelt und floh. Er rannte und rannte und begegnete schließlich einem Mann. Sie grüßten einander. Der Sultanssohn fragte ihn, wer er sei und wohin er gehe. »Ich heiße Schahbas«, antwortete der Wanderer. »Ich bin in die Welt aufgebrochen.«
»Ich heiße Rahman-Beg, auch ich bin in die Welt gezogen«, entgegnete der Sultanssohn, denn er wollte nicht sagen, wer er war.
»Das trifft sich, da können wir, fürwahr, gemeinsam ziehen«, antwortete Schahbas. Dem Sultanssohn war dies willkommen, und so brachen sie gemeinsam auf.
Sie wanderten und wanderten, bis die Nacht sie im Walde überraschte. »Es fügt sich so«, sprach Schahbas, »daß wir hier im Wald übernachten müssen. Ich werde mich niederlegen, und du magst wachen.« So geschah es auch. Schahbas legte sich nieder, und Rahman hielt die Wache.
Der Mond leuchtete hell wie der Tag. Rahman guckte umher und bemerkte schließlich einen Hasen, der um sie herumsprang. Rahman nahm seinen Wanderstab und schlug nach dem Hasen. Der überschlug sich. Rahman schlug noch einmal und abermals zu; doch der Hase hüpfte weiter und rannte davon. Rahmann setzte hinter ihm her. So gelangte er an eine große Höhle. Der Hase sprang hinein, und im gleichen Augenblick stürzte ein Riese mit einem großen Säbel aus der Höhle heraus. Da geriet Rahman in Ängste und lief, so schnell er konnte, zurück, dorthin, wo Schahbas schlief. Er ließ sich nie-

der und wachte. Doch siehe da: wiederum erschien ein Hase. Er knabberte am Gras, tänzelte und hüpfte um beide herum. Abermals ergriff Rahman seinen Wanderstab und schlug nach dem Hasen. Der Hase machte sich aus dem Staub. Wieder stürzte Rahman hinterdrein. Er lief, lief und kam vor die gleiche Höhle, in die der Hase verschwand. Nunmehr folgte ihm Rahman hinterher. Drinnen erblickte er zwei riesige Helden, die dasaßen. Vor ihnen stand ein Bottich mit Wasser und eine gedeckte Tafel. Zwischen ihnen saß ein Mädchen, an dem sich zwei Augen niemals satt sehen könnten.

»Was willst du hier, du Tor?« fragte einer jener beiden Helden.

»Ich bin, wahrlich, dem Hasen gefolgt«, stammelte Rahman und schaute nicht auf die Helden, wohl aber auf das Mädchen. Weiter brachte er nichts heraus. Wie taub und stumm stand er da; so sehr hatte ihn die Schöne verzaubert. Ein Schmerz lastete auf seinem Herzen, das schier zu zerbrechen drohte. Dann sprach er: »Fürwahr, bei eurem großen Gott, wem gehört dieses Mädchen?«

»Das ist unsere Schwester. Wir behüten sie hier schon volle acht Jahre lang.«

»Donnerwetter, was für ein Mädchen habt ihr zur Schwester! Los, ihr Helden, bei eurem Glauben und eurem großen Herrgott, gebt sie mir zur Frau!«

»Wenn sie dich mag und so du sie liebst«, entgegneten die Brüder, »wir wollen es euch nicht verwehren. Doch wisse, acht Jahre lang darfst du nirgends hingehen. Du mußt sie acht Jahre lang bewachen, so wie wir sie bisher behütet haben.« Rahman war dies sehr willkommen. Sogleich fragte er das Mädchen, ob sie ihn mag. Auch sie zeigte sich gnädig und war einverstanden. Da sprach Rahman: »Ich muß weg, um meinen Bruder Schahbas zu holen, der nicht weit von hier ist.« Nachdem er dies gesagt hatte, brach er auf und traf jenen noch schlafend an. »Steh auf, Bruder!« rief ihm Rahman zu. »Ich habe ein Mädchen gefunden und werde es heiraten.« Danach erzählte er ihm alles, wie und was geschehen war. Schahbas gefiel dies. Er brach auf und ging mit in die Höhle. Dort wurde gefeiert. Die Brüder gaben Rahman ihre Schwester und sprachen: »So du dich abends niederlegst, verschließe alle Türen gut und laß niemand herein, wie sehr man dich auch darum bittet und dich beschwört.«

Rahman legte sich mit seiner Hanum nieder. Um eine bestimmte Stunde in der Nacht waren Hilferufe vor ihrer Tür zu hören: »Weh! Hilfe! Hilfe! Ich muß sterben! So du einen Herrgott kennst, hilf mir!« Rahman ward tief im Herzen gerührt und öffnete die Tür. Ein Riese trat ins Zimmer, packte die junge Frau und verschwand mit ihr.

Da sprangen die Brüder auf, faßten Rahman, banden ihm die Hände und führten ihn weg, um ihn zu enthaupten. Doch Schahbas trat hinzu und flehte sie an: »Sein und mein Leben liegt in euren Händen. Laßt ihn noch fünfzehn Tage am Leben und mich dahinziehen. So ich euch die Schwester in zwei Wochen nicht wiederbringe, enthauptet ihn.«

So geschah es auch. Die Brüder hielten Rahman fest, und Schahbas ging von dannen. Schahbas wanderte und wanderte und kam schließlich ans Meer. Dort fand er ein Brett, setzte sich darauf und ruderte mit den Händen immerzu, bis er ans andere Ufer gelangte. Nunmehr zog er über Berg und Tal. Auf einmal erblickte er in einem Tal zehn wunderschöne Türme. Schahbas ging hin, und da sah er am Tor des Hofes zwei Mädchen, daß man sich sie schöner nicht denken kann: mit einem Bein standen sie im Hof, mit dem anderen jenseits der Torschwelle. Als sie ihn erblickten, erschraken sie und riefen ihm zu:

»Wo willst du hin, Bruder? So dir dein Kopf lieb ist, verschwinde von hier; denn der Riese wird bald heimkehren.«

»Nun, er möge kommen«, sprach Schahbas. »Bei eurem Glauben, Schwestern, wißt ihr, ob er unlängst ein schönes Mädchen, ein wunderschönes, hierhergebracht hat?«

»Ja, doch«, entgegneten die Mädchen. »Dort oben ist sie im Gemach.« Daraufhin begab sich Schahbas in die oberen Gemächer. Im ersten Zimmer saßen drei Mädchen, drei Vilen: eine schöner als die andere. Ihre Zähne glänzten wie Perlen, ihre Augen leuchteten wie die Sonne, und die Gesichter sahen roten Rosen gleich. Im zweiten Zimmer lagen lauter enthauptete Helden: nur Blut und Leichen. Im dritten fand er prunkvolle Ausrüstungen, wie man sie weder gesehen hat noch hat man davon gehört: Gold, Perlen, Seide, Samt, Silber und Waffen aller Art. Im vierten Gemach saß die junge Frau. Als sie einander erkannt hatten, rief sie ihm zu: »Fürwahr, mein Bruder, wenn dir dein Leben lieb ist, fliehe. Kein Held ist je von hier lebend zurückgekehrt!« Schahbas aber hörte dies nicht. Er ging in das dritte Zimmer, suchte sich auserwählte Waffen aus, begab sich zum Eingang und versteckte sich hinter dem Tor. Da kehrte auch schon der Riese von der Jagd heim:

er war erzürnt, da er ohne Beute heimkehren mußte. Er durchschritt das Tor, ohne links oder rechts zu blicken. In diesem Moment schlug Schahbas mit einem großen Säbel zu, hieb ihm das Riesenhaupt ab und legte es ihm zu Füßen.
Sodann kehrte er in die Gemächer zurück und durchsuchte sie. Dort fand er noch siebzehn Mädchen: alles Erwählte und Auserwählte, nebst Gold und Schätzen ohne Maß und Zahl. Außerdem fand er noch zwei Paar Pantoffel — aber Pantoffel, wie sie eine Kaduna niemals an den Füßen hatte und wie es sie auf der ganzen Welt nicht gibt. Schahbas nahm ein Paar und steckte es hinter den Gürtel. Danach raffte er Gold und bare Münzen zusammen, so viel er davontragen konnte. Auch nahm er die junge Frau und die anderen Mädchen, baute ein Floß und überquerte das Meer. Als er am anderen Ufer gelandet war, sprach er zu den schönen Mädchen: »Geht nunmehr hin, wohin ihr wollt.« Mit der jungen Frau aber begab er sich zu Rahman.
Der fünfzehnte Tag ging eben zur Neige, und die Brüder hatten Rahman schon herausgeführt, um ihn zu enthaupten, als Schahbas mit der jungen Frau vor ihnen erschien.
»Hier habt ihr eure Schwester«, sagte Schahbas. »Gebt mir meinen Bruder!« So geschah es auch. Die junge Frau blieb bei den Brüdern, und Schahbas und Rahman zogen des Weges weiter.
Als sie so wanderten und des Riesen Geld ausgaben, geschah es, daß sie schließlich auf den letzten Groschen kamen. Was sollten sie nun tun? »Es nützt nichts«, sagte Schahbas, »wir müssen diese Pantoffel verkaufen.« Schahbas ließ sich auf dem Basar nieder, um die Pantoffel zu verkaufen. Fürwahr, die Menge strömte herbei, um das Niegesehene zu schauen.
»Hier hast du fünfhundert Groschen«, sprach ein Kunde.
»Ich gebe sie nicht mal für fünftausend«, entgegnete Schahbas.
Und alle staunten über die wunderschönen Pantoffel. Aber wer kann sie schon kaufen?
Vom Fenster herab sah dies die Tochter des Schechislam, des obersten Priesters. Der arme Bursche bewunderte sie und rief ihr schließlich zu: »Du schönes Mädchen, mein Wunsch ist es, daß du die Meine wirst!« Die Tochter des Schechislam lächelte und sprach zu dem sehnsüchtigen Habenichts:
»Fürwahr, Bursche, bring mir die Pantoffel, und ich will die Deine werden!«

Als der Bursche dies vernahm, drängelte er sich durch die Kunden hindurch, nahm die Pantoffel, die von Hand zu Hand wanderten, auf daß jeder sie bestaune, steckte sie hinter den Gürtel, bahnte sich durch die Menge einen Weg und brachte sie der Tochter des Schechislam. Sie erzählte ihrem alten Vater, wie und was geschehen war und daß sie versprochen hatte, ihn zu heiraten. Fürwahr, es gab keinen Ausweg mehr, und Schechislam gab sie ihm zur Frau. Da brüstete sich die Tochter des Schechislam mit ihren Pantoffeln vor der Sultanstochter. Diese konnte die Kränkung nicht verschmerzen und sprach zu ihrem Vater, dem Sultan: »Vater, soll deine Dienerin schönere Pantoffel haben als ich? Es ist fürwahr eine Schande und Kränkung, bei Gott! Wohlan, Vater, besorge mir ähnliche Pantoffel! Bringst du es nicht zuwege, so werde ich mich entweder vergiften oder ins Meer stürzen!«

Dem Sultan tat es sehr leid, und andererseits sah er ein, daß seine Tochter die schönsten Pantoffel im ganzen Reich haben müßte. Was sollte er anderes tun als ausziehen, um den Händler zu suchen, der diese Pantoffel verkauft hatte. Schließlich fand er ihn. »Sprich, du Tor, hast du noch irgendwo dergleichen Pantoffel? Wenn du welche hast, bring sie hierher und verlange von mir, was du willst.

»Ehrwürdiger Sultan«, sprach Schahbas, »ich weiß noch ein Paar. Dir zuliebe will ich hingehen und sie holen.« Dem Sultan schmeichelte dies, und er kehrte zufrieden in sein Serail zurück. Schahbas indes machte sich auf den Weg und zog übers Meer in das Schloß des Riesen, nahm von den Schätzen, was er davontragen konnte, steckte das andere Paar Pantoffel hinter den Gürtel und kehrte zu dem Sultan zurück.

Der Sultan freute sich und war von ganzem Herzen froh. Er fragte jenen, was er begehre, auf daß er sein Versprechen einlöse. Schahbas küßte den Rocksaum des Sultans und antwortete: »Dein Wort, Sultan, und dein Wille mögen heilig sein! Gib deine Tochter meinem Bruder Rahman zur Frau.«

Fürwahr, der Sultan hatte eine solche Antwort nicht erwartet; daher wurde er ein wenig nachdenklich. Doch, was gab es da zu überlegen, zumal er sein Wort gegeben hatte? Er hatte es versprochen, nun mußte er es halten. Da führte Schahbas seinen Bruder Rahman herbei, und der Sultan gab ihm seine Tochter zur Frau. Sie lebten glücklich und zufrieden.

Eines Tages sprach Rahman: »Ehrwürdiger Sultan und Vater!

Auch ich habe einen Vater. Dieser ist Sultan in Stambul. Auch mein Vater hat eine Frau. Diese ist meine Mutter. Laß mich und deine Tochter zu ihnen hingehen, auf daß wir sie wiedersehen und begrüßen.« Dies zu hören, war dem Sultan nicht unangenehm. Daher ließ er die besten Pferde des Stalles satteln, gab ihnen zehn Sklaven und sechs Sklavinnen mit sowie Wegzehrung und Geschenke und ein herrschaftliches Geleit.

Sie zogen von dannen. Wo es ging und die Wagen fahren konnten, saßen sie auf; zum anderen wieder ritten sie, so die Gegend unwegsam war.

Schließlich gelangten sie bis drei Nachtquartiere vor Stambul. Die Nacht kam über sie. Sie mußten ein Zelt aufschlagen. Rahman errichtete es; Schahbas jedoch baute sich keins.

»Was hast du vor, Bruder Schahbas! Du willst wohl unter freiem Himmel nächtigen?« fragte ihn Rahman.

»Nein, fürwahr nicht, Bruder Rahman. Du läßt mich doch wohl dein Zelt mit dir teilen: du mit deiner Hanum in der einen Hälfte, ich in der anderen?« Rahman widersprach ihm nicht, und so geschah es, wie Schahbas wünschte. Rahman legte sich mit seiner Frau in die eine Hälfte, Schahbas in die andere. Ein leichter Tau fiel herab, und der klare Mondschein ließ ihn erglänzen. Schahbas trieb es ins Freie. Ein leiser Wind wehte. Das Laub und die Gräser bebten. Er sah auf einem Baumstumpf vier Vilen sitzen. Da hörte er, wie die erste Vila sprach:

»Der arme Held und Sultanssohn Rahman freut sich, zu seinem Vater zu ziehen! Sein Vater wird ihm ein Pferd entgegenschicken, das, so er es besteigt, ihn in den Tod führen wird.« Sodann fuhr die zweite Vila fort:

»Armer Held und Sultanssohn Rahman! Er freut sich, seinen Vater wiederzusehen! Jener wird ihm durch einen Tataren einen gläsernen Becher überreichen lassen. So er daraus trinkt, muß er sterben.« Darauf sagte die dritte Vila:

»Armer Held und Sultanssohn Rahman! Du freust dich, zu deinem Vater zu gelangen; indes ahnst du nicht, daß du auf dem Pferd sterben mußt und aus dem gläsernen Becher den Tod trinken wirst, statt gesund in das Serail zu gelangen. Dein Vater wird sich freuen! Er wird sich an einem dünnen Faden herablassen und sich in eine Schlange verwandeln. Sodann wird ein Drache kommen und ihn verschlingen.« Darauf fügte die vierte Vila hinzu:

»Derjenige, der ihm all dies verrät, soll sich in Stein verwandeln!«

Danach verschwanden die Vilen; sie flogen von dannen. Schahbas ging wieder in das Zelt und konnte nicht einschlafen. Er wälzte sich gedankenvoll auf seinem Lager hin und her und sann darüber nach, was er von den Vilen erfahren hatte. Da krähten auch schon die Hähne, und der Tag brach an.

Als die liebliche Sonne zum Vorschein kam und die Vöglein ihren Gesang begannen, wachten Rahman und sein Gefolge auf. »Sabaile hairula, guten Morgen, Bruder Rahman«, grüßte Schahbas. Dieser entgegnete ihm freundlich: »Sabaile hairula, Bruder Schahbas!«

Danach traten sie in reiner Herrgottsfrische vor das Zelt. Schahbas stützte sich auf seinen Säbel, senkte das Haupt und schwieg; es quälte ihn, und es tat ihm leid, die Vilen belauscht zu haben. Es fiel ihm schwer, Rahman auch nur anzuschauen.

Vor ihnen breitete sich eine weite Ebene und eine sehr schöne Wiese aus. Wohlan, zügle deine Augen, wenn du es nicht vermagst, sie anzusehen! Von einem Ende bis an das andere! Siehe, wie das Pferd auf ihr tänzelt! Ein Pferd, wie es noch nie ein Herrscher bestieg: eine Rüstung aus lauter Gold, mit silbernen Steigbügeln, eine wehende Mähne! Nichts fehlt, als daß es zu dir spricht: »Besteige mich.« Das Pferd tänzelte; die Augen gehen einem über. Rahmans Augen wurden immer größer. Man sah es ihm an, daß er es um alles in der Welt besteigen wollte. Da sprang auch das Pferd schon vor ihn hin, blieb stehen, stampfte mit den Hufen und krümmte den Hals. Nun konnte auch Rahman nicht mehr widerstehen, gab seinem Herzen einen Stoß und faßte die Zügel. Dies sah plötzlich Schahbas, schlug mit seinem Säbel zu und hieb dem Pferd den Kopf ab. Der Kopf fiel zur Erde, und als er so durch das grüne Gras rollte, loderte aus ihm eine Flamme empor.

»Was hast du getan, Bruder Schahbas! Bei Gott und der Welt?« rief Rahman aus. »Siehe, mein Vater schickt mir ein Pferd, auf daß wir schneller zu ihm gelangen, und du schlägst ihm den Kopf ab.«

»Preise Allah!« sagte Schahbas. »Was ich getan habe, war recht! Das andere Mal sollst du es besser machen, Bruder Rahman.«

Danach rüsteten sie ihre Pferde und den Wagen, brachen ihre Zelte ab und wollten sich auf den Weg begeben. Doch siehe, es erschien der schnelle Tatar, der in der Hand einen gläsernen Becher trug. Und was für einen! Man könnte ihn mit den Augen austrinken! Rahman konnte der Versuchung nicht widerstehen, faßte zu und wollte den Becher an sich nehmen. Gerade dies sah Schahbas im rechten Augenblick, hieb mit seinem Säbel dazwischen und schlug dem Tatar die Hand ab. Der Becher fiel in das grüne Gras, und wie er aufschlug, loderte eine Flamme aus ihm empor.

»Was hast du getan, Bruder Schahbas, so du bei Sinnen bist«, fuhr ihn Rahman an. »Mein Vater sandte mir einen Trunk zur Begrüßung, und du vergießt ihn ins grüne Gras!«

»Preise Allah!« erwiderte Schahbas. »Was ich getan habe, war recht! Das andere Mal, Bruder Rahman, sollst du es besser machen, so du es verstehst.«

Nun brachen sie auf. Sie fuhren und fuhren und gelangten wahrlich am dritten Tag zum Akscham glücklich nach Stambul. Man brachte sie in die Gemächer des Sultans und wies ihnen ein Lager an.

Rahman ließ sich mit seiner Hanum in einem Gemach nieder und fragte Schahbas: »Wohin, in welches Gemach wirst du dich zur Ruhe begeben, Bruder Schahbas?«

»Laß uns dieses Gemach teilen, Bruder Rahman«, entgegnete Schahbas. »Die kleinere Hälfte mögest du mit deiner Hanum einnehmen, ich werde mich in der größeren niederlassen.«

Schahbas sprach, Rahman widersprach nicht. So legten sie sich schlafen.

Rahman schlief mit seiner Hanum bald ein. Schahbas aber brachte eine Mangala, kochte Kaffee, schlürfte ein wenig davon und rauchte. Es dauerte nicht lange, da sah er, wie sich eine Spinne an ihrem Faden von der Decke herabließ. Sie ließ sich herab, reckte und dehnte sich und verwandelte sich in eine Schlange. Kurze Zeit später streckte sie sich wieder, wurde dick, wuchs rasch und siehe — es war ein Drache. Nun war der Augenblick für Schahbas gekommen. Er zog seinen großen Säbel, schlug zu und hieb dem Drachen den Kopf ab. Sodann warf er ihn durchs Fenster ins Meer und legte sich schlafen.

Am anderen Morgen erhoben sich Schahbas, Rahman und seine Hanum und wollten zum Sultan gehen, um ihn zu sehen und um ihn zu begrüßen. Sie riefen die Diener herbei. Diese aber antworteten, der Sultan sei heute nacht verschwunden. Man hat weder eine Spur noch eine Kunde von ihm. Niemand wußte, was mit ihm geschehen war – niemand außer Schahbas.

Da erfuhr das ganze Reich, daß der Sultanssohn eingetroffen war, und da es keinen anderen Erben gab, machte man ihn zum Sultan. Nunmehr herrschte Rahman und achtete und behütete Schahbas wie seinen leiblichen Bruder.

Eines Tages sprach Schahbas zu ihm: »Hör zu, Bruder Rahman! Du liebst und achtest mich und weißt nicht, wer ich bin. Nicht wahr, wir lernten uns kennen als Fremde in einem fremden Land und lebten doch bis zum heutigen Tage wie Brüder?«

»Wahrhaftig«, entgegnete Rahman. »Ich kenne dich, und wie ich dich kenne! Ich kenne dich gut, als meinen Bruder und gar nicht anders. Einerlei, woher du bist. Du bist mein Bruder. Obgleich uns nicht dieselbe Mutter gebar und wir nicht die gleiche Milch tranken.«

»Lange Zeit schon sind wir zusammen, und es schickt sich, einander einmal zu sagen, was wir früher oder später einander sagen müssen. Als wir damals unter dem gleichen Zelt nächtigten, drei Nachtquartiere entfernt von Stambul, und du und deine Hanum schliefen, führte mich mein Sinn aus dem Zelt hinaus. Da ein leichter Wind wehte, flogen vier Vilen herbei und ließen sich auf einem Baum nieder. Die erste sprach damals: ›Armer Held und Sultanssohn Rahman! Er freut sich, zu seinem Vater zu gehen; doch sein Vater schickt ihm ein Pferd entgegen, durch das er, so er es besteigt, sterben muß.‹ Daraufhin sprach die zweite Vila: ›Armer Held und Sultanssohn Rahman! Er freut sich, seinen Vater wiederzusehen; doch sein Vater schickt ihm durch einen Tataren einen gläsernen Becher, der ihm, so er daraus trinkt, den Tod bringt.‹ Darauf sprach die dritte: ›Armer Held und Sultanssohn Rahman! Er freut sich, zu seinem Vater zu gelangen. So er weder durch das Pferd ums Leben gekommen ist noch den Tod aus dem gläsernen Becher trank, sondern gesund ins Schloß gelangte, wird sich sein Vater in eine Spinne verwandeln, sich an einem dünnen Faden herablassen, zu einer Schlange und schließlich zu einem Drachen werden und ihn, Rahman, verschlingen.«

Hier hielt Schahbas inne. Rahman wurde nachdenklich und schwieg.

»Und was hat die vierte gesagt?« erkundigte sich Rahman.

Schahbas antwortete nicht, sondern schwieg.

»Hörst du, Bruder Schahbas«, fuhr ihn Rahman an, »was die vierte Vila gesagt hat, möchte ich wissen.« Schahbas schwieg abermals. Da wunderte sich Rahman, weshalb sein Bruder nicht antwortet, er faßte ihn bei der Hand — jedoch die Hand war kalt, starr wie Eis. Er schaute ihm ins Gesicht, doch Schahbas war versteinert — richtig versteinert. Ein Stein, nur daß aus ihm Bruder Schahbas gemeißelt war.

Da fiel ihm Rahman um den Hals, begann zu wehklagen und zu weinen wie ein kleines Kind: »Wohlan, Bruder Schahbas, hat dies die vierte Vila gesagt?«

Danach ließ Rahman niemand in das Gemach, in dem der versteinerte Bruder lag, und unterhielt sich einen ganzen Tag mit dem Stein. Er küßte ihn und weinte. Nicht einmal einer Fliege gestattete er, sich auf ihn zu setzen. Er nahm einen Fächer und schützte ihn vor diesen. Wenn er seinen Geschäften nachging oder sich auf die Jagd begab, mußte sich seine Hanum neben den Stein setzen und die Fliegen verjagen.

Es verging eine gewisse Zeit, und schließlich gebar die Hanum einen Sohn. Eines Tages ging Rahman abermals auf die Jagd, und die Hanum saß neben dem Stein und verjagte die Fliegen. Da kam eine Sklavin zu ihr und sagte, ihr Kind weine, sie möge es doch säugen. Die Hanum ging zu dem Säugling, und da sie sich über ihn beugte, schlief sie ein. Im Schlaf vernahm sie eine seltsame Stimme: »Töte den Sohn, fang das Blut in ein Glas auf und übergieße damit den Stein Schahbas, so wird er wieder lebendig werden.«

Sie nahm einen Dolch, tötete den Sohn, fing das Blut in einem Becher auf und übergoß damit den Stein Schahbas. Schahbas erhob sich und ging von dannen. In diesem Augenblick wachte sie auf. Sogleich sah sie nach dem Kind hin. Doch siehe, das Söhnchen lebte, war gesund, zappelte mit den Beinchen und den Händchen und lächelte der Mutter zu. Noch halb im Schlaf stürzte sie ans Fenster, und unter dem Fenster ging Schahbas einher.

Rahman wußte von all dem nichts. Er kehrte von der Jagd heim, erkundigte sich nach niemandem und fragte nichts, sondern ging in jenes Gemach zu Schahbas. Doch siehe, Schahbas war nicht dort. Da fing Rahman an zu wehklagen und schrie: »Traurige Hanum, warum hast du es gestattet, daß man Schahbas davongetragen hat?« Ganz rasend vor Zorn ließ er die Hanum nicht zu Worte kommen, sondern zog seinen Säbel, um sie zu töten! Doch siehe! Da stand Schahbas hinter ihm, fiel ihm in den Arm, entriß ihm den Säbel und sagte: »Da bin ich, Bruder Rahman! Ich lebe wieder und stehe vor dir und deiner Hanum; töte sie nicht. Sie hat im Traum den Beweis erbracht, daß ein wahrer Freund mehr wert ist als das eigene Kind. Dies gefiel dem großen Allah, und daher wurde ich wieder lebendig.«

Rahman blieben die Worte in der Kehle stecken, und Tränen ergossen sich über seine Wangen. Sie breiteten die Arme aus, fielen sich um den Hals und konnten sich lange nicht aus der Umarmung lösen.

Der Freude Rahmans ward weder ein Ende noch ein Aufhören. Und wieder lebten sie so, wie es Brüder in Liebe zu leben je verstanden. Eines Tages sprach Schahbas zu Rahman:

»Rahman, lieber Bruder, siehe, wie lange wir schon zusammen sind, und noch niemals habe ich dir gesagt, wer ich bin. Nunmehr ist meine Zeit zum Abschiednehmen gekommen. Ich muß von dir scheiden.«

»Schahbas, teurer Bruder«, entgegnete Rahman, »seitdem wir uns kennen, kenne ich dich nicht anders und halte dich für nichts anderes als meinen Bruder, obgleich uns nicht dieselbe Mutter gebar und wir nicht die gleiche Milch tranken. Was du sagst, will ich in meinem Schloß und in meinem Reich halten. Alles, was mir gehört, gehört auch dir. Weshalb sollten wir Abschied nehmen? Ohne dich werde ich keine Freude mehr haben und auch nicht glücklich sein: denn alles, was ich besitze, habe ich durch dich erlangt.«

Schahbas quollen Tränen aus den Augen. Er ergriff Rahmans Hand und sprach zu ihm:

»Rahman, treuer Bruder und Haupt einer ganzen Welt! Meine Stunde ist gekommen! Ich muß von dannen: hier hast du drei Haare von meinem Haupt. So du meiner bedarfst, will ich dir zu Hilfe eilen. Nimm ein Haar und nähere es einer Flamme, und ich werde dir in der Not erscheinen.«

Schahbas riß sich drei Haare aus und gab sie Rahman.

»Was soll ich mit diesen Haaren, Bruder Schahbas, wenn ich dich nicht habe«, sprach Rahman. »Es betrübt mich, dich nur in der Not als meinen Freund zu wissen. Sei auch in der Freude mein Bruder, so wie du es bisher warst.«

»Lieber Bruder Rahman«, sprach abermals Schahbas, »warum zerreißt du mir das Herz und erschwerst mir das Abschiednehmen? Ich bin das Haupt einer ganzen Welt, und mein Volk harret meiner. Ich muß zu ihm hin. Es ist schon lange her, seitdem ich nicht dort war. Seit du den Fischkönig zusammen mit dem Siegelbewahrer des Sultans gefangen hast und ihn aus Barmherzigkeit wieder freigabst, hat er dir versprochen, beizustehen. Seitdem du den Freund und Gefährten Schahbas gefunden hast, gab es keinen Fischkönig in dessen Reich. Er war dir seither stets zu Hilfe; er hat sein Wort gehalten. Gib ihn frei und laß ihn in sein Reich zurückkehren.«

Jetzt ging auch Rahman ein Licht auf, und er sah ein, daß die Zeit des Scheidens gekommen war. Der Abschied dauerte drei Tage lang. Als die Zeit des Akscham am dritten Tage angebrochen war, konnte sich Rahman noch immer nicht von Schahbas trennen. Da rief Schahbas: »Leb wohl, Bruder Rahman! Wenn du meiner bedarfst, du hast drei Haare, ruf mich herbei!« Kaum hatte er dies gesagt, da sprang er durch das Fenster ins Meer. Rahman stürzte ans Fenster und, wahrhaftig: er sah einen Fisch mit einer goldenen Krone und mit goldenen und schwarzen Streifen, der unterhalb des Fensters davonschwamm.

Quellenverzeichnis und Anmerkungen

Der Quellennachweis enthält Angaben über die Ausgabe des Originaltextes sowie über die Märchentitel der Übersetzungsvorlage. Anschließend folgt der Vermerk über den Ort der Aufzeichnung und über die Mundart, in der das Märchen aufgeschrieben wurde. Mit Hilfe besonders von Bolte Polívka (BP) werden, soweit wie möglich, die verwandten Märchen, namentlich die Märchen der Brüder Grimm (KHM) verzeichnet; auch auf das Typenverzeichnis von Aarne-Thompson (A.-Th.) wird verwiesen. Die Verweise auf Bolte Polívka sind unbedingt vorzuziehen, weil sie den ganzen Märchen gelten, wie sie uns überliefert sind, während Aarne die Typen nennt, wie die Forschung sie erschlossen hat. In späteren, sehr bereicherten Auflagen setzt St. Thompson (Th) an Stelle der Typen, der Bauten, der Motive, die Bausteine, so daß gehäufte Magazine vor uns stehen, aus denen wir die Märchen zusammensetzen müssen. Die Erklärungen beschränken sich auf Erscheinungen der serbokroatischen Märchenwelt und fremde Ausdrücke, die der Kennzeichnung des Kolorits dienen.

1 *H. Dizdar,* Narodne pripovijetke iz Bosne i Hercegovine S. 177 bis 184. Oklen ingleskoj kraljici tolike pare. Aus Bosanska Vila Bd. 3 (1888) S. 124—25; 140—41. Aufgezeichnet von Aleksa Šantić aus Mostar. Arabischer Herkunft.

Zu S. 14: vilajet ›Heimat; Land; osmanische Verwaltungseinheit‹.

2 *H. Dizdar,* a.a.O. S. 70—80. Čudotvorni prsten. Von L. Grdjić-Bjelokosić aus der handschriftlichen Sammlung Nr. 52 bei der Serb. Akad. d. Wiss. zu Beograd. A.-Th. Nr. 442. 560. BP 2, 455 zu KHM 104 a; Antti Aarne, Vergleichende Märchenforschung: das Märchen vom Zauberring.

Zu S. 18: »als Schwester flehe ich dich an« ist das Angebot der Wahlschwesternschaft in einer Bedrängnis.

3 *N. Tordinac,* Hrvatske narodne pjesme i pripovijetke. S. 33—36. Višeput prevareni vuk. Vukovar 1883. Aus der handschriftlichen Sammlung der »Bosnischen geistlichen Jugend«. Erzähler unbekannt. BP 3, 77 zu KHM 132.

4 *Vuk St. Karadžić,* Srpske narodne pripovijetke. Nr. 47. Dva novca. Beograd 1897. Vuk hörte das Märchen von einem Bettler in Novi Sad. Persische Märchen (Märchen der Weltliteratur) Nr. 16, S. 155. A.-Th.: K 335, 1, 2, 2.

Zu S. 34: »wehklage und jammere« ist eine Anspielung auf die Totenklage der Frauen, die angestimmt wird beim Tode eines Familienangehörigen.

5 *N. Tordinac,* a.a.O. S. 42—48. Trinaest braće. Vukovar 1883. Der Erzähler war aus Dubrovnik. A.-Th. Nr. 327 B. 1119. 328. BP 1, 500 zu KHM 56. — BP 5, 266.

6 *Vuk,* a.a.O. Nr. 12. Zlatoruni ovan. Beograd 1897. Aufgezeichnet von dem Lehrer L. Marjanović aus Zumun. Unlösbare Aufgaben: BP 3, 338 zu KHM 186. — Entführung auf einem Schiff: BP 1, 45 zu KHM 6.

7 *H. Dizdar,* a.a.O. S. 32—42. Babovina. Aus Bosanska Vila Bd. 19 (1904). Vom Redakteur dieser Zeitschrift Nikola Kašiković aufgeschrieben. A.-Th. Nr. 531. Hilfreiches, zaubermächtiges Pferd: BP 2, 274 ff zu KHM 89 u. 3, 18 zu KHM 126.

8 *M. Preindlsberger-Mrazović,* a.a.O. S. 28—38. A.-Th. 566. Vgl. zu Nr. 7, dazu BP 1, 470 ff (KHM 54), 3, 3 (KHM 122).
Zu S. 61: zur Wahlbruderschaft vgl. auch Anm. zu Nr. 2.

9 *D. K. Stefanović,* Srpske narodne pripovetke. Nr. 16. Carev sin i labud djevojka. Novi Sad 1871. A.-Th. Nr. 400. 465 A. BP 3, 406 (KHM 193).

10 *M. Valjavec,* Narodne pripovjesti u Varaždinu i okolici. S. 5—12. Deček imel vilinskoga konja. Zagreb 1890. Aufgezeichnet im kaj-Dialekt aus der Umgebung von Varaždin. A.-Th. Nr. 327 B. 531. 313. Vertauschte Kopfbedeckung: s. zu 5 — Mißachteter Rat: BP 1, 503 ff (KHM 57), BP 3, 516 (KHM 217), — Todesstrafe: BP 1, 103 (KHM 13).

11 *H. Dizdar,* a.a.O. S. 19—31. Biberčić. Aus Bosanska Vila Bd. 9 (1894). Aufgezeichnet von Nikola Kašiković. A.-Th. Nr. 301 A. BP 2, 297 (KHM 91).
Zu S. 85: Oka ist ein Maß von rund 1280 Gramm Gewicht.

12 *M. Valjavec,* a.a.O. S. 136—141. Nr. 9. Kraljič i medved. Zagreb 1890. Im kaj-Dialekt aus der Umgebung von Varaždin. A.-Th. Nr. 502. 426. 570. BP 3, 94 ff. (KHM 135), dazu BP 3, 267 (KHM 155).

13 *F. Mikuličić,* Narodne pripovietke i pjesme iz Hrvatskoga Primorja. S. 57. Kraljevica 1876. Aufgezeichnet im ča-Dialekt. A.-Th. Nr. 403 A. BP 3, 85 ff (KHM 135) u. BP 1, 295 ff (KHM 31).

14 *Vuk,* a.a.O. Nr. 11. Kome Bog pomaže, niko mu nauditi ne može. Aufgezeichnet von einem Lehrer aus Zemun. A.-Th. Nr. 402. BP 2, 466 (KHM 106).
Zu S. 110: Vampir. Im serb. Aberglauben ein aus dem Grabe wiederkehrender Toter, der nachts im Dorf sein Unwesen an Menschen, wie Blutsaugen u. ä., treibt.

15 *T. Ostojić,* a.a.O. S. 66—73. Nr. 13. Noćnica. Aus Bosanska Vila Bd. 10 (1895). Aufgezeichnet von Aleksa Popović. A.-Th. Nr. 306. BP 3, 78 (KHM 133).

16 *Vuk,* a.a.O. Nr. 23. Lijepe haljine mnogo koješta učine. In der Boka Kotorska von Vuk Vrčević aufgezeichnet. A.-Th. Nr. 850. BP 2, 528 (KHM 114).

17 *Vuk,* a.a.O. Nr. 6. Djavo i njegov šegrt. Erzählt von Grujo Mehandžić aus der Batschka. A.-Th. Nr. 325. BP 2, 60 ff (KHM 68).

18 *Vuk,* a.a.O. Nr. 29. Tri jegulje. Aufgezeichnet von Vuk Vrčević in der Boka Kotorska. A.-Th. Nr. 303. BP 2, 30, 38 (KHM 63).

19 *M. Preindsberger-Mrazovič,* a.a.O. S. 58. A.-Th. Nr. 425 C. BP 1, 528 ff (KHM 60).

20 *Vuk,* a.a.O. Nr. 7. Prava se muka ne da sakriti. Erzählt von Grujo Mehandžić aus der Batschka. A.-Th. Nr. 1651. BP 2, 70, 71 (KHM 70).

21 *Vuk,* a.a.O. Nr. 19. Djavolja maštanja i Božja sila. Aufgezeichnet in der Boka Kotorska von Vuk Vrčević. A.-Th. Nr. 310. 313. BP 1, 461 (KHM 53), BP 1, 99 (KHM 12) und BP 1, 443 (KHM 51).

22 *H. Dizdar,* a.a.O. S. 216—220. Sudbina. Aus Behar Bd. 3 (1903). Aufgezeichnet von einem Mohammedaner. A.-Th. Nr. 460 B.

23 *H. Dizdar,* a.a.O. S. 81—92. Zlatna djeca. Aus M. Preindlsberger-Mrazović. Variante in Bos. Vila Jg. 1887. A.-Th. Nr. 531. 707. BP 2, 391 (KHM 96) Märchen von den drei neidischen Schwestern.
Zu S. 157: St. Georgstag gilt als Anbruch des neuen Lebens in der Natur. An ihn knüpfen sich zahlreiche Bräuche.

24 *K. Blagajić,* a.a.O. S. 113—128. Rahman i Šahbas. Erzählt von einem Mohammedaner aus Travnik. A.-Th. Nr. 516. 551. BP 1, 503 (KHM 57) und BP 1, 42 (KHM 6).
Zu S. 157: zu Akscham s. Anm. unter Nr. 12.
Zu S. 159: Hanum (osm.) ›Frau‹.
Zu S. 161: Kaduna (osm.) ›Matrone‹.
Zu S. 165: Mangala (osm.) ›kupfernes Gefäß‹.

Bibliographie

Aarne, A. Verzeichnis der Märchentypen. (= FF Communications Nr. 3). Helsinki 1910.

Aarne, A. — Thompson, St. The types of the folktale. A classification and bibliography. (= Communications Nr. 74). Helsinki 1928.

Anmerkungen zu den Kinder- und Hausmärchen der Brüder Grimm. Neu bearbeitet von *Johannes Bolte* und *Georg Polívka.* 5 Bde. Leipzig 1913—1932. (Geschichtlicher Überblick über die serbokroatische Märchenforschung Bd. 5, S. 103 ff).

Archiv für slawische Philologie. Bd. 1 ff. Berlin 1876 ff.

Bajić, S. Srpske narodne pripovetke iz Banata. Novi Sad 1905.

Behar. (Zeitschrift für das Bildungswesen der Mohammedaner in Bosnien und der Herzegowina). Sarajevo 1900 ff.

Beit, H. von, Symbolik des Märchens. Versuch einer Deutung. Bern 1952.

Biser. (Kulturblatt für die Mohammedaner in Bosnien und in der Herzegowina). Mostar 1912 ff.

Blagajić, K. Hrvatske narodne pjesme i pripoviedke iz Bosne. Zagreb 1886.

Bogdanović, D. Izabrane narodne pripovijetke. Zagreb 1914.

Bosanske narodne pripovijetke. Bd. I. Skupio ih i na svjetlo izdao zbor redovničke omladine bosanske u Djakovu. Sisak 1870.

Bosanska Vila. List za zabavu, pouku i književnost. Sarajevo 1885 ff.

Čajkanović, V. Srpske narodne pripovetke. Beograd-Zemun 1927.

Čajkanović, V. Srpske narodne pripovetke. Beograd 1929.

Čorović, V. Srpske narodne pripovijetke. Novi Sad. 1909.

Dizdar, H. Narodne pripovijetke iz Bosne i Hercegovine. Sarajevo 1955.

Dmitriev, N. — Volkonskij, M. Serbskie narodnye skazki. Moskva 1956.

Dvorović, Nj. Hrvatsko narodno blago. Zbirka hrvatskih narodnih pjesama i pripoviedaka Bosne i Hercegovine. Bd. I. Senj 1888.

Fabula. Zeitschrift für Erzählforschung. Hgb. v. Kurt Ranke. Berlin 1957 ff.

FF Communications. Bd. 1 ff. Helsinki 1910 ff.

Gavrilović, A. Dvadeset srpskhi noradnih pripovedaka. Beograd 1906.

Gavrilović, A. Istorija srpske i hrvatske književnosti usmenog postanja. Beograd 1912.

Glasnik Zemaljskog muzeja u Bosni i Hercegovini. Sarajevo 1889 ff. Neue Serie: Glasnik Zemaljskog muzeja u Sarajevu. Sarajevo 1951 ff.

Handwörterbuch des deutschen Märchens. Bd. 1. *Lutz Mackensen* und *Johannes Bolte*. Berlin—Leipzig 1930—1933; Bd. 2 *Lutz Mackensen*, Berlin 1934—1940.

Jolles, A. Einfache Formen. Halle 1930.

Jovanović, V. M. Srpske narodne pripovetke. Beograd 1925; 3. Aufl. Beograd 1932.

Karadžić, St. Vuk, Narodne srpske pripovijetke. Wien 1821.

Karadžić, St. Vuk, Srpske narodne pripovijetke i zagonetke. Beograd 1897; 4. Aufl. Beograd 1937.

Karadžić, St. Vuk, Volksmärchen der Serben. Ins Deutsche übersetzt von dessen Tochter Wilhelmine. Mit einer Vorrede von Jacob Grimm. Berlin 1854.

Kinder- und Hausmärchen der Brüder Grimm. (Letzte von den Brüdern besorgte Ausgabe 1856) (KHM).

Krauß, F. S. Sagen und Märchen der Südslaven. 2 Bde. Leipzig 1883—84.

Krauß, F. S. Tausend Sagen und Märchen der Südslawen. Bd. I. Leipzig 1914.

Laos. Comparative Studies of Folklore and Regional Ethnology. Stockholm 1952 ff.

Leskien, A. Balkanmärchen. Aus Albanien, Bulgarien, Serbien und Kroatien. Jena 1915.

Leyen, F. von der, Die Welt der Märchen. 2 Bde. Düsseldorf 1953 bis 1954. (Über serbokroatische Märchen s. Bd. 2 S. 80—91).

Leyen, F. von der, Das Märchen. 4. Aufl., von F. von der Leyen und Kurt Schier. Heidelberg 1958.

Lüthi, M. Das europäische Volksmärchen. Form und Wesen. Bern 1947.

Magaraševič, B. Narodne pripovietke. Zagreb 1951.

Mikuličić, F. Narodne pripovietke i pjesme iz Hrvatskoga Primorja. Kraljevica 1876.

Mojašević, M. Srpska narodna pripovetka u nemačkim prevodima od Grimma i Vuka do Leskiena. Beograd 1950.

Nikolić, A. Narodne srbske pripovedke. 2 Bde. Beograd 1843—44.

Ostojić, T. Srpske narodne pripovijetke. Dubrovnik 1911.

Panić-Surep, M. Odabrane narodne pripovetke. Beograd 1948. 4. vermehrte Aufl. Beograd 1956.

Peuckert, W. E. Märchen. (Deutsche Philologie im Aufriß. Hgb. v. W. Stammler. Bd. 3, Spalte 1771 ff). Berlin 1957.

Preindsberger-Mrazović, M. Bosnische Volksmärchen, Innsbruck 1905.

Prilozi za književnost, jezik, istoriju i folklor. Beograd 1921 ff.

Prodanović, J. Antologija narodnih pripovedaka. Beograd 1951.

Röhrich, L. Märchen und Wirklichkeit. Wiesbaden 1956.
Sova, M. Pregled narodne književnosti s primjerina i teorijom. Zagreb 1955.
Srpski etnografski zbornik. Beograd 1894 ff.
Stefanović, D. K. Srspke narodne pripovetke. Novi Sad 1871.
Stojanović, M. Pučke pripoviedke i pjesme. Zagreb 1867.
Strohal, R. Hrvatskih narodnih pripoviedaka Bd. I. Nar. pripoviedke iz sela Stativa. Rijeka 1886; Bd. II. Nar. prip. is grada Karlovca. Karlovac 1901; Bd. III. Nar. prip. iz grada Rijeke. Karlovac 1904.
Thompson, St. Motif-index of folk-literature. A classification of narrative elements in folktales, ballads, myths, fables, mediaeval romances, exempla, fabliaux, jest-books and local legends. Copenhagen 1955—58.
Tordinac, N. Hrvatske narodne pjesme i pripovijetke. Vukovar 1883.
Valjavec, M. Narodne pripovjesti u Varaždinu i okolici. 2. Aufl. Zagreb 1890.
Vogel, J. N. Volksmärchen. Wien 1837. (Enthält sechs Märchen aus Slawonien).
Vojinović, J. B. Srpske narodne pripovietke. Beograd 1869.
Vrčević, V. Niz srpskih pripovijedaka. Pančevo 1881.
Vrčević, V. Srpske narodne pripovietke. Beograd 1868.
Wöchentliche Nachrichten für Freunde der Geschichte, Kunst und Gelehrtheit des Mittelalters. Breslau 1816 ff. (Jg. 1819 enthält einige Übersetzungen serbokroatischer Märchen).
Zbornik za narodni život i običaje Južnih Slavena. Zagreb 1896 ff.
Zeitschrift des Vereins für Volkskunde. Berlin 1891 ff. Neue Serie: Zeitschrift für Volkskunde. N. F. Bd. 1 (39. Jg.). Berlin—Leipzig 1929 ff.
Zeitschrift für slawische Philologie Bd. 1 ff. Leipzig 1924—50; Heidelberg 1950 ff.